21世纪高职高专旅游管理专业系列教材

Front Office & Management Housekeeping

前厅客房服务与管理

主 编 翁汉平

副主编 刘 婷

WUHAN UNIVERSITY PRESS

武汉大学出版社

图书在版编目(CIP)数据

前厅客房服务与管理/翁汉平主编;刘婷副主编. —武汉:武汉大学出版社,2006.3(2016.7 重印)

21 世纪高职高专旅游管理专业系列教材

ISBN 978-7-307-04876-8

Ⅰ.前… Ⅱ.①翁… ②刘… Ⅲ.①饭店—商业服务—高等学校:技术学校—教材 ②饭店—商业管理—高等学校:技术学校—教材
Ⅳ.F719.2

中国版本图书馆 CIP 数据核字(2005)第 155887 号

责任编辑:路小静 责任校对:黄添生 版式设计:支 笛

出版发行:**武汉大学出版社** (430072 武昌 珞珈山)
　　　　　　(电子邮件:cbs22@whu.edu.cn 网址:www.wdp.com.cn)
印刷:虎彩印艺股份有限公司
开本:720×1000 1/16 印张:18.75 字数:332 千字 插页:1
版次:2006 年 3 第 1 版 2016 年 7 月第 4 次印刷
ISBN 978-7-307-04876-8/F·970 定价:24.00 元

21世纪高职高专旅游管理专业系列教材

编 委 会
（按姓氏笔画排列）

总 序

旅游是一种愉快而美好的活动,是人类社会生活的一项重要内容。随着我国旅游业的迅速发展,旅游在社会经济生活中的作用和影响越来越大,旅游院校的旅游教育与研究也在长足发展,并且为旅游业的各个部门培养输送了大批的专业人才。我国的旅游高等职业教育有别于传统的旅游高等普通教育模式,更突出旅游人才规模的专业技能性和岗位指向性,着力于体现旅游专业设置的职业性、教学内容的实用性,强调教学主体的"双元化"即旅游产业部门和教育部门的有效合作、教师队伍的"双师身份"和完备的实训手段。然而,目前各地虽然已出版了一批高职高专旅游专业教材,但从整体上看,旅游高等职业教育的教材建设仍然满足不了旅游形势和旅游高职高专教育发展的需要。

武汉大学出版社策划的丛书"21世纪高职高专旅游管理专业系列教材",是按照教育部关于《高职高专教育基础课程教学基本要求》和《高职高专教育专业人才培养目标及规格》的要求,为了适应当今蓬勃发展的旅游高职高专教育的需要,覆盖了旅游高职高专教育的基础课程和专业主干课程,充分体现高职高专培养旅游人才的特点、目标及特色而出版的教材。全套丛书由桂林旅游高等专科学校等拥有雄厚旅游管理专业师资队伍以及较高教学水平的十几所高职高专院校共同参与编写,作者均是从事旅游教学和研究的中青年学者,有的在国外做过研究和学习,有更好的机会了解国内外的情况,使用最新资料和例证,能反映旅游业的最新动态。全套丛书共计14册,此套丛书内容精炼,符合高职高专旅游专业教学目的、教学内容深度和广度的要求,实用性强,紧扣高职高专教育培养人才的实用性特点,注重可操作性。

我们期望本套教材的出版,能为旅游高职高专的教材建设尽微薄之力,更好地为广大旅游高职高专院校的师生服务。

桂林旅游高等专科学校 校长: 李丰生

前　言

我国加入 WTO 和经济改革的深入发展，以及 2008 年北京奥运的举办，给旅游服务行业带来了巨大的发展机遇，饭店从业人员的需求量也相应增多。由于饭店前厅与客房是展现我国服务行业的"窗口"，对员工的素质要求也就越来越高，而且我国职业教育中旅游学校的学生正成为旅游服务业中的主要力量。为此，我们组织了具有丰富教学实践与教学经验，并有在饭店从事过管理工作、具备实际经验的教师编写了本教材。

饭店前厅和客房的服务与管理是"实操性"很强的专业，因此本书立足于实用、可操作的原则，以便充分体现职业教育的特点。在强调服务知识和操作技能的同时，书中也系统地介绍了前厅客房管理方面的专业知识，并结合最新的信息和发展趋势，力求将最新的研究成果和管理方法展现在读者面前。此外还增加了部分阅读资料、小知识及案例分析，为缺乏实际操作经验的在校学生提供了很好的素材，当然也可以作为饭店管理人员进行管理的参考书。

《前厅客房服务与管理》一书由翁汉平任主编，刘婷任副主编。全书由正、副主编负责统稿和定稿。本书的编写具体分工如下：第一、二、三章由刘强（湖北省旅游学校）编写，第四、五章和第八章由谭少龙（湖北大学职业技术学院）编写，第六章由刘婷（湖北省旅游学校）编写，第七章与第十章由翁汉平（湖北大学职业技术学院）编写，第九章和第十一章由袁燕（湖北省旅游学校）编写。

本书的编写得到了湖北省旅游学校和武汉大学出版社的大力支持，在此一并致谢。

由于时间和作者水平有限，书中难免存在不足与疏漏之处，敬请同行专家和读者指正。

编　者

目　录

第 一 章
前厅部概述

第一节　前厅部的地位与任务

现代饭店是设施设备完善、功能齐全、智能化控制的综合性群体建筑，是能够提供住宿、餐饮、商务、购物、娱乐和健身等服务项目及盈利性的综合接待服务企业。

前厅部以房口系统为中心，是具有计划、组织、指挥、协调职能的首席生产管理部门，是经营的执行与反馈并提供多种直接服务的部门，是负责销售酒店产品、组织接待工作、调度业务经营和为宾客提供服务的一个综合性服务部门。

前厅部的工作区域是对客服务开始和最终完成的场所，是客人产生第一印象和最后印象之处，人们常常把前厅比喻为饭店的"门面"和"橱窗"，业内人士常用"神

1

经中枢"来形容前厅部在饭店管理中的地位、任务和业务特点。前台的工作反映了酒店的工作效率、服务质量和管理水平，直接影响酒店的总体形象和经营业绩，其地位和作用十分重要。

一、前厅部的地位和作用

（一）前厅部是酒店的门面，是饭店的神经中枢

前厅部的管辖区域集中在饭店大堂，是所有客人抵、离店的必经之处和活动场所；其所属员工与客人接触面最广，所提供的服务贯穿于客人到店、住店和离店的全部过程。

（二）前厅部是酒店的信息中心，是信息集散枢纽和服务协调中心

前厅部担负着销售客房及其他服务，各种信息都会集中到前厅部来，也只有这样，各部门才能依据接待服务标准、工作流程及特殊要求等有计划地完成各自的服务接待任务。前厅部的工作起着联系内外、沟通上下左右的作用，发挥着承上启下、信息集散和总体协调的关键作用。

（三）前厅部是主客关系纽带，是管理机构代表

通过对客房的销售与服务，在客人活动的全过程中始终与客人保持密切联系，前厅部掌握了全部住宿客人的相关资料和信息，并将这些信息反馈到饭店管理机构和相关经营服务部门，以便更好地对客人提供优质的和针对性的服务。前厅部服务工作就像一条无形的情感纽带，维系并且加深了双方互相的依赖和信任之情。

（四）前厅部是酒店管理和决策的参谋，是经营和促销的助手

前厅部每天要真实地填写反映经营管理的数据和报表，通过认真的整理和分析，向决策和营销机构提供反映市场各种信息的报表及数据，以此作为制定和调整饭店计划及经营策略的参考依据，为制定改进管理和提高服务的措施提供真实可靠的信息。前厅部还在参与市场调研和市场预测、参与房价及促销计划制定、配合销售部进行宣传促销活动、配合财务部制定年度客房营销预算计划等方面都发挥着重要的参谋和助手作用。

综上所述，前厅部工作效率、服务质量和管理水平的高低，会直接影响饭店的整体形象、市场竞争力和经济效益。前厅部是饭店组织机构中的关键部门，其地位是不容忽视的。

二、前厅部的主要工作任务与业务特点

（一）前厅部主要工作任务

1. 客房销售

客房是饭店的主要产品，其销售收入在全店收入结构中占主要部分，前

厅部的首要工作任务是销售客房。衡量一位总台服务人员的工作是否出色，往往看其客房销售的推销能力和实际业绩。客房营业收入也是检验、评估前厅部管理水平的重要考核依据。

2. 提供各类前厅服务

作为直接对客人提供各类相关服务的部门，前厅服务范围涉及接送服务、门童迎送、行李搬运、钥匙问讯服务、票务代办服务、邮件报刊服务、电话通信服务、商务文秘服务、贵重物品寄存、外币兑换、处理宾客投诉、建立客户账目等，实际上是"大前厅服务"理念，其核心思想是：在完成各项服务过程中，促使前厅服务与其他服务方面共同构成饭店整体服务，表现为"服务链条"的紧密衔接，避免推诿、"扯皮"或"踢皮球"等现象，强调"服务到位"和"针对性服务"。

3. 提供信息服务

前厅处于酒店业务活动中心的地位，每天接触到大量信息。前厅部及时处理信息，向管理机构报告，并采取对策以适应经营管理上的需要。前厅服务人员应随时准备提供客人所需要的和感兴趣的信息资料，还应充分掌握并及时更新有关商务、交通、购物、游览、医疗等详细和准确的信息，使客人"身在饭店内便知天下事"，处处让客人感到温馨、方便。

4. 进行协调沟通

前厅部根据需求衔接前、后台业务，与客人及时联络与沟通，在使客人满意的同时让内部业务运作顺畅。处理好客人投诉也是前厅部协调沟通的一个重要方面，成功地处理好投诉对于双方都有利。

5. 控制房间状态

前厅部要协调客房销售与客房管理工作，还要能够即时并正确地反映客房状况；及时向销售部提供准确的客房信息，避免工作被动。正确反映并掌握客房状况是做好客房销售工作的先决条件，也是前厅部管理的重要目标之一。

6. 建立客史档案

前厅部为更好地发挥信息集散和协调服务的作用，一般都要为住店客人建立客史档案，将客人的姓名、地址、抵（离）店日期、消费记录及特殊要求作为主要内容予以记载，作为提供周到、细致、有针对性服务的依据，这也是寻求和分析客源市场、研究市场走势、调整营销策略和产品策略的重要信息来源。

（二）前厅部业务工作特点

（1）劳动量很大，时间连续性强。作为为客人提供综合性服务的部门，前厅部承担着主要的接待服务和运营责任，必须 24 小时正常运转，保证不间断地为客人提供服务。

（2）接待业务涉及面广，岗位专业性要求较高。前厅部业务都有较强的专业技能要求，从从业规范、服务礼仪到具体的操作方法，员工必须了然在胸。

（3）信息量大，需求随机性强。前厅部员工，每天都要面对各种各样、形形色色的客人，客人的要求是不一样的，为其提供的信息和服务内容也是不一致的。这就要求前厅部工作人员掌握大量信息，反应要快，才能适应不同客人的需求。

（4）原则性与针对性。规范化是优质服务的基础，规章制度是管理的基础。但现在客源市场表现出向定制化方向发展的趋势，因此要特别注意随时处理好客人的特殊需求与饭店固定产品服务的关系、工作制度原则性与服务灵活针对性的关系、客人心理变化与相应服务调整的关系等，以便尽可能地让客人满意。

（5）电脑管理化强，操作技术要求高，外语使用频繁。酒店总台实行电脑管理，各岗位员工均需要进行电脑专业培训才能上岗操作，而且酒店前台员工大多时候需要使用外语，因此对员工的素质修养、文化程度、外语水平及专业技术水平提出了较高的要求。

（6）展示饭店形象。前厅是饭店的"门面"和"橱窗"，同时又是一个具有特殊意义的舞台。前厅部员工的仪表仪容、言谈举止、待客接物等行为，时时处处都在展示饭店的文化特点和员工礼貌修养的文明程度、服务技能的熟练程度等，实质上也是在展示饭店的经营管理水平。

第二节　前厅部的组织结构

一、前厅部组织机构设置原则

（一）组织合理，结合实际

前厅部组织机构的设置应结合饭店企业的体制、类型、规模、地理位置、星级、管理模式、客源性质特点和经营特色等实际情况进行设置，不宜生搬硬套。例如：大中型饭店前厅部单独设置，规模小或以内宾接待为主的饭店，可以考虑将前厅接待服务划归客房部负责和管辖，现在流行的方式是设置房口总部，将前厅部划归其管辖，但仍为部门建制。

（二）机构精简，岗位明确

机构设置应遵循"因事设岗、因岗定人、因人定责"的编制原则来精心选择和确定部门岗位。岗位设置要根据需要来进行,既不能机构重叠、臃肿,也不能一味追求精细,还要妥善处理好分工与组合、方便客人和便于工作与管理等方面的矛盾。

（三）任务明确,协作便利

明确各岗位人员工作任务的同时,还应明确上下级隶属关系,明确指挥体系、信息上传下达的渠道以及相关信息反馈的渠道、途径和方法等,防止出现职能空缺、业务衔接环节脱节等现象。组织机构设置不仅要便于本部门岗位之间的协作,而且还要利于前厅部与其他相关部门的协作和配合。

二、饭店前厅部组织机构的结构

一般而言,饭店的组织机构设置会因实际设置情况的不同而有所不同,但是差异不会太大,即使有所不同也只是个别岗位合并,或根据实际需要增设一些岗位。下面列出的是常见前厅部的组织机构设置图（如图1-1所示）。

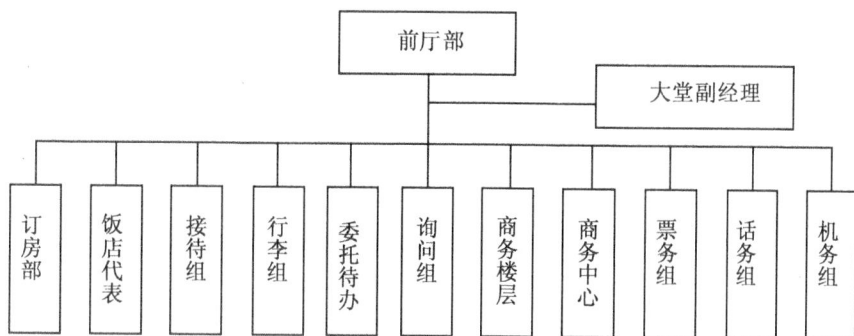

图 1-1　前厅部的组织机构设置图

（备注：由于饭店前台组织结构各有特点,收银处有的归前厅部管理,也有的归财务部管理。）

三、前厅部各个机构的主要工作范围与任务

（1）部室是部门处理行政和日常事务的办公场所,一般有经理办公室、秘书办公区域、文件档案保管场所等。

（2）预订处是接受预订,办理预订手续,制作预订报表,对预订进行

计划安排，按照要求定期处理预订客源情况和保管预订资料等的场所。

（3）问询处是回答宾客疑问的场所。客人一般会询问有关饭店服务项目、服务设施的准确位置，或服务时间、联系电话和消费标准等。问询处还负责代客对外联络，代办委托事项，收发保管客房钥匙，处理客人信函、电报和安排会客等。

（4）接待处。接待抵达要求住店的宾客，办理入店手续，负责分配客房、对内联络，安排接待事项，掌握并控制客房的出租状况，制作客房出租报表，保管有关保密资料等。

（5）礼宾部。提供店内、店外的宾客应接迎送服务、行李服务、介绍客房设备及饭店服务项目，报刊和邮件服务、寻人服务、寄存和托运行李服务、代客联系出租车辆等委托代办服务。

（6）收银处。收银处员工归属于财务部，但工作地点在大堂。其主要负责宾客在店一切消费的收款业务，同饭店有宾客消费部门的收款员和服务员联系，催收及核实账单，夜间审计，制作相关报表；保管客人贵重物品，办理结账和外币兑换手续等。

（7）大堂副理（大堂值班经理）。大堂副理的工作岗位设在大堂，直接面向广大宾客，是饭店与客人之间密切联系的纽带。其职责是协调酒店各部门的工作，检查大堂卫生和员工的工作状况，代表饭店处理日常发生的事件，帮助客人排忧解难，并监督问题的处理等。

（8）商务楼层。现代高档、豪华饭店一般都设有商务楼层，提供有别于普通客房楼层的贵宾式服务，可以提供更多、更细致、更具个性的专业化服务，单独设置接待处、酒廊和商务中心等。商务楼层的管理为一套相对独立运转的接待服务系统，行政管理上通常隶属于前厅部。

（9）电话总机。接转市内电话，承办国内外长途电话业务，为客人提供问询服务、联络服务、叫醒服务、通知紧急和意外事件等。

（10）商务中心。为客人提供商务洽谈、秘书翻译、设施设备出租、打印复印文件、上网浏览、接发电子邮件和接收发送图文传真等文秘服务。

第三节　前厅部的管理岗位职责及人员素质能力要求

一、前厅部的管理岗位职责

（一）前厅部经理

其直接上级是总经理或主管副总经理、房口总监，直接下级是前厅部副经理、秘书、部门主管、礼宾主任、大堂副理（客务经理）等。前厅部经理负责饭店的门面工作，负责处理饭店对外的一切客务工作，具体如下。

（1）直接对总经理负责，贯彻执行总经理下达的营业及管理指令。

（2）下达工作任务并进行指导、落实、检查、协调。

（3）制定工作计划，向总经理做部门总结汇报。

（4）组织、主持例会，听取汇报，布置工作，解决工作难题。

（5）督促、检查工作进度，纠正偏差。

（6）掌握房间预订情况，密切注意客情，控制超额预订。

（7）协调平衡本部门各工种之间出现的工作矛盾，负责本部门与饭店各部门的沟通联系。

（8）协同人事部做好本部门员工的招聘、培训、提拔等工作。

（9）负责部门的安全及消防工作。

（10）审阅大堂副经理报告，请总经理批示。

（二）前厅部副经理（助理经理）

其职责主要是协助前厅部经理的工作，保证前台客务工作的顺利进行。

（1）参与并负责日常接待工作。

（2）掌握预订情况及当日客情。

（3）制定部门的物资设备供应计划。

（4）负责党、团及工会组织的活动。

（5）参加例会，了解员工的思想状况，督导前厅员工的服务态度及工作质量，并予以指导。

（6）检查、负责治安、防火工作。

（三）大堂副理

大堂副理是饭店总经理的代表，直接对总经理及前厅部经理负责。

（1）代表总经理接受及处理客人投诉，听取宾客的意见和建议；

（2）处理宾客在店的意外事故（伤亡、凶杀、失窃等）；

（3）解答客人咨询，提供必要的帮助和服务（报失、报警、寻人、寻物）；

（4）维护宾客安全（制止吸毒、嫖娼、卖淫、赌博、玩危险游戏等）；

（5）维护饭店利益（索赔、催收等）；

（6）维护大堂及附近公共区域的秩序和环境的宁静、整洁；

（7）督导、检查在大堂工作人员的工作情况及遵守纪律情况（前台、财务、保安、管家、绿化、餐饮、动力、汽车等部门人员）；

（8）协助总经理或代表总经理接待好 VIP 和商务楼层客人；

（9）夜班承担饭店值班总经理的部分工作，如遇特殊、紧急情况需及时向上级汇报；

（10）向客人介绍并推销饭店服务；

（11）发现管理内部出现的问题，向饭店最高层提出解决意见；

（12）协助各部维系饭店与 VIP、熟客、商务客人的良好关系；

（13）负责督导高额账务的催收工作；

（14）定期探访各类重要客人，听取意见，并整理好呈送总经理办公室；

（15）完成总经理及前厅经理临时指派的各项工作；

（16）参与前厅部的内部管理。

二、前厅部员工素质能力的要求与饭店服务意识

（一）仪容、仪表与仪态

注重仪容、仪表是对客人的尊重，也是讲究礼貌礼节的具体表现。服务人员良好的仪容、仪表与仪态既能满足宾客视觉美的需要，又使他们感到置身于外观整洁、端庄大方的服务员之中，自己的身份地位得到应有的承认，要求尊重的心理也会得到满足。

1. 个人形象方面

个人形象主要是指员工个人的自然条件和仪表、仪容与仪态。自然条件是指员工必须身体健康，体形匀称，五官端正，精力充沛。行李员和门童因工作特性及体能原因，一般为男性，其他岗位的员工性别不限。

2. 仪表、仪容要求

仪表指的是人的外表，包括容貌、服饰和姿态等，是精神状态的外在体现。仪容主要是指人的容貌。仪表、仪容整洁、得体，态度热情、真诚，心态平和是员工必备的条件，它反映出员工良好的素质和修养，以及对工作的自信和责任感。

（1）按规定着装，服装平整、洁净无油渍，纽扣齐全，鞋袜洁净，黑色皮鞋清洁光亮无破损。

（2）服务铭牌应在左胸上衣口袋上沿或是相应位置处端正地佩戴。

（3）保持面容清洁，男员工不留须，女员工化淡妆，不可浓妆艳抹。

（4）发型美观大方，不得有头屑，男员工不留长发、大鬓角，女员工不梳披肩发型，以短发为宜，如发长过肩，应盘起或束成发髻，避免使用色泽艳丽、形状怪异的发饰。

（5）不戴戒指（结婚戒指除外）、项链、手镯、手链、耳环等饰物。

（6）勤洗澡换衣，身上无异味，可适当使用气味清淡的香水。

（7）保持手部清洁，经常修剪指甲，女员工不得涂有色指甲油。

（8）忌食异味食品，保持口腔清洁。

3. 仪态要求

仪态是指人们行为的姿势和风度。姿势是指身体在动作时所呈现的特征，风度是指人的精神气质。前厅服务员的仪态，包括工作中站、立、行、坐的姿势和对客的态度、语音、音调以及面部表情等。

（1）举止规范。

员工应站立服务，面露自然、亲切的微笑。正确站姿是：站直，身体重心在双脚之间，双脚与肩同宽、自然分开，双眼平视前方，略微挺胸、收腹，双肩舒展，身体不倚不靠，手自然下垂、前交叉或背后交叉相握。

夜班员工一般在凌晨1点钟以后方可坐下。正确坐姿是：端坐，腰部直挺，胸前挺，双肩自然放松，坐在椅子三分之二部位，双腿并拢，手不插入衣袋或双手相抱，不得在椅子上俯后仰、摇腿、跷脚或跨在椅子、沙发扶手或桌角上。当有客人前来，应立即起立接待。

员工在大堂等区域不要多人并排行走，应主动示意、礼让客人先行。正确走姿是：上体正直，抬头平视，行走轻而稳，两臂自然摆动，双肩放松，不要摇头晃肩，身体乱摆动。

服务员与客人谈话时手势不宜太多，幅度不宜过大，忌用手指或笔杆指点。正确手势是：指示方向时，将手臂自然前伸，上身稍前倾，五指并拢，掌心向上。

在客人面前，要防止出现打哈欠、伸懒腰、挖耳鼻、打嗝、修指甲等不礼貌行为，服务时不应流露出厌烦、冷漠的表情，不得忸怩作态、伸舌、做鬼脸。

（2）言谈规范。

语言具有多变性，是一门艺术。同一句话，以不同的语气和语调讲出来，效果是完全不同的；同一个意思，可以用多种方式表达，每种方式给人的感觉又不同，关键在于掌握运用艺术。

语言要文雅。温和是文雅的首要条件，善意是文雅的内涵。没有善意的用心和愿望，很难做到语言文雅。回答客人问题时，语言要文雅、规范，表达要简明和准确，以避免引起误会。

讲究语言艺术。不同的接待对象要使用不同的语言，服务人员还要根据不同的地点、场合和具体情况灵活使用语言。用词造句要准确，对客人永远不能说"不"字，不能因话语使客人处于尴尬的境地，更不能同客人发生争吵。

避免无声服务。对客服务时要有"五声"，即来有迎客声，遇有称呼声，受助有致谢声，麻烦打扰有致歉声，离店有送别声。音量要控制好，以双方能够听清为限，语调平稳、轻柔、速度适中，避免声音高过客人。

与客人谈话时，要主动打招呼问候；谈话时必须站立，保持0.8~1m的间隔，目光注视对方面部，保持表情自然；谈话时精力集中，不得左顾右盼，漫不经心；不要谈及对方不愿提到的内容或隐私；不要在客人面前与同事讲家乡话；遇急事需要找谈话中的客人时，应先征得客人同意后再与客人谈话；因工作原因需暂时离开正讲话的客人时，应主动表示歉意；不要议论客人的行为举止或穿戴；交谈时，如发现有其他客人走近，应对他们的到来主动示意，不应无所表示。

要多说赞美的话。每个人都喜欢听到称赞，要以热情去感染客人，使客人的心绪朝着优质服务的心理方向倾斜，尽可能多使用礼貌敬语。

（3）微笑服务。

微笑，是饭店服务规范的基本内容与要求，微笑给人亲切、和蔼、礼貌和热情的感觉，加上适当的敬语，能立即沟通彼此的友好感情，在情绪上产生安全、亲切、愉悦和宽慰的感觉，一定程度上可以弥补工作中的不足，减少客人的投诉。每个服务人员都应做到：微笑要自然，因为客人是"上帝"；微笑要甜美，因为客人是"财神"；微笑要亲切，因为客人是嘉宾。

************************ 小　知　识① ************************

希尔顿于1919年在德克萨斯州用5 000美元办起了第一家旅馆，几年后资产增加了一万倍，他成为当今世界拥有最多饭店的饭店业大王。希尔顿在总结经验时认为，自己在经营中最大的长处和最珍贵的经验就是微笑服务。他问属下最多的一句话就是："今天你对客人微笑了没有?"这句话如今成了世界饭店管理中的至理名言，正是微笑征服了客人。

****

（4）面部表情。

---

① 姜培若．现代饭店入职必读．广州：广东旅游出版社．2003：52

面部表情是内心状况的真实反映，最能体现员工服务是否出于真诚的态度。

员工要避免面无表情，微笑要自然，掌握微笑的尺度，充分运用眼睛的作用，通过眼睛与客人进行沟通，让客人感受到对他的重视和关心，切记不要左顾右盼和精神不集中。

（二）礼貌服务意识。

1. 礼貌意识的重要性

（1）礼貌意识是人类文明进步的标志，是民族素质的体现。

现代的饭店，接待的是来自不同民族、不同种族、不同国家和地区的客人，面对客人，每一位员工代表的不只是饭店的形象，有时甚至也代表着整个民族的形象。因此，在饭店服务中礼貌服务尤其重要，礼貌服务的好坏影响着饭店、国家和民族的声誉。

（2）礼貌意识是饭店服务质量的重要保证。

随着饭店业的发展和科技的进步，设施高档、装修豪华的饭店越来越多，市场竞争越来越激烈。单靠在设施设备等"有形硬件"上的不断完善是不够的，客人不会因为饭店设施的豪华而原谅服务过程中出现的失误；相反，会对服务水平提出更高的要求。饭店的"无形软件"即服务质量才是饭店在激烈竞争中保持不败之地的关键。

（3）礼貌意识是个人素质的体现。

在人际交往中注重礼貌意识，是建立和谐、融洽的社会关系的关键。要想得到别人的尊重和礼遇，首先要做到以礼待人。处处注意礼貌会在社交活动中建立良好的人际关系，赢得尊敬和喜爱。

2. 礼貌的基本原则：真诚、平等、尊敬、礼让、宽容、同情和关怀

真诚原则：真诚是人与人之间相处的基础，交往时必须做到诚心待人，心口如一。在服务工作中有一句座右铭是"诚招天下客"，没有诚意，即使服务程序做足了，也无法取得信任。真诚的原则要求在对客服务中应从善良的愿望出发，抱着"我请你来消费"，而不是"我恩赐服务给你"的态度来对待客人。

平等原则：是指在对客服务中，在尊重他人的同时，也必须尊重自己，坚持对客服务不卑不亢，既不盛气凌人，也不卑躬屈膝。只要是客人，无论国籍、种族、民族和社会背景如何不同，都一视同仁，提供优质、礼貌的服务，不能因为服务的差异让客人感觉受到歧视。

＊＊＊＊＊＊＊＊＊＊＊＊＊＊＊＊＊＊＊＊＊＊＊＊ 小 思 考 ＊＊＊＊＊＊＊＊＊＊＊＊＊＊＊＊＊＊＊＊＊＊＊＊

问：平等为客提供服务的原则是否与为客提供个性化服务相冲突?

答：不冲突。平等而又无差异地对客服务是饭店礼貌服务的基础。随着饭店市场竞争的加剧、顾客消费意识的提高和对高附加值的追求，饭店的竞争越来越表现为服务质量的竞争，而服务质量的评判关键在于客人的满意度。由于客人既有共同的特性和需求，又有各自不同的特点，他们对于提供的服务既有相同的要求，即要求服务热情、周到、规范，又各有不同的个性要求。要想超越服务的现有水平，让每位客人最大限度地满意，就必须在原有平等对客的基础上提供富有针对性和灵活性的服务，由此而产生的客人与饭店的亲和力成为了饭店增强市场竞争力的有力法宝。

＊＊

尊敬礼让原则：尊重是礼貌的实质，礼貌本身是从内容到形式尊重他人的具体表现。尊重他人是赢得他人尊重的前提，真正做到尊重他人，还应当具有礼让的精神。饭店服务强调"顾客至上"，"客人永远是对的"，其实质就是要求礼让客人，处在客人角度为其着想，特别是言辞表达上，要把"对"让给客人，让客人感受到被尊重。

宽容原则：这是礼貌修养的基本功之一。宽以待人，不过分计较客人礼貌上的得失，有容人之量。对客服务要设身处地地从客人角度考虑问题，理解他的观点、立场和态度，原谅他人过失，这样才能得到客人的信赖，也才能感化行为不良的客人。

同情关怀原则：同情和关怀的态度是服务人员最基本的要求。只有抱着同情和关怀的心态，才能以一颗宽容的心理解客人、体谅客人、尊敬客人，才能心领神会客人的喜怒哀乐。

不论从事什么职业和岗位，只要有礼貌意识，总会令顾客感到轻松自然且容易接近。对客人服务只要能基于礼貌的基本精神与原则去做，自然会在接待中应付自如，既要熟悉基本规矩或形式，更要怀着理解和宽容的态度去关心客人，这样才能赢得理解和信赖。

3. 礼貌服务的主要内容

（1）主动服务。这就是服务于客人开口之前。饭店制定了详细的服务规范和工作流程，只能说是具备了达到一流服务的基础条件，并不等于就有了一流的服务水平。员工只有把情感投入到服务工作中，真正从内心理解和关心客人，服务才会主动，才更具有人情味，也才能体现出一流的服务水准。

（2）热情服务。这是指员工出自对职业的热爱和对客人的理解与关心，发自内心、满腔热情地提供优质服务，表现为精神饱满，热情好客，动作迅速。

（3）周到服务。这是指在服务内容上想得细致入微，处处以方便、体贴客人为宗旨，切实帮助客人排忧解难。周到的服务更多的是体现在细微的个性化服务上，源于规范服务而又高于规范服务，体现更主动、更灵活和更细微的服务。

（三）宾客意识

1. 宾客与宾客意识的含义

美国 FAIMONT 饭店总经理曾阐释"客人"的概念：客人就是通过各种途径到饭店来的最重要的人，他不是供你议论或与你较量智慧的人，他是我们以礼貌和尊敬的态度给予服务的人。他不仅仅是住房的一个号码，他是和我们自己一样有血有肉、有感情的人。他是一个我们必须持续得到他的亲善友好，一次再次到饭店来的人。他是我们工作的目的。我们为他服务，不是我们给他恩惠，而是他通过给予我们为他服务的机会给我们的一种恩惠。

宾客意识有两层含义：一是宾客是有血有肉、有感情、亲善友好、给酒店提供恩惠的人；二是如何接待宾客的问题，也就是如何服务的问题。

2. 宾客意识的实质是"把对让给客人"

客人来自不同国家、地区的各个阶层和各个行业，在接待过程中难免会出现这样或那样的问题。行业里推行"客人永远是对的"，实质就是得理也要让人，这种"让"，就是把面子让给客人。当有矛盾时，要尽可能大事化小，小事化了。就算客人完全错了，也应当站在客人的角度说话，体面地给客人台阶下，而不是得理不让人。即使碰到挑剔的客人，也要非常有耐心，努力设法满足其要求，实在满足不了的，要耐心做好解释工作。

把对让给客人，要让得自然，让得合情合理，不使客人感到勉强或尴尬。无论客人的举动是出于善意还是存心挑剔，只要牢记职业道德规范，宽容待客，分析客人行为的真实原因，合法合理给予解释或调解，就能最大限度地减少纠纷。

3. 宾客意识的细微之处在于服务意识

饭店管理成功与否，取决于宾客的满意程度。宾客意识要求对客人的接待服务是完善、周密、细致的，不允许有丝毫疏忽。饭店服务中必须明白 $100-1=0$ 的道理，要时刻记住，哪怕是很小的事情，对饭店来说，都是大事情。

（1）记住客人的名字，并诚心诚意地这样做。客人在饭店如果听到有

13

人能称呼他的名字，会感觉自己是被重视的，产生一种强烈的亲切感。

（2）不直接对客人说"不"字。对无法办到的要求，如果直截了当地拒绝，会使客人感到很失望，从而对服务失去信心。尽管不能满足客人的要求，但可以推荐相应的服务或产品。

（3）注重服务细节，在细微之处体现饭店的服务特色，尽量让客人感觉到真诚、亲切、朴实和热情。

（四）协调与沟通

1. 协调沟通意识

协调沟通意识是指在饭店服务工作中要具有整体观念，恰当运用语言、行为、表情等各种沟通方式，达到与客人、同事之间的相互理解，使服务工作能够顺利开展。

2. 协调沟通的重要性

加强内部协调沟通是提高服务工作效率的关键因素，内部之间的有效沟通和协调，是顺利开展对客服务、提供优质服务的保证。如果缺少沟通协调，往往会使对客服务的链条中断，降低服务质量，使整体服务大打折扣。链条将各个部门的工作连接在一起，客人的信息也在这一链条上传递。一个环节的疏漏，会相应地影响到其他环节，无论哪一个环节出了问题，都会令客人对服务产生不满，这正体现了饭店服务理论中 100-1＝0 的道理。

重视外部协调沟通是提高服务质量的重要途径。与客人做好沟通协调工作，恰当地理解需求，是提供个性化服务的关键。做好整体协调沟通工作，多与客人进行沟通，让客人感觉到你的关心，感觉到你随时准备为他提供服务。

3. 协调沟通的方式

采用报告、备忘录、通知、订单、工作记录等书面记录的方式，这有助于了解复杂的信息，但是花时较多，缺乏即时反馈；

采用电话、接待、会议、面谈等语言表达的方式，这样传递信息较快，有助于解决紧急的事情，但是形式不够严谨，易曲解原意；

此外还要讲究行动、表情和神态等身体语言的非语言沟通协调方式，在着装、精神面貌、行为举止等方面要注意和讲究，否则会直接影响客人的印象。

4. 沟通协调的注意事项

进行恰当地协调沟通，其目的是达到相互间的理解，圆满地完成工作任务。在沟通协调过程中应当注意：真实性；预见性；条理性；尊重对方。

*********************** 小　知　识① ***********************

研究发现：一个人一天中的 60%～80% 的时间花在与亲人、朋友、下属、同事或顾客的沟通活动上。通过研究一万个成功者的案例发现，一个人的"智慧"、"专门技术"、"经验"等只占成功因素的 15%，其余的 85% 取决于良好的人际关系与良好的人际沟通效率。酒店的服务和产品不能适应客人的要求，客人不领情愤而投诉；跨部门的员工不能很好的配合，各个环节扯皮，效率低下；管理者对员工的情况知之甚少，彼此有隔阂，团队没有凝聚力……问题接踵而来，根源在哪——沟通不足。

****

（五）态度决定一切

不同的态度，产生的人生体验和结果是截然不同的。心态可以影响如何看待事物，影响认知方法。摆正态度远比做好一件事本身的效用大得多。结合酒店实际工作情况，具体到个人义务责任，那就是，端正态度，摆正位置，认认真真做人，踏踏实实做事，把工作做好。

态度的重要性在于态度决定了其行为，服务企业的态度同样指引了对客服务的方向。在以出售服务为核心产品的饭店行业中，服务对象是活生生而有感情的人。人对服务的认同常以感觉为基点，感觉又相当的灵敏，在接受服务过程中的每个动作细节都会马上感应出来。因此，以热忱的态度去提供服务与以消极、得过且过的态度去提供服务所产生的成效是大相径庭的。管理者对一线服务人员的态度，一线服务人员提供给客人的服务态度，客人对饭店的态度等既是一个单向的传递关系，又是明显的双向循环。只有将客人视为合作伙伴、衣食父母乃至上帝时，所提供的服务才会是发自内心、出自真心，服务才能真正到位，出售的服务产品质量就会与众不同。如果仅仅把客人当做钱包，掏空就拉倒，那就不是态度隐含意义的本身，那是企业发展的"近视"，所带来的是客人的渐行渐远。

态度会产生神奇的力量。积极的人生心态可以战胜自卑恐惧，克服惰性，发掘潜能，提高工作质量和效率，走上成功的道路。工作态度折射着人生态度，而人生态度决定一生的成就。天性乐观，对工作充满热忱的人，无论眼下是在洗马桶、清扫垃圾或者是在经营大饭店，都会认为自己的工作是

---

① ［美］杰克·E. 米勒著，宿荣江译. 酒店督导. 大连：大连理工大学出版社，2002：59-63

一项神圣的职业,并怀着浓厚的兴趣。对工作充满热忱的人,不论遇到多少艰难险阻,都会像野田圣子一样:哪怕是洗一辈子马桶,也要做个洗马桶最优秀的人!

第四节 前厅环境

一、前厅的形象与格调

(一) 前厅形象与格调的外在表现

作为饭店门面,前厅应该表现得大气、豪华、舒适、卫生、安全;作为迎送区域,应该是空间人文艺术环境营造与空调、电气照明、灯光、声学、家具陈设、装饰绿化等控制与美化手段相结合得较完美的区域,并从整体上造就一个明快、亲切、温馨、端庄、典雅、和谐、舒适和安全的环境。

作为特定的环境空间,前厅除了满足主宾纯功能需求外,更需要传达某种主题信息来满足人们精神文化生活的需要。通过传达深层的主题信息,反映出特定的文化观念和生活方式,创造出引人入胜的空间形象,带来心理上的流畅和升腾以及强烈的感染力,把感觉上升到完美的精神境界。

(二) 前厅形象与格调的影响因素

1. 主题

环境主题营造的表现意念十分丰富,社会风俗、风土人情、自然历史、文化传统等各方面题材都是设计构思的源泉。主题气氛总是与场所的性质相联系。人们对事物的知觉具有一定恒常性,总是按生活经验来估计相应的气氛,这是主题气氛设计的心理依据。通过主题的象征性,把不可知变为可知,把埋藏于心里深层的变为可见,把无形变为有形,把模糊和不可捉摸的概念、含义、感情具体化,通过主题性营造,使人产生"移情"和"共鸣",进而产生形象与感情的连锁反应。

2. 空间

前厅可以视为由外而内的过渡空间,有引导和心理缓冲的作用。空间结构形态一旦和主题创意相融合,给人的视觉冲击力是巨大的。不同空间形式及空间形态的比例变化、大小变化给人们造成不同的感受。前厅应具有宽敞、高大的空间感觉。

3. 色彩

色彩是创造内部环境的主体要素,是内部设计的重要手段,决定着空间审美、个性、情趣,影响心理和情感,是人类精神追求的一种形式。在饭店中，装饰材料是内部环境色彩的直接体现，家具和陈设是重要组成部分。色彩设计要和内部环境相协调，要注意色彩的象征作用，要注重合理搭配。

4. 光线

光是一切色彩之母，光线是人眼感受物体色彩的基础，对色彩产生直接影响。内部特殊光源可以使色彩产生强烈的色彩倾向，揭示空间、界定空间范围、创造内部色彩意境，丰富和改变内部色彩。就视觉来说，没有光就没有一切。空间通过光得以体现，无光则无空间。大堂环境中，光不仅是为满足视觉功能的需要，而且是一个重要的美学因素，可以形成空间、改变空间或破坏空间，直接影响到物体、空间的大小、形状、质地和色彩的感知。

5. 材料

材料及其表面肌理和质感很大程度上影响着环境视觉印象。全面综合考虑不同材料的特征，巧妙运用材质的特征，把不同材料的自然美（如质感、纹理、色彩等）体现到设计中，并充分考虑其对心理效应和各种材料综合搭配的协调，在经济性、实用性、功能性、审美性之间进行全面平衡，选择最佳材料。

6. 声音、家具、陈设和绿化

声环境在前厅环境中是不可忽视的。饭店前厅虽然追求静谧，但也并非要悄无声息，有时适当的声音反而可以更好地营造良好的气氛。美观实用的家具、精致典雅的陈设和活色生香的绿化可以丰富和点缀内部空间，对整个环境起着弥补和调和的作用。

当然，除上述的主题、空间、色彩、光线、材料、家具、声音、陈设和绿化之外，前厅服务和工作人员的"软环境"也很重要。仪容仪表、文明举止、热情待客、高效服务、由衷微笑等可以体现前厅富有特色的服务氛围，这些都是重要的形象与格调影响因素，甚至更是超越了前面所讲的各项因素。

二、前厅的布局与设计

饭店前厅是指包括车道、正门、大堂、总台等在内的接待服务场所，是客人进出饭店的必经之处和活动汇集场所，主要提供前台问讯、接待、结账、会客休息、购物、商务等服务项目，是饭店服务和管理的前沿，具有综合性和全局性的工作特点。前厅设施布局是否合理、功能是否齐全、环境是否优雅，将对客人产生直接的影响。

（一）设施布局规范

（1）大门、边门功能有别。饭店通常设有正门和边门。正门高大，是主要进、出口，外观富于装饰风格，用材档次较高，配件华丽。正门有玻璃门、旋转门，有的还设了双道门，防尘、保温、隔音效果更好。边门可供团队出入和运送行李物品等。在雨雪季节，正门或边门一侧还设立雨伞架，供客人存放雨伞。有的酒店在门前台阶旁专门设有残疾客人轮椅坡道。饭店正门外一般建有雨搭、上下车的车道、回车道和停车场。比较高级的饭店正门前还有喷泉及小型花园，让自然风光与人工创造的景物融为一体，给人以清新与充满生命力的感觉。

（2）厅堂宽敞舒适。按星级评定标准，厅堂面积与客房间数要符合一定的比例标准，一般为 0.4 ∶ 1。拥有 500 间客房的饭店，其厅堂面积就不应少于 200 ㎡（500×0.4）。按照这样的比例建成的厅堂没有压抑、拥挤的感觉。

（3）人员流向设计规范合理。作为客流汇集的中心区域，通行要方便，分布流向应合理，应符合客人活动规律；另外，应与员工通道、员工洗手间、操作区域、货用电梯等尽量隔离区分，避免交叉、穿行，有碍客人活动。

（4）公用设施设备齐全。厅堂内设有男、女客用洗手间，各种洁具用品配备齐全，卫生清洁、无异味，并设有残疾客人厕位。档次高的酒店还专为宴会、展览会等集会服务设有衣帽间。大厅内应配置多部内线和公用电话、饭店设施布局示意图，有条件的可以安装免费使用的触摸式多媒体查询电脑等。在厅堂中部或总台附近适量摆放沙发或座椅供客使用。

（5）公共信息图形标志规范醒目。店内外各种设施均应配置设立符合国家标准设计规范及行业管理规定的标志牌、路标、提示牌等。

（二）环境条件舒适

（1）温湿度控制适宜。冬季厅堂室温一般控制在 27℃ 左右，湿度为 30%～80%，夏季室温以 23℃ 为宜，湿度为 30%～60%。具体情况参照气候差异及地区适用标准。

（2）通风良好，空气清新。前厅人员集中、密度大、耗氧量大，应配备性能优良、工作状态稳定、与厅堂面积匹配的通风及空调设备，保持厅堂内的空气清新。

（3）光线明亮柔和。前厅内最好能通过一定量的自然光，结合建筑结构特点及装饰要求，应配备多层次、多种类型的灯光照明，使客人不会出现目眩等不舒服的感觉，在不同天气条件下达到良好的光照效果。

（4）降低噪声，播放背景音乐。饭店环境的噪声会给客人和员工带来烦躁感和不快感，导致工作效率下降，易于疲劳。要创造良好的环境和气氛，必须减少噪声。一般来说，有条件的酒店可以播放 5~7 分贝的背景音乐，用以改善精神紧张状况，增强精神的安定性，减少前厅人员因重复性的单调接待工作而带来的疲劳感。

（5）花卉布置高雅。配合厅堂的建筑设计特色和装饰艺术风格，随着季节、气候变化和活动需要，适时调换花卉品种，以及配置适当的工艺摆件、挂件，可以烘托出前厅服务氛围的整体感和艺术感。

（三）总台布局

（1）总台作用。这是为客人提供入住接待、问讯查询、兑换结账、联系协调等前厅服务的代表接待机构。

（2）总台位置。不同等级的饭店，依据管理的要求以及建筑结构设计和装饰不同位置或不同形状的总台。总台一般都设在饭店首层前厅，其中轴线一般与饭店大门的通道垂直或平行。这样使客人很容易找到总台，也使总台服务人员能够观察到整个前厅、出入口、电梯等处的客人活动，便于接待、送客和业务协调。

（3）总台型制。①中心长台型。一般设置在前厅中后部，正对大门出入口，呈"ⅠⅠ"状或曲线状，服务功能划分清楚，使用和管理方便。②侧向长台型。一般设置在大门出入口一侧，呈"L"或"H"状，位置醒目，服务功能划分清楚，使用和管理方便。③分立圆台型。一般设置在前厅正对大门出入口，设立多个圆形台，位置突出，可以同时接待多批客人，减少相互干扰，但对人员素质要求较高，管理难度较大。

（4）总台规格标准。总台高度一般为 120~130cm，台面宽度为 45 ㎝左右。内侧设有工作台，高度为 85 ㎝，台面宽度为 60 ㎝。工作台上配置有电脑、房况控制架、钥匙架、表格抽屉、文具等。总台内侧与后墙之间通常有 1.2~1.8m 的空间距离，用于接待人员通行。总台附近一般设前厅办公室、预订部、商务中心、外单位驻店服务机构、客用电梯、员工电梯、楼梯、客用洗手间、大厅休息座、咖啡厅或茶座等设施。

三、饭店前厅特色布置比较

前厅大堂的陈设布置大致有 3 种风格。

（1）传统的民族风格：上海宾馆总台上方安置有一组高 11m，长 16m 的长卷式漆雕组画"车马行旅图"，以古代猎骑射与商周时期图案中的抽象凤鸟为题材，运用汉代砖刻的质朴、粗犷艺术风格，预示远道而来的宾客将在这具有悠久文化历史的华夏之地，经历一次富有神秘东方色彩的旅游；广州花园酒店总台墙上绘的是以《红楼梦》中的情节为内容的大幅壁画，展示了东方女士秀美、典雅的风姿和古建筑大观园的风采，洋溢着浓郁的民族文化气息。这些洋溢着浓郁民族文化内涵的气息显示出其独特的吸引力。

（2）简练大方的现代风格：北京西苑饭店大堂的金属几何形反射照明灯架，通过优良加工而成的建筑材料构成特殊的现代材料美感；广州中国大酒店的大堂采用了富有现代感的不锈钢大包柱，落地式玻璃门，花岗岩地面及直线造型为主的沙发；南京金陵饭店大堂，饰面木板采用木色天然纹理，用青砖砌地面，大面积绿化形成一个绿色基调，体现出江南名城的风貌特色。这种风格主张"灵活多用，四望无阻"，提出"少就是多"，造型上力求简洁的"水晶盒"式样呈流线型或几何型，色彩舒适，强调功能作用和心理效果。

（3）庭园绿化风格：向往自然是人们的天性。建筑学上的映借手法能使室内空间有限而景致无限。绿化物可以协调人与环境的关系，使人不觉得被建筑包围而产生封闭感，又不觉得像在室外因失去蔽护而产生不安定感。广州白天鹅宾馆大堂中陈设了一组以"故乡水"为主题的室内山水，喷泉回廊，悬挂翠绿的垂萝，枝叶扶疏，满目葱绿；通过南侧玻璃幕墙，使陈设表现山水与百舸争流的滔滔水景，同室外园林绿化相呼应，室内外空间环境和艺术陈设交相结合，水乳交融，使人顿觉宾至如归。人造环境的自然化，即物质环境与自然环境的高度融合无疑是一种生活文化，人—物—环境—自然这一大系统的相互协调，共生共荣，达到"天人合一"的至高美学境界。

下面简单地介绍几家饭店的前厅特色布置。

（一）广州白天鹅宾馆

图1-2　白天鹅宾馆大堂

白天鹅宾馆（如图1-2所示）坐落在广州沙面岛南边，濒临三江汇聚的白鹅潭。独特的庭园式设计与周围幽雅的环境融为一体。大堂设计融东西方风格于一体，中庭宽敞明亮，曲径回廊，小桥流水，石山瀑布，构成一幅楚楚动人的中国园林景色。前厅最具特色的就是"故乡水"。"故乡水"是大堂正面落差16m的人工瀑布，宛如一幅乳白色的轻纱，悬挂在奇石嶙峋的假石山前。正是这清幽的故乡水令无数归侨油然而生思乡之情。在倚临珠江南面，矗立着长72m，高7.2m的玻璃幕墙，透过明净清晰的玻璃幕墙，珠江上舟楫如梭的美景尽收眼底，这就是白天鹅宾馆独有的环境优势。

20

（二）北京世纪金源大饭店

世纪金源大饭店（如图1-3所示）位于北京西部风景文化区——海淀区板井，处于板井路北缘。饭店主楼建筑呈弧形，沿街向南展开面长度为284m，高为47.5m，气势恢弘。主体采用三段式设计方式。底部通过柱廊强调出水平线条，形成基础部分；中部主体通过竖向的玻璃幕墙以及墙体分隔强调竖向构图，形成建筑的挺拔感；顶部通过水平的檐口，勾勒出与天际线的平行线条，增强了建筑的整体感。

图1-3 世纪金源大饭店

（三）武汉东方大酒店

武汉东方大酒店（如图1-4所示）是湖北省首家国际五星级豪华商务酒店。酒店位于众商云集的武汉市商业中心，地理位置优越，交通便利。酒店建筑面积约5万㎡，充满浓郁的欧陆浪漫情调和严谨细致的东方文化气息，庄重而又不失典雅。金碧辉煌的大堂面积近2 000 ㎡，净空10m，完美地结合了当代技术与古典文化的精华，中庭皇家花园面积达1 500m²，

图1-4 武汉东方大酒店

可谓匠心独运，阳光可透过高达26m的玻璃天顶直接洒落广场，为湖北仅有。

（四）其他酒店前厅图片（如图1-5～图1-14所示）

图1-5 武汉香格里拉大饭店

图1-6 南京金陵饭店

21

图 1-7 广州花园酒店

图 1-8 江苏淮安宾馆

图 1-9 广州凤凰城大酒店

图 1-10 青岛丽晶大酒店

图 1-11 四川绿洲大酒店

图 1-12 上海华亭酒店

22

图 1-13 江苏苏州新苏皇冠假日酒店

图 1-14 上海新锦江大酒店

【案例评析】

前厅部小刘是行李部员工，时常在工作中碰到一些"不讲理"的客人，作为服务人员，小刘知道面对这种客人一定要沉住气，绝不能冲动，绝不能感情用事。但是有一天在工作中，小刘还是沉不住气和客人吵了起来。起因是客人钱包丢了，丢钱包之前刚好和小刘在一起呆过几分钟，客人怀疑是小刘拿了钱包，硬要小刘交出钱包，双方吵了起来。事后，酒店大堂副理查明并解决此事（此事查明不关小刘的事，是客人放错了地方），但是大堂副理还是批评了小刘。小刘觉得很委屈：一是明明全部是客人的责任和错误，为什么还要批评我？二是小刘知道不能和客人发生冲突，但就是沉不住气，为什么真心实意地想改变自己，却总是不能取得预期的效果？怎样才能有所改变呢①？

点评：大堂副理批评小刘是有道理的。确实这件事情全都是客人的责任，小刘没有什么错，但是对酒店的客人，每一位服务人员都要以礼相待。诚然，从客观事实上来说，客人也会出错，而且往往是客人在出错。但是对于酒店和服务员而言，行业里推行"客人永远是对的"，其意义和实质就是得理也要让人，这种"让"，就是把面子让给客人，而不是得理不让人，非要客人认错，就算把道理争了回来，那么，客人会感到没面子，下次就不会再光顾酒店了，最终输的还是酒店。服务人员在日常工作中要牢记职业道德规范，宽容待客，加上分析客人行为的真实原因，合法合理给予解释或调

---

① 陈志学，张文俊.中国旅游饭店管理与服务试题大全.北京：中国旅游出版社，1998：49

解，就能最大限度地减少纠纷。

至于小刘真心实意地想改变自己，却不能取得预期的效果，这主要有两个原因：首先是想改变那种"沉不住气"的行为，对早已形成的一种习惯，要想改变它，最有效的途径不是"压制"，而是努力去形成一种可以"取而代之"的新习惯，在没有形成"沉住气"的习惯以前，要让那种"沉不住气"的老习惯不起作用是很难的。其次是虽然在意识中想通了"应该沉住气"的道理，但是那种沉不住气的习惯性行为却是由"潜意识"在直接支配。用"自我提醒"（实质是自己给自己下命令）的方式改变不了"潜意识"。从心理学的角度讲，要想有效改变自己，就要用"自我暗示"来对潜意识施加影响，通过"想像演习"和采取实际行动来形成新的习惯取代不好的旧习惯。具体来说可以参考以下四个步骤：

第一，进入身心放松状态，完全不加怀疑地、不加抵制地反复对自己说"我是在各种情况下都能沉住气的人"；

第二，仔细地考虑，在各种情况下都能沉住气的人，遇事是如何行动的；

第三，在现实生活中，作为在各种情况下都能沉住气的人去行动，在行动中自我感觉良好。做到了这些，自然而然就可以改变自我。

【课堂讨论题】

怎么样才能成为一名合格的前厅工作人员？

【复习思考题】

态度决定一切。这个态度是个什么东西？既看不见也摸不着，能决定一切吗？

【实训题】

假设自己是一名前厅工作人员，当你遇见客人时，从语言、表情和动作上怎样模拟应接？

第二章
前厅部的客房预订

第一节 前厅部客房预订的任务

客房预订主要是指饭店（代理机构）为住店客人在抵店前与饭店预订部门所达成的契约。饭店订房部是前厅部中调节和控制整个饭店房间的预订、销售的中心机构岗位，是服务于宾客的超前部分。

一、做好预订工作的重要性

（一）客房销售的调节和控制中心

客人一般都倾向灵活和超前地安排好相关事宜，以节约时间和减少麻烦；饭店为了提前做好接待准备，超前占有客源市场，提高客房出租率，加强市场竞争力，必须做好预订工作。订房部在销售客房和获取收益的工作中起着调节和控制作用，是整个前厅服务及客房销售重要的组成部分。

（二）第一个正式与客人进行接触，工作好坏直接影响后续工作

订房部在大多数情况下是第一个与客人做正式接触的部门，客人的第一印象也渐渐开始建立。订房部的形象、工作的好坏会直接影响客人的选择，进而影响客房销售以及其他部门服务工作的提供和销售。

（三）超前服务于宾客，完成客人抵达前的准备工作

对客服务工作是从客人预订时就开始的。订房部在完成预订协议的同时，还会记录相关要求，并在客人抵达前做好相关准备工作，以方便客人在饭店的活动，也方便服务部门实施抵店前的准备工作以及提供针对性服务，为使客人最大限度地满意做铺垫。预订工作是前厅服务过程中非常重要的前期工作，直接关系到前厅服务的质量水准。

（四）是其他部门对客服务的基础

订房部的工作会对其他部门服务产生影响。若无订房部的信息，在涉及预订的新增、变更或是取消方面会带来接待和客房控制方面的麻烦；若订房部没有开设客人预订信息账户，接待部就会缺乏资料无法接待；尤其是在涉及饭店接待贵宾时，饭店一般同时会出动几个部门做贵宾接待准备工作，所有这一切的工作，都有赖于订房部的第一手资料，否则就会使服务出现偏差甚至是错误，影响客人的满意度。

（五）订房部的资料是建立客史档案的基础

饭店对于宾客一般都会建立相关档案或是追加相应的资料，以保存客人相关方面的资料。订房部在做客人预订时采集和输入的资料就是客史档案的第一手信息资料，订房部收集资料的详细度、准确度等都会影响对客人的针对性服务，进而影响客人的需求和满意度。

二、做好预订工作所需要了解和掌握的知识

（一）床具种类方面的知识

（二）客房类型方面的知识

（三）房价种类方面的知识

（四）客房状态方面的知识

（1）住客房（Occupied）。住店客人正在使用的房间。

（2）空房（Vacant）。已完成卫生清扫工作，可随时出租的房间。

（3）走客房（Check out）。客人已结账离店，待清扫或正在清扫的房间。

（4）待修房（Out of Order）。因房间设施、设备故障，待修或正在修理

而不能出租的房间。

（5）保留房（Blocked Room）。为接待会议、团队或重点客人而提前预留的房间。

（6）外宿房（Sleep out）。客人在外留宿未归，总台接待做记录并通知大堂副理和客房部，由大堂副理双锁客人房间，客人返回时，大堂副理为客人开启房门。

（7）携带少量行李住客房（Occupied with Luggage）。只携带少量行李的客人居住的房间。为了防止客人跑单逃账等意外情况，客房部应将此情况通知总台。

（8）请勿打扰房（DND）。客房门口"请勿打扰"灯亮，或门把手上挂有"请勿打扰"牌，员工不能进房间提供服务。超过饭店规定时间，则由总台或客房部打电话与客人联系，以防发生意外事件。

（9）双锁房（Double Locked）。客人从房内双锁客房，服务员使用普通钥匙无法打开门，对这种客人要加强观察和定时检查；另外，饭店发现客人外宿未归或客房内有特殊情况时也会采取双锁客房的措施。

（五）预订控制方面的知识

由于地理、气候以及不可控制的其他客观因素，加之旅游业和接待服务行业市场竞争的客观存在，饭店会出现销售旺季、淡季之分，对经济效益和社会效益产生影响。对于预订员来讲，销售旺季要做到保持客房的最佳出租率，同时又不失饭店信誉；销售淡季时，努力推销，提高出租率。

为了饭店的声誉和客人利益，预订人员尤其要处理好超额预订控制。饭店通常将超额预订率控制在5%左右。

**********************　小　知　识　**********************
超额预订（Overbooking）①

对于饭店而言，如果事先预订的顾客在抵达之前突然取消预订，或者比预订的时间晚了几天才抵达，甚至根本就没有出现，以上任何一种情况都会减少饭店的收入。事实上，这样的事情在饭店每天都有发生。降低顾客抵达的不确定性，可以从以下几个方面入手：

核对预订。不是所有的顾客都会将变更主动地通知饭店，在客人抵达前通过电话或者书信与客人进行核对，一旦变更迅速做出调整，并通知相关部门将闲置的客房重新预订或者销售给未预订客人。

---

① 王起静．现代酒店成本控制．广州：广东旅游出版社，2004：282

27

增加保证类预订,预收保证金或要求信用卡担保。将风险转嫁给顾客,可以有效防止饭店收益的减少。

以上两种方法依然无法完全保证所有预订顾客都信守预订,实际上也无法做到这一点。根据饭店业的经验,订房不到者占总预订数的5%,临时取消预订者占8%~10%。正因为如此才有了超额预订。

一般认为超额预订数可由以下公式确定:超额预订数=预计临时取消预订数+预计预订而未到的客人房数+预计提前退房数−预计延期离店房数。公式中可以发现每个决定超额预订数的因素都有预计的字样,要想计算准确,首先要保证对各项指标的预测准确。解决这一问题的最好方法是建立一种准确的预测模型,通过该模型准确预测出最佳超额预订数。目前国际上流行的饭店收益管理系统,都提供了强大的预测功能和专门的超额预订模型。

****

(六) 预订推销方面的知识

预订客房并不仅仅是客人为了使住宿得到保证而进行的单方面活动,也不仅是饭店被动地受理客人预订要求的简单服务,它已成为饭店推销工作的重要内容。要想做好预订工作,预订员要注意以下几点:

(1) 要全面、准确地了解并掌握饭店服务产品的构成、特点、价格及当前的预订状况和相关促销政策,知晓饭店的服务布局和设施,熟悉客房的不同规格、家具配置特色,以及餐饮、娱乐等方面服务设施的位置、特点等。

(2) 要具有推销知识、销售意识、行销技巧等,懂得在预订过程中向谁推销、推销什么以及如何推销等,并且不失时机地主动宣传和询问客人是否需要接机、订餐、订票等特殊要求,主动服务和推销,使客人加深对饭店其他服务产品的进一步了解。

(3) 要拥有完善的客户资料,在拥有系统的客房销售历史统计数据的基础上,还要拥有各种历史资料,包括订房客户的"排行榜",从而为销售部和预订部进行有针对性的推销提供依据。另外还应拥有完备的客史资料档案,熟悉并掌握老客户的喜好、忌讳,选择有针对性的直接推销。

三、预订处员工的日常工作任务及岗位职责

(一) 预订员的工作内容

(1) 按规定着装,准时到岗。

(2) 在交班簿上签到,阅读交班内容,按照要求工作。

(3) 阅读当天及近期的房间情况,房间紧张期间不得擅自接受订房。

（4）熟悉当天抵店 VIP 的身份、房号以及抵离时间，将 VIP 的情况、开房率、团队情况抄在告示板上。

（5）整理前一天的订房单并进行装订。

（6）复印前一天的旅行社 NO-SHOW 订房的订单资料。

（7）检查第二天的团队并在电脑中按每个团队的房间总数和相应人数开设账户。

（8）与销售部核对第二天的团队。

（9）星期天早上做出下一周的房间预计情况表（ROOMS FORECAST）和 VIP 预报情况表（VIP FORECAST），并发送有关部门（相关图表见本章第四节）。

（10）完成当天的预订工作，未能及时完成的做好交班，由下一班完成。

（二）预订处岗位责任

（1）订房部主管。①按照经理的指示工作，全面负责预订工作，了解订房情况，处理有关文件和控制房间预订。②负责制作、保存和分送周报表、月报表，反映房间、订房情况。③负责整个订房部的档案存放工作。④负责督导、培训订房部员工。⑤完成总经理或前台部经理的一些特殊安排。

（2）订房部领班。①对订房部进行管理，督导、培训订房部职员，安排职员的班次和布置工作任务。②核对团体订房和散客订房的变更和取消的房间数字。③负责发出各种信件、备忘录和印制报表等给各部门。④每月安排备用品使用。⑤与销售、接待、公关等部门沟通联系。⑥每月第一天做上个月的房间销售分报表（ROOMSALES ANALYSIS），分送总经理、房口总监、前台部、销售部。⑦做好档案工作。⑧完成前台经理、订房主管安排的各项工作。

（3）订房部职员。①按订房部领班的指示工作。②接受和处理电话、电传和文件及散客和团体订房或变更，按操作规程作相应更改。③完成和处理好有关部门（销售部）的订房单或变更单。④把散客和团体订房单按日期排列好，并归档。⑤推销酒店的房间及服务。⑥完成各类报表的印发，将订房资料准确地输入电脑。

第二节　客房预订的种类

客房预订按不同的划分标准可以划分出不同的种类。

一、按照人数构成来划分可以分为散客和团体客人

（1）散客（自由零散旅游者）。这是相对于团队而言的客源类型。饭店中每日平均价的高低很大程度上依赖散客的多少。饭店服务质量的体现主要也在于接待散客。值得注意的是，散客并不是单纯数字意义上的一个人。

（2）团体客人。这是和散客相对应的称呼，人数一般相对较多。很多饭店都努力经营团体客人的生意，对饭店增收有很大帮助。

二、按照接待等级来划分可以分为普通客人、IP 客人和 VIP 客人

（1）普通客人。这不是指饭店对宾客有所歧视，主要是相对 IP 客人和 VIP 客人而言，他们一般是同饭店没有什么密切或特殊关系的客人，以常规方式接待即可；但并不意味着在接待上会有所马虎不周。只要是客人，员工都应遵守礼貌礼节和按照服务规程进行接待。

（2）IP 客人。相对普通客人而言，指对饭店的经营和管理有帮助和影响的客人。

（3）VIP 客人。这主要是指那种有身份，知名度高，对饭店的经营和管理有极大帮助和影响的人，此类客人还可以划分出等级，不同等级的接待规格及服务标准是不一样的。

三、按预订手段可以分为面谈预订、电话预订、电传预订、信函预订和互联网预订

（1）面谈预订，指面对面地洽谈订房事宜。这样能详细了解客人的要求，可以根据客人喜好、行为特点，进行有针对性的促销和推销。

（2）电话预订。电话订房比较普遍，其方便、沟通快捷。但由于区域和语言障碍，电话的清晰度以及受话人的听力等影响，容易出现听不清或理解错误。

（3）电传预订。这是当前较先进的图文传真订房方式，具有方便、迅速、完整的特点，可以使远隔千里的客人与饭店之间完整地、毫无遗漏地交换资料及要求，同时还可以成为客史档案资料及合同的证明文件。

（4）信函预订。方式比较古老，但显得很正规，以邮寄或托人转交的形式传递订房交易。由于是"白纸黑字"，并附有客人本人的签名或已备案的代理机构印章及负责人签字，同样可以作为预订客房、客史资料的相关文件。

（5）互联网预订。这是目前较先进的订房方式。其成本低廉、操作快

捷，又具有个性化。利用网络预订客房逐渐成为争取客源的重要渠道。

四、按照预订的效力程度来划分

（1）临时性预订（Advanced Reservation）。这是预订种类中最简单的一种类型，是指客人在即将抵达饭店前很短的时间内，或在当天才联系预订。由于时间紧迫，饭店也无法要求客人预付定金，也没有时间进行书面确认，但可以口头确认。

（2）确认性预订（Confirmed Reservation）。这是指同意预订并保留所订的客房到双方事先约定的某一个时间。这是一种比较重信誉的预订方式。如果客人错过了商定的截止日期（Cut-off Time）而未到店，也未提前通知饭店，在用房高峰阶段，饭店可另租给其他客人。确认预订的方式有口头确认和书面确认。很多饭店对持有确认书的客人给予优惠服务，例如信用限额（House Credit Limit）升级，或一次性结账服务。

（3）保证性预订（Guaranteed Reservation）。在任何情况下必须保证客人预订实现的承诺，同时客人也要保证按时入住，否则要承担经济责任的一种信誉最高的预订方式。通常以 3 种方式具体实施：

①预付定金担保，即客人或代理人（机构）在住客抵店入住前须先行支付预订金或预订间/天数的全额预付款。饭店的责任是预先向客人说明取消预订、退还预付款的政策及规定，并保证按客人要求预留相应的客房。对于饭店而言，预付定金是最理想的保证性预订方式。

②信用卡担保，指客人将所持信用卡种类、号码、失效期及持卡人姓名等以书面形式通知饭店，达到保证性预订的目的。

③合同担保，指饭店与有关公司、旅行社等就客房预订事宜签署合同，以此确定双方的利益和责任。

第三节　客房预订的程序

一、饭店预订处的工作流程

预订工作可能因为客人的类型、性质和预订方法等不同而在操作上有所不一致，但一般而言，预订工作都要经过以下几个环节：预订受理与确认环节→预订记录与修改环节→预订录入与检查环节→抵店前准备环节→上级检查核对环节→资料存档环节（如图 2-1 所示）。

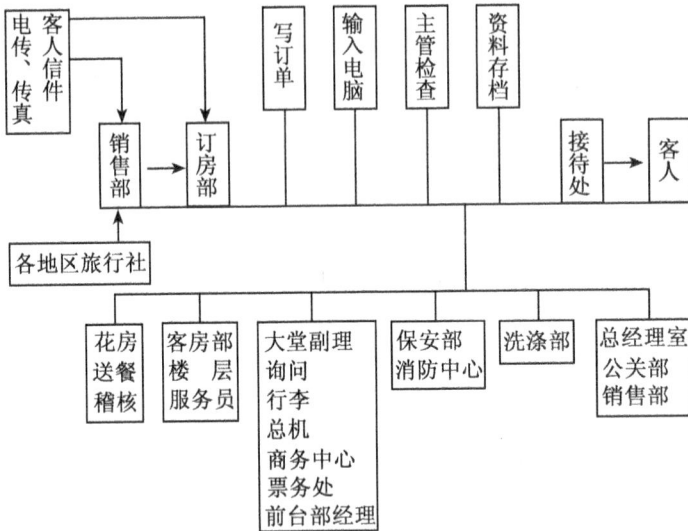

图 2-1 预订处工作流程图

（一）预订受理与确认环节

客人前来预订，预订处员工应该在明确客源类型、抵离日期、听取客人预订要求时，迅速查看预订控制工作簿或电脑，根据实际情况来确定是否能够接受预订。

若当时不能接受预订，应婉拒客人，婉拒客人后应及时主动地提出若干可供参考或选择的建议，或征得客人同意，将其列入"等候名单（Waiting List）"中，并表示相应的歉意和感谢。

若能够满足预订，应做简要的介绍，描述各类型房间的区别和房价，讲清房价所含项目，复述客人要求，并进行预订意向确认（内容主要包括满足对预订房间的要求、满足对入住期限的要求、就房价和付款方式达成一致意见、陈述有关政策、欢迎下榻并表示感谢等）。

（二）预订资料记录与修改环节

在确定能够受理预订，并有接受预订意向后，就应该正式做预订资料的记录工作。

预订资料记录步骤一般是：填写预订单，在"预订汇总表"上标明房型、间/天数；填写预订卡条并按日期顺序放入预订架；存放其他预订资料，包括确认书、变更单、交付定金收据、客史档案卡等。

预订资料修改。在接受预订修改时，要问清客人身份或联系人姓名、单位、电话号码，确认修改权限；填写"变更通知单"或"取消通知单"，附原单据一起；在预订卡条和订房资料上做相应的更改或注明"取消"。如果原预订要求涉及其他部门，则立即给相关部门发送"变更"或"取消通知单"。

若是使用计算机进行预订控制与管理的，除了标示修改手工单据外，还要在权限范围之内对已录入的资料做相应修改。

（三）预订录入与检查环节

预订资料录入指的是使用计算机处理预订时，根据人工填写的预订单进行电脑资料的增加（更新）的过程。这是计算机原始资料采集的过程，录入电脑中的资料若是有误或是不完全，最终将会影响统计、分析工作，也会影响其他岗位和部门的服务工作。

预订资料输入的要求主要有：必须按照订单上的内容准确无误地输入电脑；每天接受的订房，必须当天全部输入电脑，若是当前房间供应较为紧张，则要先输入订房紧的日子的订房，若房间有特殊要求以及要预分的订房，则立即输入电脑预分房间；接受当天的订房，必须立即输入电脑，并交接待处。

预订资料的检查。录入资料的重要性要求预订员核查资料的准确和完备性，发现错误，及时纠正，对每一个已确认的预订都要进行多次核对。每天核对下月当天抵店预订；核对抵店前一周、前一天的预订状况；对于大型团体客人或专业会议，核对次数和内容要更多、更细致，尽量减少由此而带来的经济损失。

（四）抵店前的准备环节

按计划实施预订客人抵店前的准备工作，是前厅服务过程中重要的前期工作。准备工作做得是否充分，直接关系到前厅服务的质量水准。抵店前准备工作的内容如下：

预报客情。按规定的预报周期及时段，依据预订资料统计和对开房率的预测，将预报表、接待计划等按规定的时间及时予以送达或通知。

预分排房，即按预订要求、接待标准，提前为已办理预订的客人分配房间、确定房号，并将有关变更或补充的通知传达至相关部门。

实施计划。在抵店前一天，将已经批准的各项接待及安排计划送达相关部门。

（五）上级检查核对环节

由于客房预订在客人入住前往往发生变更、取消等情况变化，客人的需求也常常发生变化，为提高预订的准确性和理想的开房率，同时避免出现工作疏漏，这就要求上级领导进行核对和检查，这是对录入资料的再核实过程，以确保资料有效、正确、完整，避免因预订资料的失误影响整个服务工作。

（六）预订资料的存档环节

这主要是将预订资料进行保存的过程。每一笔预订单完成后，要妥善放置，以备下一班次的核查和调用。预订资料存放顺序主要是按抵达日期的顺序放置。对于同一天抵店的客人还按照英文 A～Z 的字母顺序存放，便于查找。将全部订房资料装订、收存。需要注意的是对于有 2 个以上的订房要求，或同一批客人分批陆续到店等特殊情况，应将预订资料复印多份，最后按不同的抵店日期分别存放。

二、饭店预订处各项业务的操作规程与工作内容

（一）散客订房服务

1. 散客（Free Individual Tourist，F. I. T.），即"自由零散旅游者"

散客订房的基本程序：预订受理→填写订单→打上时间→输入电脑→主管检查→订单归档。要求严格按照订单上的项目，完整、准确地填写订房单，字迹要端正、清晰，订单要保持整洁；必须与客人讲清楚房价、房态、房间保留的时间；必须打上预订时间；必须正确输入电脑（这是指由计算机管理和控制预订资料的饭店）；必须及时将订单整理归档。

（1）电话订房。

电话预订的具体操作方法：问清并记下客人的姓名（Full Name）、性别、国籍及相关拼写，有单位的要写下公司名称；问清客人入住和退房的具体日期，查看房态，如果遇到满房的情况则建议客人改日期或推荐其他饭店；向客人详细地介绍房间种类、各类型房间的区别和房价；问清客人对房间的要求（如吸烟或非吸烟、床型），预计到达的资料（如列车车次、航班号、到达时间、到达站位），是否需要订车、订餐等；复述订房细节、要求，并讲清房价所含的项目（税、服务费、餐膳等）；请客人提供信用卡号码担保订房，并告知客人无担保订房时的房间最晚保留时间；告知客人退房及取消预订的规定；问清客人的联系电话和传真号码等；告知客人订房确认号及自己的名字，询问是否需要发订房确认书，如果需要确认书，则在 24 小时以内完成；对客人订房表示感谢。

（2）电传、传真、信件等订房。

按下列程序完成：了解清楚内容和要求；把要求一一写在订单上；如果要求订早餐，需填写订餐单；弄清所有费用支付方式；每一个订房都必须用书面形式回复对方；若是有不清楚的地方，一定要询问清楚，不能凭主观

臆断。

（3）其他类型订房。

如果是旅行社散房，特别要在付款方式处注明报账，并写下报账旅行社的名称，填上旅行社发给客人的收据号码。

政府机构的订房由公关部接待并下订单，根据要求写明自理或报账。

旅行社、饭店同行及特殊性质的订房，按饭店的房间优惠及客账信用管理的有关规定，经有关人员批准，并在订单上注明，注明现付或报账。

个别旅行社或公司不能充分肯定客源，没有与饭店签署有关合同，偶然介绍零星散客订房，由客人按现行房价现付。按照国际惯例饭店应提取一定比例的房租金额作为回佣。

2. 处理满房时的预订

房间订满，甚至超额预订（Over Booking）对饭店的营业大有益处，对市场竞争也是必要的，但同时对工作也造成了不利因素。

3. 在万不得已的情况下，拒绝客人的预订

应尽量避免拒绝客人的订房，但在万不得已的情况下要拒绝客人的预订时，应该用友好、遗憾和理解的态度对待客人。

4. 交预付金，确保房间

为确保客人的房间，又不因客人没到（NO-SHOW）而造成经济损失，订房的时候，建议客人交至少一晚的定金或用书面报信用卡号码确保订房，其操作步骤为：写清楚订单的各项目；输入电脑或是保管好单据；带客人到财务部门预付定金，由财务电脑输入；如使用信用卡号码作为确认性订房，则要求用书面报信用卡号码及有效日期并签名；还有部分客人可能会以挂号信寄送银行支票，在收到支票后，应核对支票上所提及的定金用途及客人姓名是否与订房符合，将支票抄在支票登记簿上并移交财务信用组，在订单上则需注明已付款项、支票号码、经手人以及日期等。

5. 特殊房价

为适应市场或公共关系的需要，有些饭店可能会对部分客人住房给予特殊优惠。预订员碰到这种情况应按饭店房价的管理规定来严格执行，以维护饭店的利益。

6. 散客订房的特殊要求

（1）接车、机。

有些星级饭店会派饭店代表在机场、车站迎候客人，并派交通车辆接送客人抵店。如果客人指定派专车接送，则要求客人以书面形式通知订房部订车，订房部员工按照客人要求用书面形式回复客人，并报清楚车价。订车程序如下：填写订车单，打上时间；订车单第一联交汽车调度部门；第二、三联夹在订单后，待与汽车调度部门核对后，将拟交饭店代表的第二联夹在接送记录簿上；在订单上注明，并输入电脑；检查；订单归档。

（2）订票。

客人通过电话订房后再订票，电话一律转到票务处，由票务处当班人员决定是否接受订票要求；客人用传真、电传、信件等书面订房且需要订票，必须将书面资料复印一份交票务处当班人员，并要求在正本签收且由票务人员回复给客人。

（3）订餐。

旅行社代理的客源通常在订房时附带订餐：

① 把复印的团体订餐单及散客订餐单按中、西式分开。

② 订西式早餐的要开两张订餐单，各式正餐及中式早餐开三张订餐单，内容为：用餐日期、用餐种类、团名、用餐地点、人数、用餐标准。西餐还需写上编号。

③ 把写好的订餐单的其中一联作为留底用，其余的交团体财务开账单及发餐券，中餐只发一张，而西餐则每人一张。

④ 待开好账单、餐券后把订餐单交还本部门。

⑤ 接到餐券后要盖上日期、编号印及用餐种类。

⑥ 若客人订套餐（只限西式），根据订餐的标准选择出合适的菜谱，让客人选择，如客人对菜谱提出特殊要求，需马上向西厨师傅查询，并在订餐单上注明；若无问题则请客人在订餐单上签名，在要求栏内写上套餐的编号。

⑦ 发送订餐单到宴会部或相关的餐厅。

⑧ 下订单时，把一联交对方，另一联交对方签收后取回存档。将订餐单钉在订单的右上角，并在订单上注明订餐种类，将要订餐的资料复印一份夹在订单后，以方便主管检查。

（4）留言。

如有询问处交来已订房客人的留言单，则找出相应的订单，在订单上标注，然后将留言单附在订单后。

（5）更改、取消订房。

找出订房单，作相应的更改或取消，在电脑上进行取消或更改，要注意：如有订餐、订车、VIP、订票、定金要按程序通知相应的部门更改或取消；凡旅行社取消当天或取消可收取损失费期间内的订房，则需复印其资料交财务处，向旅行社收取损失费。

（6）预订会议室。

把电话或订房文件转交到商务中心办理，相关情况由商务中心员工负责答复客人。

（二）团体预订服务

（1）团体客人订房的基本程序：团体登记本→团体订房控制表→填写订单→打上时间→输入电脑→主管检查→订单归档。团体预订和散客预订有一定的相似之处，基本程序差不多。

（2）团体的新增、变更、取消。

旅行社可能会临时新增团队或有可能根据整团的人数、到达时间、客人的特殊要求等更改或取消团队的订房。这类情况，订房部一律根据销售部的书面通知做相应的工作。

（3）核对团队。

根据团体到达的日期及合同的要求，定期提醒销售部提前三天至一个星期主动与旅行社联系，最后落实情况，督促和要求旅行社定期落实团队；另外，每天将翌日的团体逐一与销售部核对。

（4）客人名单（Rooming List）。

收到旅行社发出的 Rooming List 后，打印出团体订单并核对房数、人数、团名、抵离航班等，检查相符后钉在订单后。

（三）VIP 订房服务

（1）VIP 的分类及待遇：饭店一般将 VIP 客人分为政府类、商务类、社会知名人士类、旅游行业类和合作单位类。根据客人身份分级别，不同级别享受不同待遇，主要从迎送的管理人员、房间类别及房内放置的鲜花、水果、纪念品等方面体现出来。

（2）VIP 费用的付款方式：国家、地方政府所邀请的代表团费用一般报接待单位，特殊情况报总经理室；旅行社代理人的 VIP 费用报总经理室处理；客人提出享受 VIP 待遇的，审核通过后由客人自行付款。

（3）VIP 接待通知单须填写的内容：姓名、团名、身份、抵离日期（航班）、估算入住的天数、接待标准、接待单位、特殊要求、费用的付款方式、经办人、日期。

（4）VIP 房间预分和应注意的问题：当收到 VIP 预订计划后，应立即填写订单及输入电脑，预分房间，将房号输入电脑；当天新增、更改或取消VIP，要立即通知有关部门，不得延误，如果是新增的 VIP，则要重新派送VIP 报表。

（5）VIP 接待通知单的分送部门：花房、稽核、送餐、楼层服务台。

（6）VIP 报表（VIP Report）分：日报表（Daily Report）、一周预报情

况报表（Weekly Forecast Report）。

（7）VIP Report 的发送：总经理室、销售部、公关部、饮食部、前台部、客房部、大堂副理、洗涤部、动力部、消防中心、保安部、行李组、总机、商务中心、稽核、接待、询问、营业总监、票务处（VIP Forecast Report 同样发送到上述部门）。

（8）VIP 房号的变更、取消、新增。

① 变更。如果 VIP 是到店日期前变更，那么首先检查是否已报房号给接待单位，如果已报，房号在变更后及时通知有关接待单位，并做相应的更改；如果是到达当天变更，Daily VIP Report 发出后，则需要及时通知接待单位和有关部门。

② 取消。如果是到店日期前取消，那么记录通知取消人的姓名、工作单位（部门）、日期、时间、经手人，并做电脑处理；如果是当天取消，则需要及时通知接待单位和有关部门。

③ 新增。在接到新增 VIP 计划后，预分房号，要填写好 VIP 接待通知单并已由总经理审核签名后，连同 Daily VIP Report（新增 VIP 已抄在上面），复印并派送至各有关部门。

（9）VIP 订房的基本程序。受理并填写订单及 VIP 接待通知单→打上时间→输入电脑→预分房→交有关人员审核并签名→部门检查并签名→订单归档。

（四）HRI 的订房规程

HRI 是世界一流饭店组织（The Leading Hotel of the World，HRI）订房中心的代号。每天，HRI 的各个订房中心会通过 Restar 的系统中心发送订房资料给其成员饭店，由销售部每天接收 Restar 的订房信息，打印出来给订房部，订房部则由专人负责完成 HRI 的订房工作，其基本的操作程序如下：

（1）打印出来的订房资料按内容分成一份份订房资料，并各复印一份；

（2）按要求做新订房单，填写订房单；

（3）将复印本夹在相应的订房单后；

（4）打印 VIP 通知单，并附在订单上；

（5）相应地登记在 HRI 订房登记本上；

（6）如需回复对方，要立即用 Restar 回复 HRI。

（五）UTELL/CRS/SUMMIT/GDS 的订房规程

UTELL /CRS/SUMMIT/GDS 等公司都是国际著名帮助饭店订房的专业公司或机构。CRS（Computer Reservation System）即中央预订系统，是国际上很多著名饭店和集团在其成员饭店（连锁店）内运行的专业预订系统；

GDS（Global Distribution System）即全球预订分销系统，是在 CRS 基础上建立的分销系统。此外 LDS（Local Distribution System）、PDS（Personal Distribution System）、DMS（Destination Management System）、Intranet（公司内部网络）等系统，其功能也同样强大、同样可以方便地满足预订客户的需求。

当他们收到订房信息后，会通过传真或电传通知饭店，其处理办法雷同于 HRI 的方式。

（六）饭店专有预订系统

这是指饭店企业在互联网上自设网址和主页，进行自主营销。这种预订的处理程序和方法同上面所述的差不多，只是不用支付佣金（回扣）而已，故不多赘述。

第四节　客房预订处使用的表格图样

一、散客预订表（FIT Reservation Form）

此表是供散客订房之用，其填写要求如下：必须按订房项目内容准确无误地填写；书写必须保持干净整洁，内容要清楚明了（如表 2-1 所示）。

表 2-1

FIT RESERVATION FORM

```
NAME：———                                        DATE：———
———                                   RSVN NO：———————
———                                              ———————

                                       SOURCE OF BUSINESS———
ARR.DATE：————————CARRIER————————ETA————————
DEP.DATE：————————CARRIER————————ETA————————
TFL RMS：————————
TWN———KIG———SJR———SPL———SDL———SUP———E／F———
GUEST TYPE————————————————————————————
RATE————————————————————————————
SPECIAL RATE————————APPROVED————————TREMENT—————
METHORD OF PAYMENT————————CHG TO———AGENT CODE.————
RESV BY：————————FIRM————————CONTACT NO：————
RSVN STATUS：18：00PM————CFMD——— ON WAITING————GTD BY———

ORI RMS REO————————————CHANGED PER————————————
ORI ARR DATE————————— CHANGED PER————————————
```

二、团队预订控制状态表（Reservation & Group Status）

此表显示团队预订房间状态，其填写要求如下：必须按项目内容准确无误地填写；书写必须保持整洁，内容要清楚明了（如表2-2所示）。

表2-2   **RESERVATION & GROUP STATUS**

DISTRIBUTION：

GENERAL MANAGER'S OFC   DATE——

MARKETING & SALES

FRONT OFFICE

HOUSKEEPING

F & B DEPT

INFORMATION

TOUR RECEPTION

ASST MANAGER

BELL CAPTAIN

RESERVATION & GROUP STATUS

GROUP NAME	AGENCY	NITS	CARRIER	ETA	RMS	FLOOR
1						
2						
⋮						
AGENT BLOCKAGE						
EXP CHECKIN	GRP： F.I.T.： TTL：			EXP VAC：		
EXP CHECKOUT	GRP： F.I.T.： TTL：			EXP OCC%		

CLERK———

三、团队情况通知单

此单显示所要接待的团队信息与相关接待要求。其填写要求如下：按单上的项目内容准确、详细地填写；书写必须保持干净整洁，内容要清晰明了

（如表 2-3 所示）。

表 2-3 　　　　　　　　　　　团队通知单

● 前厅接待处

● 收　银　处

● 礼　宾　处

● 餐　饮　部

单位————————————————————————————————————

团队号——————————————————— 国籍——————————————————

人数———————— 男宾————— 女宾————— 儿童————

到店—————————— 由——————————— 时间———————

离店—————————— 由——————————— 时间———————

日期————————— 早————— 中————————— 晚—————

日期————————— 早————— 中————————— 晚—————

日期————————— 早————— 中————————— 晚—————

退房时间————————— 收行李时间————————— 叫早——————

标　　准————————— 房　　费————————— 餐费—————————

备　　注———————————————————————————————

房　　号———————————————————————————————

用　　房————————— 双————— 单————— 套　陪同房———————

用餐标准————————————————— 餐厅———————————————

其　　　　　　　　　　　　　　　　　　　　　　　　　　　他

==

制表：销售代表（签名）　　　　　　　　　　　销售部经理（签名）

日期：年　　月　　日

四、VIP 接待通知单

此单显示所要接待的每位 VIP 客人的信息与相关接待要求。其填写要求如下；认真对待，按通知单上的项目内容准确、详细地填写；书写必须保持干净整洁，内容要清晰明了（如表 2-4 所示）。

表2-4 　　　　　　　　 **VIP 接待通知单**

姓　名 （团体） 身　份		国籍	
人　数	男　　　　女	房　号	
入住日期		班　次	
离开日期		班　次	
拟住天数		接待标准	
客人要求			
接待单位		陪同人数 身份	男　　　女
特 殊 要 求			
审核人		经手人	
备注		年　　月　　日	

五、订餐单

此单显示客人在预订时附带的订餐情况。其填写要求如下：准确、详细地填写；书写必须保持干净整洁，内容要清晰明了（如表2-5所示）。

订 餐 单

表 2-5　　　　　　　　DINNER ORDER FORM　　　　　　NO.

房　号 ROOM NO.	姓　名 NAME	国　籍 NATIONALITY	
酒　家 NAME OF RESTAURANT			
用膳日期时间 DATE & TIME			
人数 PERSONS		台数 TABLES	
每人（台）标准 PRICE FOR EACH PERSON（TABLE）			
有何特殊要求 SPECIAL PREFERENCES PRICE			
处 理 情 况	酒家承办人： 经手人： 年　　月　　日		

六、预付定金确认书

此确认书显示确认预订客人在做保证性预订时要提前支付定金，它是双方达成一致意向时开据给客人的文件。其填写要求如下：准确、详细地填写；单据保证平整干净，内容要清晰明了（如表2-6所示）。

表2-6　　　　　　　　　　　　预付定金确认书

==

对您在××酒店的订房表示十分感谢。我们很高兴地确认下列订房内容：

客人姓名

住店日期

客房类型

一天的房价（单价＊间数）

承蒙您在此信的下联签字，盖章确认。并于　　年　　月　　日前把下列定金汇至我店，不胜感谢。

定金（人民币）

开户行名称

地址

　　　　　　　　　　　　　　　　　　　　日期　年　月　日

预订说明

如您要取消上述订房要求，我们将按下列规定收取取消费：

抵店当日18：00后通知，付100%的取消费

抵店当日18：00前通知，付50%的取消费

抵店前2天内通知，付30%的取消费

抵店前2天通知，不需付取消费

　　　　　　　　　　　　　　　　　　　　日期

　　　　　　　　　　　　　　　　　　　　签字

　　　　　　　　　　　　　　　　　　　　公司名称　盖章

==

七、客房预订单

此单是显示预订客人的信息与相关要求的单据。其填写要求如下：准确、详细地填写；单据保证平整干净，内容要清晰明了（如表2-7所示）。

表2-7　　　　　　　　　　　　客房预订单

客 房 预 订 单　　　　　　　预订号：

RESERVATION FORM　　　　　NO.

□新预订 NEW BOOKING　　　　　□更改 AMENDMENTS

□等候 ON WAITING LIST　　　　取消 CANCELLATION

客人姓名 GUEST NAME	房间数量 NO. OF ROOM	房间种类 ROOM TYPE	客人人数 NO. OF GUEST	房价 ROOM RATE	公司名称 COMPANY NAME

预订到店日期 ORIGINAL ARRIVAL DATE	预订离店日期 ORIGINAL DEPARTURE DATE		到达航班 ARR. FLIGHT	离开航班 DEPARTURE FLIGHT

付款方式 PAYMENT	□公付　　□含中早　　□含西早 □自付15%服务费		是否确认 COMFIRMATION	□是　　□否 YES　　NO
备注 特殊要求 REMARK	□预付款或支票 DEPOSIT　□信用卡 CREDIT CARD　□走付 OOD □加床 EXTRA BED　□婴儿床 CAT　□双人床 DOUBLE BED			
联系人姓名	联系电话或传真号码		预订人	预订日期

八、定金收据和优惠房价、费用批条(如表2-8所示)

定金收据和优惠房价、费用批条

表2-8　　　定金收据　　　　　　　　编号(NO)

　　　　　　　　　　　　　　　　　　日期(DATE)

客人姓名 GUEST NAME	日　期 DATE		
	抵　店 ARRIVAL		离　店 DEPARTURE
订房人 RESERVATIONS MADE BY	用房要求　　　ACCOMMODATIONS		
	房价 ROOM RATE	单人 SL.　双人 D.　高级 SU.　其他 OTHER.	
支付定金人 DEPOSIT PAID BY	定金总数 AMOUNT OF DEPOSIT		
	金　额　总　数 AMOUNT	人民币 RMB	外币 FOREIGN
经手人 APPROVED BY	扣除佣金 LESS COMMISSION		
	实收 NET RECEIVED		

SPECIAL REQUEST FORM

45

优惠房价、费用批条　　　　DATE 日期

GUEST/GROUP NAME	NO. OF GUEST
宾客/团名＿＿＿＿＿＿＿＿＿＿＿	人数＿＿＿＿＿＿＿
ARR. DATE　　VIA　　DEP. DATE	VIA
到达日期＿＿＿＿ 交通＿＿＿ 离开日期	交通＿＿＿＿＿
NATIONALITY　　TTL RMS.　　ROOM NO.	
国籍＿＿＿＿＿＿ 总房间数＿＿＿＿	房号＿＿＿＿＿＿
ROOM RATE　　　　SETTLEMENT	
房价优惠 ＿＿＿＿	付款方式＿＿＿＿＿
COMMENT OF ENT. : 1. ROOM CHG	2. OTHERS
可报酒店账内容：　房租＿＿＿＿＿	其他费用＿＿＿＿＿
REMARK	
备注＿＿＿＿＿＿＿＿＿＿＿＿＿＿＿＿	

第五节　客房预订纠纷及相关问题的处理

一、满房/无房情况的预订

房间订满,甚至超额预订对饭店的营业和竞争市场来说大有益处,但同时对工作也造成了不利因素。这里所说的无房情况有两种:一是饭店无法提供客人所需要的房型;一是饭店爆房,无法接受预订。无论是怎样的情况出现,若是要拒绝客人的预订,应该用友好、遗憾和理解的态度对待客人。一般采用以下步骤:

(1)安慰客人,歉意地请客人稍候,尽力为客人想办法。迅速查找能否在本饭店订房中调整房间,或有无临时取消的订房,若实在无法满足客人的要求,则建议或帮助联系其他饭店。

(2)若是无法满足订房需求,向客人讲述理由,争取理解,并询问能否更改其预订房型或时间,或暂时列做候补,待有房间时,再做确认给对方;若客人不同意,就根据预订情况,礼貌地拒绝客人。

(3)征得客人理解和同意后,应尽可能地帮助联系附近适合需要的饭店和房型,引导客人前去,并礼貌话别,切不可因为没有交易成功而怠慢客人,要尽量为客人下次光临饭店打下基础,留下良好印象。

二、接待处员工拿订了前一天房间的旅行社 VOUCHER 来查询,说客人持 VOUCHER 要求入住,应怎样处理

先要查清前一天是否确有此客人的订房,若确有订房,且 NO-SHOW,则礼貌地与客人解释,根据旅行社与饭店的合同,当天的 NO-SHOW 需要收当天一晚的损失费;如果客人订的房间是两晚的,则可以安排入住一晚,取消原订房部门到财务部门的 NO-SHOW 资料,通知接待,财务按 VOUCHER 所示的天数报旅行社;如客人订的房间是一晚的,则当天入住的房费需按饭店的门市价现付,或是经经理或主管人员同意后给予相应的折扣优惠。

三、接到团体接待处的通知,有一个没有预订的团队已到酒店,要求入住,应如何处理

检查清楚此团是否没有预订或做散客或已取消;问清楚陪同是否有旅行社订房单或接待计划入住饭店;与销售部落实是否有此团队订房,并将情况通知销售部。如果确无此团队预订,在有房情况下,且旅行社与饭店有合约,则可以允许团队先入住,但是要先交定金,并与陪同落实,旅行社必须在团队离开饭店前补回订房资料方能报账,否则由饭店现收房费;输入电脑,打印团队名单,登录团体总表。

四、客人嫌客房价格太高,坚持要求较大的折扣,怎样处理

首先要做好解释,如介绍客房设施,使客人感到价格是物有所值的;其次礼貌地告诉客人"您今天享受的这一房价折扣,是我们首次破例的,房间设备好,而且是最优惠的"。若客人确实接受不了,可介绍房价稍低的客房给客人。

五、发现了可疑客人,怎么办

在登记中,发现可疑的客人,要镇静自如,不能惊惶失措,按"内紧外松"的原则,安排在便于观察控制的区域住宿,尽快与有关部门联系,并在住宿单上做上特殊记号,报告上级与保安部马上进行调查及布控,切不可让对方觉察出你在注意他,否则会打草惊蛇。

六、客人纠缠,怎么办

值班时,客人有意纠缠你聊天,应迅速摆脱客人的有意纠缠,并暗示其他值班人员前来与客人搭腔,自己借故离开;或礼貌地告诉客人"对不起,我现

47

在很忙",然后主动找些工作做。

七、曾走单现在又要求入住,怎么办

首先,用提醒的口吻,礼貌地请客人付清欠款后再入住,如说:"对不起,上次您住某房,可能走得太忙,忘了结算费用,现在补交好吗?"并收取客人的消费保证金。通知有关部门,密切注意此客动向,防止再次走单。

八、如何处理当天取消或没有到达客人的情况

已做预订但是没有预先通知取消而没有按其预订日期入住的订房,将被饭店视为 NO-SHOW 房。每天早班员工装订昨天的订单时把 NO-SHOW 房的订单交接待主管检查并签名,然后复印订单及把订单后的订房资料一起交预订组当班主管签名,登记在 NO-SHOW 簿后,交财务部门签收。若是团队 NO-SHOW,则当天取消团体记录,通知取消人的姓名、部门、日期、时间、取消团队的原因,通知团体接待取消团队,在当天团体总表上取消团队,并根据合同通知财务部门收取损失费。值得注意的是 NO-SHOW 的订房必须翻查旅行社所发来的订房资料是否与订单内容相符,且要通知饭店销售部等相关部门。

九、如何处理客人心情不好,发脾气,甚至是骂人的情况

应保持冷静的情绪,绝对不能与客人谩骂争吵,应使用礼貌语言劝说客人到不惊动其他人的地方,主动征求意见,不能用粗言回敬客人或表示厌恶,以免发生冲突。

检查自己的工作是否有不足之处,待客人平静后再做婉言解释与道歉,若客人的气尚未平息,应及时向上级汇报,请领导解决。

【案例评析】

李先生五月份通过专业订房中心预订了房间,来到前台却被告之没有预订记录。李先生十分气愤,打电话和订房中心确认后才知道他的预订已经被预订员确认,但因为当时工作很忙,没有及时输入电脑,所以前台接待人员找不到他的预订记录。因为是饭店预订处的过失,所以客人直接到订房中心那里进行了投诉,给酒店声誉造成了很大影响。

点评:这完全是一个责任心的问题,预订员没有分清缓急,没有把当天到达的预订先输入电脑,而是去输入其他订单,最后造成了预订记录的漏输。一般而言,在饭店旺季,由于岗位人员编制问题,预订的工作量很大,酒店预订岗位的每位员工需要处理许多工作,包括大量的电话接听和传真回复等,而且由

于现在饭店行业的竞争相对比较激烈,服务比较便捷,越来越多的客人喜欢当天预订房间,这无形中加大了预订的工作量。但是无论如何,预订是酒店的信息枢纽,如果没有及时输入客人的预订资料就无法达到传送信息的目的,给客人和饭店造成损失。今后在工作中若要避免这种事故的发生,就一定要加强工作责任心,在收到当天客人预订(包括传真和电话等)的第一时间输入电脑,避免因疏忽而遗忘,更不要养成凭事后回忆来输单的坏习惯。

【课堂讨论题】

散客预订和团体预订之间的区别是什么?

【复习思考题】

当出现超额预订时,酒店前厅预订处的工作人员应该怎样看待和处理?

【实训题】

假设自己是一名前厅预订处的工作人员,当你遇见客人前来预订时,请根据所学的预订知识进行模拟应接。

第三章
前厅服务

第一节 接待服务

一、接待处的主要职能

(1) 接待来饭店住宿的客人，为他们办理登记手续并分配房间；

(2) 代发旅行团及个别散客的餐券；

(3) 通过电脑、电话、单据、报表等方式和途径，把客人的有关资料传递给各部门；

(4) 掌握客房出租的情况，制作有关客房销售的各类报表，为饭店的经营管理工作提供准确的资料；

(5) 负责有关住房、房价、饭店服务设施以及查找住客等方面的问询工作；

（6）协助订房部做好客史资料的整理工作；

（7）维护好本组范围内的清洁卫生及设施设备；

（8）了解客情，做好防火防盗安全工作，发现问题及时向上级汇报。

二、接待处的组织结构及岗位职责

（一）接待处的组织结构图（如图 3-1 所示）

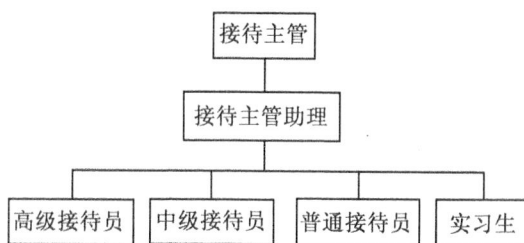

图 3-1　接待处组织结构图

（二）接待处岗位责任

1. 接待处主管

（1）根据前台经理的指示，对接待组进行管理。

（2）制定接待组的各项工作计划。

（3）协助制定接待组的岗位责任制和操作规程，并不断进行改进和完善。

（4）合理安排职员的班次并布置工作任务。

（5）做好下属的思想工作，调动员工的工作积极性。

（6）检查下属员工完成工作的质量及执行规章制度的情况。

（7）帮助下属员工解决工作中遇到的难题，处理工作差错和事故。

（8）对下属员工进行有效的培训，提高其业务水平和素质。

（9）检查本组工作的必备用品及设备的使用情况，及时予以补充和申报维修保养。

（10）协调本组与相关组及部门之间的关系。

（11）负责本组的安全、消防工作。

2. 高、中级接待员

（1）受前台部经理的领导，直接接受本组主管的工作指示，认真完成安排的各项任务。

（2）接待来宾，办理入住登记手续，合理安排好房间，迅速将资料输入电脑。

（3）掌握房态，必要时协助主管与客房部核对房间。

（4）与各部门密切联系，做好资料、信息的沟通。

（5）熟练掌握业务知识及操作技能，负责有关查询和推销工作。

（6）做好报表的打印及统计。

（7）检查当天团体预分房后输入电脑的房号以及入住客人姓名。

（8）灵活处理团体增减房的问题。

（9）协助做好客人资料的档案工作。

（10）帮助其他员工解决疑难问题。

（11）能独立安排团体或散客的房间。

（12）维持好本组范围内的卫生清洁。

（13）了解客情，做好防火防盗安全工作，发现问题及时向上级汇报。

（14）协助主管培训新人，担当培训者的职责。

（15）协助主管参与本组工作，多提建议，共同商议，修改操作规程。

3. 普通接待员

（1）受前台部经理的领导，直接接受本组主管的工作指示，认真完成安排的工作。

（2）为团队客人准备钥匙，根据订餐要求准备餐券。

（3）在客人到达前预先整理好订单、酒店信用卡和登记卡等资料。

（4）办理入住登记手续并安排房间。

（5）记录团队的叫醒、出行李、用餐和离开的时间以及报账方式，把相应资料通知有关部门。

（6）把客人到达后的资料输入电脑，将已到客人的订房付款凭证、信用卡、登记卡、批条等转给财务部，接车单转给汽车部。

（7）负责问询工作。

（8）搞好本组范围内的卫生清洁，补充必用物品，遇到问题及时请示汇报。

********************** 小 思 考 ***********************

问：主管（领班）排房的顺序是什么？

答：主管（领班）在排房时，应该根据客人的特点及轻重缓急的顺序进行排房，即贵宾、有特殊要求的客人、团队客人、有订房的客人、未经订房而直接抵店的散客。

****

三、接待处的工作操作规程

总台接待工作任务主要包括为不同类型客人办理入住登记及建账、处理相关业务及客人离店结账等项服务。接待服务具有面对面接触、规程严谨、内容多且复杂、工作效率要高等特点，而且对前厅客房销售、协调服务、建账结账、客史建档等项工作产生重要的影响，是前厅服务全过程的关键阶段。

（一）散客接待服务程序

1. 接待有预订的散客

（1）微笑问好，主动招呼，表示欢迎，同时询问客人是否有预订。

（2）查看和核实订房情况。可通过人名、公司、报账单位等查看订房，在到达客人名单（ARRIVAL LIST）或当天预订客人名单（PICK UP LIST）上查出预订号码，再找出相应的订单。对于已办理预订的客人，应复述订房要求、核对当日抵店客人名单。客人若是持有订房中心的订房凭证，接待员应将副本留下作为向代理机构结算的凭据，向客人复述凭证所列的各项内容，回答客人的询问。

（3）请客人填写登记表；如果客人已有登记资料的，只需让其签名确认。

（4）检查登记卡，核对证件。要求客人将所需的项目都填齐，同时工作人员还要将验证的各项内容填全。

（5）再次征求客人意见后确认房价、房间种类、退房日期及付款方式。

（6）制作钥匙，预先开启房间 IDD。

（7）拿出预先准备好的住房卡，填写齐全后请客人签名，并介绍其用途。住房卡应该人手一份，它是住客的一个凭证，凭此可在使用饭店服务设施时签单入房账。

（8）钥匙交给行李人员带客人进房，并祝愿客人住得开心。

（9）整理入住登记资料，制作客人账单（这一步骤一般在客人办理好登记手续离开柜台后进行）。

2. 接待持 VOUCHER（订房付款凭证）入住的散客（预付了房租的客人）

（1）微笑问好，询问客人是否有预订。

（2）仔细阅读 VOUCHER。要看清此 VOUCHER 是不是本饭店的订房单，还要看清其服务内容，如房数、天数，是否要接送车及订餐。

（3）查出订房，找出订单。遇到有的 VOUCHER 是给本饭店的，而旅行社又没为客人作订房的话，应请客人暂时刷下信用卡，由饭店帮客人联络旅行社。在收到旅行社的确认资料后，改电脑中的付款方式并第一时间通知客人，让客人放心。提前到的 VOUCHER 要视当天的开房率而决定是否给客人房间，若要开房，则要通知预订取出订单，以免再报 NO-SHOW；推迟到的 VOUCHER，则要视具体原因而定。

（4）请客人填写登记表。

（5）为客人检查登记卡。要求客人将所需项目填齐，验证的各项内容填齐。

（6）与客人确认其离店日期及杂费的付款方式。

（7）制作钥匙，开启 IDD。

（8）填写住房卡，请客人签名并向客人介绍其用途。

（9）将钥匙交行李员带客人进房间，并祝愿客人住得愉快。

（10）将订单及登记资料归类。

（11）将客人资料输入电脑。

3. 接待无预订的散客

对未办理预订手续直接抵店的客人，接待员在定价、排房过程中，应进一步了解清楚客人对所需房间的类型、位置、朝向等方面的需求，把握住面对面进行推销的机会，因而未经预订的客人则需要相对较长的时间办理入住登记，支付预付款等手续。

（1）微笑问好，询问客人是否有预订。

（2）热情地向客人介绍酒店现有的可供出租的房间类型及价格。

（3）确认房价、折扣、房间种类及离店日期。

（4）请客人填写登记表并检查。

（5）确认付款方式。如用信用卡，则要求书面报信用卡号码及有效日期并签名，然后用刷卡机刷卡；如需交保证金的，输入电脑后带客人至会计处交纳。

（6）填写住房卡，请客人签名并介绍其用途。

（7）制作钥匙，开启 IDD，将钥匙交行李员带客人进房，并祝客人住得愉快。

（8）整理资料，输入电脑。

4. 接待 VIP 和商务楼层客人

（1）准备工作：预分房，力求选择同类房间中最好的。通宵班员工要根据 VIP 的订房资料，用打字机打好信封、登记卡，填好住房卡。房间钥匙放入信封内，夹在订单后，用 VIP 胶套装好。

（2）熟记 VIP 资料。

（3）核对房间准备工作。

（4）迎候。一般来说，VIP到馆，负责接待的人员和大堂副理会到门口等候。

（5）热情欢迎，将由大堂副理带进客房。

（6）将大堂副理介绍给客人，将准备好的信封交大堂副理，由其带客人到房间办理登记手续；入住商务楼层的则带到贵宾休息室办理手续。

（7）通知楼层台班或商务楼层职员做好迎客准备。

（8）立即将电脑中的VIP房改为住房状态。

（9）待VIP客人的登记卡取回后再输入其他资料。

（10）资料归档，做好客史的存档。

（二）团队接待服务程序

1. 团队抵店前准备工作

（1）根据团队接待任务通知单的要求，在抵店前核准，预排房并确认；

（2）提前准备团队钥匙卡、欢迎卡、餐券、宣传品等，并装入信封；

（3）制作团队客房状况卡条，插入显示架，控制已预排好的客房；

（4）将客人名单按房号予以分配，并将团队客人登记表交给团队陪同；

（5）将团队用餐安排提前通知餐饮部或有关餐厅；

（6）饭店代表工作人员按计划安排，逐项落实有关车辆、行李员与团队领队和陪同联系接洽等事宜，随时保持联系，通报团队抵达或延迟等信息，使有关部门随时做好各种准备。

2. 团队入住服务程序

（1）迎接团队，主动向陪同或领队问好，询问和确认团队名称，引领至团队接待区域，简要介绍服务设施和项目。

（2）与团队领队或陪同再次核对相关详细项目内容。

（3）查验团体签证或个人身份证件，填写团队登记表，用打时钟打时，请陪同签名确认；如客人持个人签证，则要让其单独填写入住登记表。询问并记录该团的叫醒时间，出行李时间，离店航班、车次，退房时间，行李运送方式，领队房号等资料。

（4）将房间钥匙交给领队或陪同分房，并说明房间种类及朝向等情况。在领队分配房间期间，立即更改房态，并通知楼层和行李组。由行李员将行李送至客人房间。

（5）安排陪同房，在"陪同住房分配表"上记录其房号、姓名、性别、所属单位、证件号码。将餐券、钥匙、住房卡交给陪同。

（6）询问陪同的用餐时间及特殊要求，将餐券交给陪同签收。向陪同要一份有房间号码的客人名单。

（7）向总机报该团的叫醒时间及房号。

（8）接待员制作相关表格资料、录入和送达有关部门。制作团队主账单，交结账处收存建账，制作在店团队统计表，复印团体名单，将团体名单、入住登记表和报账资料移交给财务部，两份名单分别给询问组和保安部、客房部、行李组，同时部门以原版名单留底。

（三）接待工作中常见的事故与问题处理

1. 转房的处理

（1）一般散客转房：①问清转房原因；②为客人转房，填好"转房通知单"，收回原住房钥匙，更换新钥匙，更改住房卡等资料；③更改电脑资料并通知有关部门；④分送"转房通知书"，第一联送客房部，第二联自己保存，第三、第四联送财务部。

（2）团体客人的转房：①到达前转房，要取消旧房号，写上新房号，通知行李组及楼层，更改电脑资料并转换房间钥匙；②到达后换房，要通知行李组、所在楼层、总机，更改电脑资料、房钥匙及名单上的房号。

2. 客人提前到达、延期续住的处理

不论是续住还是提前到达，都要根据当天的房间情况来定。如当天房间已满，应向客人解释清楚，介绍他们到相等级别的饭店。

（1）散客续住：①查看出租和续住期间房间的情况；②确认付款方式及房价；③更改住房卡日期、房价，更改电脑资料和钥匙；④通知楼层。

（2）团体客人离团后续住：①查看出租情况；②向客人说明房价差异；③按散客重新登记，查验证件；④确认付款方式，刷卡或收取押金；⑤更改有关资料和门匙；⑥通知楼层及行李组。

（3）散客订房提前到达：①通知订房部取出提前到达客人的订单，并在电脑中更改；②按预订接待程序办理入住登记手续。

3. 预订客人的留言处理

（1）接到预订客人留言（一式两联）时，马上查找订单，注明"有留言"，把留言纸附后。

（2）待客人到达时将留言正联交给客人，附联交还询问处。

4. 核对空房的做法

（1）打出空房表与原空房表核对。

（2）核对延迟退房单，将退房时间在空房表上注明。

（3）与楼层台班核对，记录有出入的房号。

（4）查清对房过程中有问题房间的确切房态。

5. 饭店提供的房型、价格不符合订房客人的要求

由于超额预订或其他原因，有时也会出现无法向订房客人提供所确认的客房的情况，此时应向客人提供一间价格高于原客房的房间，按原先商定的价格出租，并向客人说明情况，请客人谅解。

6. 客人不愿登记或登记时有些项目不愿填写

遇到这种情况，应该耐心地解释填写住宿登记表的必要性。若是客人怕麻烦或是填写有困难，可以征求其意见代其填写，客人签字确认即可；若客人有顾虑，不愿公开其姓名、房号或其他情况的，则应该告诉客人必须完整填写入住登记表，但是饭店会为其提供隐私服务。

第二节 问讯服务

一、问讯处的主要职能

大、中型饭店设置问讯员，一般分两班制，主要负责白天及晚间工作，夜间工作则由接待员完成；有些饭店，特别是小型饭店，不设专职问讯员，其工作由总台接待员兼任。

（1）访客查询。这是问讯服务的主要内容之一，通常查询客人是否入住和房号。

（2）饭店活动查询。内容通常涉及：营业场所的位置及服务时间；宴会、会议、展览会举办场所的具体位置及时间；娱乐健身、医疗服务、洗衣服务等方面的收费标准及营业时间等。

（3）店外情况查询。内容通常涉及：饭店所在地区的交通概况；本地旅游景点及相关服务；本地购物中心、维修中心等服务概况；有关餐饮、风味、小吃、娱乐场所的订座、位置、特色等概况；政府部门、商业办事机构、使领馆、大专院校等的位置、联系电话及交通状况等；国内、国际航班，火车车次等的查询；近期大型文体、会展等活动的组织、位置等情况。

（4）受理客人留言。一般分为访客留言和住客留言两类。

（5）客房钥匙服务。

（6）客人的信函、传真、包裹的记录和转交服务。

（7）提供一些简单用品。诸如火柴、回形针、价格表、信封、信纸和服务指南等。

（8）整理住店客人名单及抵离饭店等情况并存档。

二、问讯处的组织结构及岗位职责

（一）问讯处的组织结构图（如图 3-2 所示）

图 3-2　问讯处的组织结构图

（二）问讯处的岗位责任

1. 询问主管

（1）直接接受委办主任的领导，执行其指令。

（2）检查、监督属下各员工的工作纪律情况，对违纪者执罚。

（3）保守企业秘密。

（4）全面负责询问组的各项工作，做出必要的工作计划和人员安排等。

（5）制定和完善询问组的各项工作规程，并上报部门审批。

（6）处理组内的投诉和针对本组的投诉编写个案。

2. 高、中级咨询员

（1）直接接受询问主管的领导，执行其指令。

（2）代表询问组接收业务通知、物品，并报告主管。

（3）保守企业秘密。

（4）随时掌握当班工作进展情况，并向主管汇报。

（5）分担一些组内内部事务。

（6）主管不在时，代理主管控制现场，保持正常运作。

（7）培训新员工或实习生。

（8）对于员工的违纪现象，可提出批评和建议主管予以执罚。

3. 咨询员

（1）直接接受询问主管的领导，执行其指令。

（2）代表询问组接收业务通知、物品，并报告主管。

（3）保守企业秘密。

三、问讯处的工作操作规程

（一）咨询服务

要点：尽可能让客人得到所需的信息和提供合理的建议，解决疑难问题。客人所提问题，不能做模棱两可的含糊回答，应立即联系核实，做出圆满、肯定的答复，必要时，对于重要客人、残疾客人，可以安排行李员为其指点引领，消除客人的疑惑和不安的情绪，提供及时、到位的服务，其规程如下。

（1）热情有礼，主动与客人打招呼。

（2）注意聆听客人的问题，要表示关注，不可打断客人的说话。

（3）给予简明的回答和合理的建议，注意语气、语调。

（4）令客人满意为止。

（二）查访住客或房号

要点：尽可能方便和帮助来访者查找，但要注意客情，不能随便打扰客人。查询客人是否住在饭店：核准房号，与房间客人联系，经同意才可以将房号告诉访客。如果客人不在房间，可通过寻人服务等方法在店内其他场所帮助访客寻找被访的客人，或提供留言服务。查询客人房号：对这种查询应予以特别注意，必须保护客人隐私，未经允许不能将房号告诉其他客人或直接将访客带入客房，其规程如下。

（1）要弄清楚姓名及拼写等。

（2）对住客的房号要注意保密。

（3）熟记当天需做保密的客人情况。

（4）熟记重要客人名单和当日到达团名。

（5）熟记长住房的房号和客人姓名。

（6）转电话时要准确按键。

（7）要注意轻放电话。

（8）客人不在房间时，建议留言。

（9）有留言时，要开留言灯通知客人。

（10）留言则交行李组派送。

（三）如何处理住客的寄存物品

要点：除不接受危险、违法物品外（贵重物品则由大堂副理保管），要求其中一方须是住客，否则不办理。接办时，要有安全意识，要严格执行登记和检查制度。要善于发现可疑物品和危险品，婉言拒绝存放这类物品，特殊情况要立即上报。

（1）检查存放的物品及数量。

（2）请客人填写登记表，留下联系地址或本市电话，联系人等。

（3）小件物品放询问留存柜或后台，大件物品存放在行李组。

（4）给住客的，开"住客通知"，并通知楼层。"住客通知"的第一联入留言信封，交由行李组派送；第三联插入钥匙架，并开留言灯。

（5）客人取物时，请客人在登记表上签收，关留言灯，并抽出钥匙架上的通知。

（6）打上时间，签上工号，放在抽屉内保存。

（7）登记表打上记号，装订保存。

（8）非住客来取物时，须核对身份证。

（9）在登记表上填写身份证号码和签收。

（10）留言通知客人物品已交取物人。

（四）**客人要求房号保密**

要点：饭店有义务对客人房号进行保密。此做法小则防止不必要的干扰行为，大则保证住店安全和预防各类案件的发生，询问员在未征得客人同意时，不应泄露房号。

（1）接受房号保密时，要问清楚客人的保密程度。

（2）准确记录需保密的房号、起止时间和特殊要求。

（3）通知总机。

（4）在电脑上设保密标记。解除保密时，要注意取消标记，并通知总机解除保密。

（五）**客人留下去向和酒店内寻人**

要点：客人去餐厅或其他地方时，留下去向，可方便他的亲友能随时跟他取得联系，就算客人没有预先交代，寻人服务将会是来访者的好帮手。

（1）把客人留下的方位立即通知总机和楼层。（2）遇来人或电话要在店内寻访时，可把客名写在寻人牌上。（3）经与总台核准后，在公共区域举着"寻人牌"寻找客人。若是在店内寻找非住店客人，或在其他营业场所、娱乐区域寻人时，还可通过电话与各营业点值班服务员联系查找。

（六）**如何处理接收的邮件、电传、传真、电报、特快专递**

要点：处理该类物品要求"细心、准确、快捷、守密"。当接到离店客人邮件时，只要客人事先交代了转信地址，应立刻把邮件转给客人；若是已订房但未到客人的邮件应先保存，客人到达时立刻交给客人。一般邮件若在3日内查不到收件人，将退回收发室；一般电报保留8小时，加急电报保留

4小时。

递送顺序：先客人，后饭店；先贵宾、常客，后普通客人；先急件、快件，后普通件；先传真、电报、挂号信、特快专递，后一般平信；通常情况下，乘坐员工电梯自高层向低层递送。

规程：（1）收到电传、传真时首先使用时间戳加盖收到日期，打上准确时间。

（2）在传真上加盖流水号。

（3）急件的注明"急件"字样。

（4）做好登记，开"住客通知"，急件要先通知客人或楼层。

（5）开留言灯。

（6）客人取传真时，请客人在传真信封上签收。

（7）关留言灯。

（8）把"住客通知"与客人的签收订在一起，打上时间，保存。

（七）访客留言

访客留言是指来访客人给住店客人的留言。在配备钥匙、邮件架的饭店总台，问讯员在受理访客留言后，首先开启留言灯，将留言单第一联放入架内，第二联送达总机，第三联则装入信封，交给行李员送往客房或将留言信从房门下塞进房内。在确认客人已取到留言单后，要及时关闭留言灯。

（八）住客留言

住客留言是指住店客人给来访客人的留言。住店客人欲离开房间或饭店时，希望给来访者留言，问讯员应请客人填写"住客留言单"。在来访客人到达饭店后，经问讯员核准，按住客要求将住店客人所填写的留言单（应提前装入信封）交给来访者或将留言内容予以转告。

提供住客留言服务时应注意以下问题：交接班时将留言受理情况交代清楚；住客留言单上标明留言内容的有效期限；接受客人电话留言时，要听清、记准客人的留言内容，迅速记录，经复述，被客人确认无误后，再填写留言单，按服务程序办理。

（九）客房钥匙服务

客房钥匙服务具体服务程序如下：

（1）接待员排完房后，立即向编码器输入房号、客人姓名、抵离店日期、时间、钥匙卡数量等信息；

（2）将空白卡在编码器读写槽内划过；

（3）检查打印机所打印的信息是否正确；

（4）将钥匙卡插入住房卡内，交给客人；

（5）对初次住店客人，应主动介绍使用方法；

（6）客人遗失钥匙卡或换房时，在核准客人身份等情况后迅速制作新卡；

（7）客人办理续住手续时，请客人交回原钥匙卡，同时将住房卡日期予以更改或更换新卡，连同钥匙卡一并交给客人；

（8）客人住店期间电子门锁出现故障而无法开门时，应按系统制定的紧急程序处理。

第三节 收银服务

一、前台收银处的主要职能

总台结账处亦称前台收银处，与问讯、接待紧邻，其行政隶属关系因饭店管理特点而不同。一般总台结账业务划归财务部管辖。作为前厅服务人员应该了解并掌握总台结账服务的主要工作任务、操作规程及相关要求。总台结账处的主要工作任务包括：

（1）客账管理。

（2）外币兑换业务。

（3）贵重物品保管。

二、前台收银处的组织结构及岗位职责

（一）前台收银处的组织结构图（如图3-3所示）

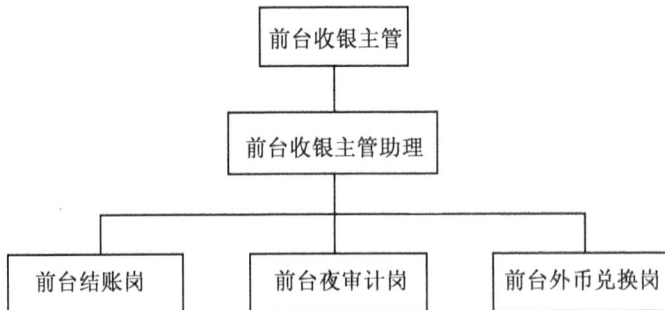

图 3-3 前台收银处的组织结构图

（二）前台收银处岗位职责

由于收银处一般属于酒店的财务部管理，因而本章节所讲述的收银处岗位责任只限于在前台工作的收款处的岗位责任。

1. 前台收银主管

（1）处理好前台收款的日常事务及突发事件，合理安排收款员的班次。

（2）定出详细的工作流程及操作标准，积极开展现场督导培训，提高员工素质。

（3）不定期检查收款员的备用金。

（4）建立收款员个人档案，定期评估，奖勤罚懒。

2. 前台收款处

（1）做好客人的消费结算工作并提供保险箱服务。

（2）把客人在各消费点所签的账单及直通电话费用输入电脑中相对应的房间。

（3）耐心解答客人所提出的有关账务方面的问题。

（4）虚心听取客人的建议和意见，并及时向上级汇报。

三、前台收银处的工作操作规程

（一）建立客人账户

在客人办理完入住登记手续后，接待员则根据住宿登记表和预订单内容制作相应的账单，并连同登记表（账务联）立即送交结账处。总台结账处接到客人账单后核收并建账。

1. 散客的账户建立

（1）签收客人账单；

（2）检查账单各项内容是否填写齐全、正确，如有异议，应立即核实；

（3）核准付款方式；

（4）对照信用卡公司或银行机构所发"黑名单"（注销名单）予以核实；

（5）检查有关附件，如住宿登记表、房租折扣审批单、预付款收据等是否齐全；

（6）将客人账单连同相关附件放入标有相应房号的分账户夹内，存入账单架中。

2. 团队的账户建立

（1）签收团队总账单；

（2）检查总账单中团队名称、团号、人数、用房总数、房价、付款方式、付款范围等项目是否填写齐全、正确；

（3）查看是否有换房、加房或减房、加床等变更通知单；

（4）建立团队客人自付款项的分账单，注意避免重复记账或漏记账单；

（5）将团队总账单按编号顺序放入相应的团队账夹内，存入住店团队账单架中。

（二）记录客人消费记录

（1）散客或团队客人在酒店入住期间所发生的费用，要分门别类地将该客人按房号设立的分户账准确记录各项费用；

（2）客人支付的定金、预付款、转记其他客人分户账及应收账款，应分门别类地准确记入该客人的分户账；

（3）核收店内营业点传递来的各种账单（凭证），并逐项核准；

（4）将核准的账单（凭证）内容分别记入分户账或总账单内。注意把结账时要交给客人的单据与分户账单收存在账夹内，其他单据按部门划分存收，交稽核组复核。

（三）客人账目的结算

1. 客人离店前的准备工作

（1）向预期次日离店的客人房间发放离店结账通知书，由收款员通过电话联系等方式予以通知；

（2）总台夜班接待员按时打印次日预期离店客人名单（未使用电脑的饭店可根据客房状况卡条记录予以统计）；

（3）收款员检查预期离店客人账夹内的账单；

（4）问讯员检查有无客人信件、留言条；

（5）礼宾部提前安排离店客人用车及行李运送等准备工作。

2. 客人离店结账

（1）散客结账。

①核准房号、姓名、抵店及离店日期等；②核准无误后打印账单，将总账单和所有附件交请客人过目，回答客人询问；③询问客人是否有最新消费，通知检查客房使用的状况、电话消费情况等，确保所有消费账目都已入账，避免跑账、漏账；④根据不同付款方式结清账款数额，唱收、唱付及找零，并在账单或收据上加盖"已收讫"印章、打印结账离店日期和时间；⑤打出"离店单"，提醒客人离店时交回客房钥匙；⑥告诉相关部门客人离店的信息，以更正核准客房房态信息。

（2）团队结账。

①根据预期离店团队名称、房号等，通知客房服务中心、总机及礼宾

部；②核准团队的付账范围；③打印团队总账单，请团队陪同确认并签名；④为该团队客人分户自付账打印账单及收款；⑤将团队账单转送会计信用组织进行收款工作。

（3）结账方式。

①现金结账。收银员按照电脑打印的账单或账单卡所列各项账目的应付款数，请客人交款便可。如果客人使用外币，应根据汇率折合成人民币结算。

②信用卡付账。收银员首先核验客人所持信用卡是否属于在本饭店可以使用的信用卡，有无残缺、破损及有效期限，然后使用刷卡机影印签购单，请客人签名，仔细核对上述情况和客人的签名。

③转账支付。接待员将客人要求与预订单付款方式核准无误后，向客人具体说明转账款项范围，如房租、餐费、电话费、洗衣费等，同时当面说明客人自付项目的有关手续及规定。对于转账，一般需制作两份账单，一份（A单）记录应由签约单位支付的款项（已在合同及预订单、登记表中标明范围），另一份（B单）则记录客人的自付款项。

④支票支付。通常国内企业、公司等用支票支付，国外客人使用旅行支票支付费用。在实际操作中要注意：应拒收字迹不清、过时失效的支票；核查支票持有者的有效身份证件并登记；对于有背书的二手支票，应请客人再次背书；对有疑惑之处应当面问清，并立即向财务主管负责人汇报或进行银行查询。

⑤使用有价订房凭证。收银员应注意：核实订房凭证正本和副本是否有效及是否一致，查清并核实相关联的预订单和传真订单内容是否一致，有无差异。

⑥他人代付的情况。有些客人提出为其他客人代为支付在店费用。总台收银员应找出并核对代付客人所填写的"承诺付款书"，将相关账单转在代付客人名下。

3. 客人离店后的工作

（1）在离店客人登记表上打印结账时间，并与客人交回的客房钥匙一并交给接待处。

（2）根据已结清账款的账单编制相关表格（如收入明细表、营业日报表）等交主管复核；待复核无误后装入缴款袋，按规定项目填写签名，放入保险柜，次日由总收款员取出。

（3）收入日报、收入明细表（第二联）、账单（第二联）交夜审稽核。

4. 夜间审核工作

夜间审核，即夜间工作人员把上个夜班收到的账单及房租登录在客账上，并做好汇总和核查工作。夜间审核的目的是要有效控制由宾客赊账业务而产生的收入或现金业务收入，内容主要是完成经济业务的过账，结出宾客分账户的余额并审核其正确性。

（四）外币兑换业务

饭店为方便中外宾客，受中国银行委托，根据国家外汇管理局公布的外汇牌价，代理外币兑换以及旅行支票和信用卡业务。

1. 现钞兑换

外币兑换服务程序：（1）礼貌问候客人，问清客人的兑换要求；（2）根据当日国家外汇管理局公布的现钞牌价，当面清点并唱收需兑换的外币种类和金额；（3）使用货币识别机等多种方式鉴别钞票的真伪，同时核准该币种是否属现行可兑换之列；（4）填写两联水单；（5）请客人在水单上签名，写上房号或地址；（6）将两联水单及外币现钞进行检查复核；（7）经兑员根据第一联水单，复点人民币金额，以免出错；（8）核准无误后将水单和所兑换现款金额付给客人并礼貌道别。

2. 旅行支票兑换

收兑外币旅行支票服务程序：（1）礼貌问候客人，弄清兑换要求，并耐心解答；（2）查验其支票是否属可兑换或使用之列，有无区域、时间限制，进行币种、金额、支付范围以及伪真、挂失情况的识别；（3）要求持票人在支票的指定复签位置上当面复签，然后核对支票的初签与复签是否相符（如果有疑问，则要求持票人背书）；（4）持票人必须出示证件，核对证件相片与客人是否相符，支票签名与证件签名是否一致，然后在兑换水单上摘抄其支票号码、持票人的号码、国籍等；（5）填制一式两联的兑换水单，按当日外汇牌价准确换算并填制水单，向客人说明要扣除贴息，计出贴息和实付金额；（6）将水单交给客人，请客人在指定的位置上写上名字、房号等，撕尾签给客人，并将水单及支票交复核员；（7）经兑员收到出纳员配好的现金，应认真复核水单上的金额，然后唱付给客人应兑的金额；（8）礼貌道别。

3. 信用卡兑换

信用卡的兑现程序：（1）礼貌问候客人，询问清楚客人的要求，核验客人所持信用卡是否属于在本饭店可以使用的信用卡，有无残缺、破损及有效期限，然后使用刷卡机影印信用卡；（2）如果此卡要取授权号，则将信用卡的号码、有效日期、支取金额及客人的证件号码、国籍等告知我国有关银行的授权中心，取得授权后再承办；（3）将取现单及水单交客人签名，核对无误后再交出纳配款；（4）将出纳交来的现款，认真地复核水单上的金额；（5）把现金、第一联水单、取现单及信用卡交回给客人，并有礼貌地向客人道别。

（五）保险箱服务

1. 客用保险箱的管理形式及种类

饭店为住店客人通常免费提供两种形式的贵重物品保管服务：一种是设在客房内的小型保险箱；另一种则是设在前台的客用保险箱，由收款员负责此项服务。

2. 服务操作程序

保险箱启用：（1）主动问候，问清客人要求；（2）请客人出示房卡，查看并确认是否属于住店客人；（3）取出客用贵重物品寄存单，并逐项填写相关内容，请客人签名确认；（4）根据客人需求选择相应规格的保险箱，介绍使用须知和注意事项，并将箱号记录在寄存单上；（5）打开保险箱门，取出存物盒并回避一旁，示意客人可以存放物品；（6）在客人亲自将物品放入盒内、盖上盒盖后，收款员将存物盒、已填好的寄存单第一联放入保险箱，当面向客人确认已锁好箱门后取下钥匙，将寄存单第二联和该箱钥匙交给客人保存。

中途开箱：（1）客人要求开启保险箱，经核准后，当面同时使用总钥匙和该箱钥匙开箱；（2）客人使用完毕，请客人在寄存单相关栏内签名，记录开启日期及时间；（3）收款员核对、确认并签名。

客人取消保险箱：（1）收款员请客人交回钥匙，取出寄存单；（2）请客人在寄存单相应栏内签名，记录退箱的日期和时间；（3）收款员在总台客用保险箱使用登记本上记录该箱的退箱日期、时间、经手人签名等内容；（4）将贵重物品保险箱寄存单妥善收存备查。

（六）前台收银处的安全管理

1. 前台收银处的安全

（1）备用周转金不能超过银行规定的限额。

（2）对于开启保险柜的密码及钥匙要严格规定开启手续，防止现金和票据被盗。

（3）客人使用信用卡结账时，要检查其有效期、持卡人的签名等相关内容，如发现有疑点要立即报告，以防止造成损失。

（4）客人结账离店时，注意收回客房钥匙，如果发现客人已结账离店，但是未交回钥匙要立即报告，采取措施及时更换客房钥匙。

（5）对无现金又拒付饭店费用的客人，要立即报告，以便及时进行处理。

（6）在平时的工作中，要养成细心、认真，常核对的好习惯，切忌粗心大意和慌乱，尤其是在大批客人同时结账离店的时候，一定要沉稳行事。

2. 对超限额消费的管理

（1）要按催收工作的原则和规程，对于超限额消费的客人进行催收费用。

（2）催收工作由收银处负责，并向保安部等部门及时提供信息，协助做好催收工作。

（3）在催收工作中，可以根据实际情况采取以下措施：请保安部注意客人动态，请楼层服务人员注意掌握客情，万不得已可以扣押客人证件或其他有价值的物品，限期付款直至收到欠款为止。

3. 对逃账客人的管理

（1）前台收银处发现客人不愿交定金，一方面要礼貌地请客人交纳预付款，并做好解释工作；另一方面要将情况报告给大堂副理和保安部。

（2）如发现一次签单额在 500 元以上（具体金额可以由饭店确定），应报告并查清情况，密切注意以后的消费，若有可疑之处立即报告。

（3）对于证实已经离开饭店的逃账客人，由前厅部将逃账客人的详细资料提供给保安部，如果需要立案侦查的，由总经理批准后，保安部开展侦查工作。

第四节　商务中心

一、商务中心的主要职能

商务中心是现代饭店的重要标志之一，是客人"办公室外的办公室"，服务的好与坏，会直接影响到客人的商旅活动和饭店的重要客源——商旅客人的光临，甚至影响国家的声誉。商务中心提供 24 小时的服务，显现出它在饭店中的特殊地位。主要职能有：

（1）为客人提供各种高效的秘书性服务。

（2）为客人提供、传递各种信息。

（3）直接或间接为饭店争取客源（特别是商旅客人）。

二、商务中心的组织结构及岗位职责

（一）商务中心的组织结构图（如图3-4所示）

图3-4 商务中心的组织结构图

（二）商务中心的岗位职责

1. 商务中心主管（主管助理）

（1）向主管经理负责，完成上级交给的任务。

（2）对商务中心的人、财、物、时间、空间等资源进行管理。

（3）负责对新老员工、实习生的培训。

（4）传达上级的指示，向上级反映情况，解决商务中心的实际问题。

（5）制定人员的班期，负责组织每天的交班会、传达例会的信息。

（6）对员工进行评估，做员工的思想工作，建立员工档案记录，向上级提议对员工进行奖励和扣罚。

（7）与有关单位及部门进行联系和沟通。

（8）掌握客人对商务中心要求的变化，为管理层的决策提供参考。

（9）制定和完善商务中心的规章制度和操作程序。

（10）检查各种设施、设备，确保正常运行。

2. 高、中级商务文员

（1）向当值主管负责，完成交给的任务，当班出现特殊情况向主管请示汇报。

（2）熟悉当班的工作，对各种未完成的工作要了如指掌。

（3）迎送客人，接听电话，设备故障报修。

（4）协助主管进行日常性的管理工作和对新员工及实习生进行培训。

（5）保证营业厅的客人安全。

3. 商务文员

（1）向当值高、中级商务文员及主管负责，完成交给的任务，完成每项工作要汇报。

（2）顶替内部复印室的工作。

（3）对主要设备进行检测。

（4）对工作场所的环境卫生负责。

三、商务中心各项服务工作的操作规程

（一）会议室出租服务程序

1. 预约会议室工作

（1）接到预约，要简明扼要地向客人了解以下内容并做好笔记：记录租用者的姓名或公司名称；饭店房间号码或联系电话；会议的起始时间及结束时间，人数、要求等项目内容。

（2）告知租用该会议室的费用，并带其参观所租的会场。

（3）了解付款人及付款的方式，并预收50%的定金，如到时取消预约则当成损失费用支付，不能退还。以收到预订金时开始方为有效，否则不予接纳。

（4）及时把上述资料在交班本和会议室出租预订单上做好记录。

（5）把会议室的租用情况告知当值主管或领班以及问讯处，将预订单副本交前台部。

（6）主管和领班了解情况后，可马上做好鲜花、音响的预约工作。

2. 会议前的准备工作

（1）按参加会议人数准备好各类合格的饮具、文具用品及会议必需品，待布置会场时使用。通知花房到该会议室布置花卉；检查热水器的工作情况，如发生意外，马上报修；摆设文具盘，每个文具夹应有5张VIP信纸和铅笔一枝，饭店徽标向上；重新检查该出租会议室的出租情况，特别是照明、空调；调试仪器。

（2）按参加会议的人数放好椅子并摆设饮具及会议各类文具。

3. 现场督导及检查

主管或领班会议前要亲临现场检查会议室布置情况，发现问题及时纠正。

4. 接待服务要求

（1）站立门口恭候客人并引位；入座或起座时要帮客人拉椅子。

（2）问明客人所需饮品，在座位表上做好相应的记录。

（3）根据记录逐一上饮品，先上主位，后上次位；添茶水应从客人右手侧服务；服务过程要用礼貌用语。

（4）茶或咖啡要以七成满为标准，上饮品时要提醒客人注意。

（5）添茶水时间间隔：第一次不应超过 10 分钟；第二次与第一次相隔不超过 15 分钟；其他可因人而异，酌情考虑。

（6）会议结束时，当值职员应站立迎送，并请其负责人结算余额。

5. 送客离场

会议结束时，服务人员应在门口站立，并有礼貌地向客人说"再见"、"欢迎下次光临"等告别敬语，目送其离去。客人离开后，应迅速进入会场仔细检查，如发现宾客遗忘的物品，须立即设法追送，追送不到时，按要求速交主管或大堂副理。

6. 收拾会场和补充物资

（二）复印服务工作程序

（1）问明客人要复印的数量及其规格，并做好记录。

（2）告知客人的复印价格。

（3）按上述的复印操作方法进行操作。

（4）如要多张复印，先复印一张，并征求客人对复印件的意见。

（5）复印完毕，取出复印件和原件并如数交给客人，询问客人是否需装订或放入文件袋。

（6）征询客人的结账方式，请客人结账。

（7）礼貌道谢。

（8）向上级报告。

（三）打印服务程序

（1）了解并记录客人的相关要求。

（2）告知收费标准，征询付款方式。

（3）告知所能达到的最快交件时间。

（4）浏览原稿件，弄清客件，不明之处向客人提出。

（5）记录客人的姓名、联系电话、房号。

（6）打字完毕后认真核对一遍，并按照客人的要求予以修改、补充。

（7）客人确认文件定稿后，询问文件是否存盘及保留的时间，或按客人要求删除。

（8）通知客人取件，或是送到客人房间或指定地点。

（9）收费。

（10）礼貌道谢。

第五节 礼宾服务

一、礼宾部的主要职能

我国大、中型饭店中一般将礼宾服务与前台问讯、接待、结账等作为前厅服务过程中的平行机构而单独设置。在礼宾服务机构名称上有些饭店称为行李部，也有些饭店为了体现其等级、规模不同于其他饭店，设立礼宾部或庶务部，服务范围更广泛而且更具个性化。礼宾服务是前厅服务的"窗口"，是给客人留下"第一印象"和"最后印象"的关键服务。

（一）迎接服务

礼貌招呼客人上下车；招呼客人进出饭店；联系调度出租车；帮助客人拿取行李到大堂；引领客人到总台办理相关手续等。

（二）行李服务

礼貌招呼客人；帮助客人运送行李；引领客人到总台并介绍给接待员；引领客人去客房并提拿行李；介绍饭店的设施设备与相关服务；为客人开客房门，放置行李并介绍客房设施设备及使用方法。

（三）委托代办服务

为客人办理衣物寄存服务；邮寄代理服务；预订车辆服务；代客泊车服务；外修外购服务；雨具出租保管服务；票务服务等。

二、礼宾服务部的组织结构及岗位职责

（一）礼宾服务部的组织结构图（如图3-5所示）

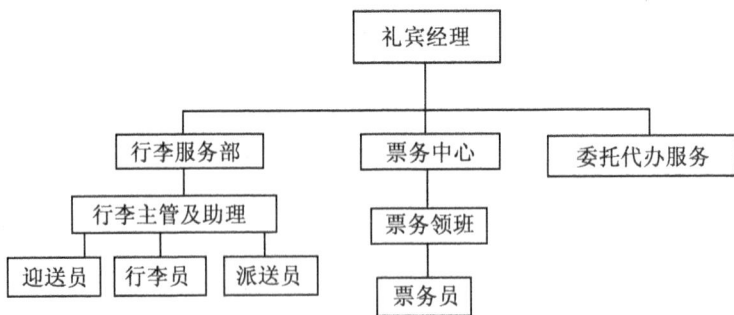

图3-5 礼宾服务部的组织结构图

（二）礼宾服务部的岗位职责

1. 行李组

（1）行李主管及助理。①直接接受委办主任的领导，执行其指令，负责行李组的全面工作。②制定本部门的月度工作计划、物资计划、培训计划、班期安排。③组织培训，召开交班会，并进行政治学习、业务学习。④在柜台接听电话，回答客人的询问，安排人力做好各项派送工作和行李的运送工作。⑤管理好本组的行李房、各种物资和员工上缴的小费。⑥督促迎送员做好专线车的出车情况记录，并遵守本组的劳动纪律。⑦做好本组地段内的清洁卫生和行李车卫生。⑧管理好国旗和本饭店的店旗，根据具体情况及时派员工更换。⑨指导监督和考核本组员工遵守纪律、执行工作程序的情况。⑩对实习生进行业务培训。

（2）行李员。①迎送客人。②派送各类报表、通知、留言、传真、特快专递、留物、信件和房间钥匙。③分送各类报纸到有关部门和房间。④运送抵、离店客人的行李或有关物品。⑤引送客人到房间并介绍房内的设施和使用方法。⑥为客人提供合法、合理的本组业务范围内的其他服务。⑦完成委托代办交来的任务。⑧办理外借物品的手续。⑨为客人办理存、取行李。⑩负责本组范围内各处的卫生。⑪必要时看管行李专用电梯。⑫协助本部和其他部门运送有关物品。

（3）门童迎送员。①安排离店客人有次序地乘坐出租车或专线车，并为客人开关车门。②为到店客人提供迎客服务。③为客人指示方向及解答疑问。④协助维持门口的秩序。⑤大门一带的信息反馈及情况汇报。⑥协助行李员装卸行李。⑦随时留意饭店旗帜的升挂情况。⑧了解门外停靠车辆要接送客人的情况，特别是特种车牌的小轿车。

（4）柜台值班岗位（派送员）。①检查员工的仪容仪表。②接听电话，回答客人的询问。③指派员工及时分送各种报纸、信件、留言、传真、包裹、特快专递、报纸、杂志。④办理客人行李的寄存和提取。⑤检查各种物资的使用情况。⑥指派员工运送出店的团体和散客行李。⑦指派员工完成各种临时性的工作。⑧登记上班人员的去向。⑨指派员工抄写、记录和整理"团体行李运送时间图表"与"寄存行李登记图表"。

2. 票务中心员工

（1）负责住客的车（船）票、机票的购买，保证住客的旅行需要。

（2）准确无误地做好购票和分发票登记。

（3）帮助客人办理各种票务，要手续清楚，钱、票不出差错。

（4）按规定收取购票手续费，及时结清账目，做到钱物相符。

（5）出现特殊情况，立即报告领导。

三、委托代办服务

委托代办服务是国际五星级饭店高水平、高素质服务的一个重要象征。委托代办服务范围较大，客人的要求随机性强、变化也快，需要前厅服务人员急客人之所需，竭尽全力，想方设法地为住客排忧解难，尽一切力量去满足客人的需要。要搞好委托代办工作，不仅要有高度的责任心和义务感，还要有渊博的知识和勇于探索、积极开拓的精神，同时必须保持和发展同饭店内、外有关单位的沟通及良好的合作关系，只有这样才能把这"一条龙"的服务办好，才能办得有特色。

（一）预订车辆服务

根据预订部提供的有关通知及预抵店客人名单、国籍等信息，提前通知机场饭店代表和车队。

（二）泊车服务

泊车服务是饭店设专职车辆管理员，负责客人车辆的停放服务。客人驾车到店时，泊车管理员将车辆钥匙寄存牌交给客人，礼貌地提醒客人保管好随身携带的物品，然后将客人车辆开往停车场。泊车管理员应注意车内有无遗留的贵重物品及其他物品，车辆有无损坏之处，并将停车地点、车位号、车牌号、车型等内容填入工作记录。客人离店需用车时，出示车辆寄存牌，泊车管理员迅速将客人车辆开到饭店大门口，交给客人驾车。

（三）衣物寄存

饭店有宴会、舞会、文娱演出及大型会议等较大规模活动时，一般由礼宾部安排人员承担客人衣物的寄存服务。礼宾部接到提供衣物寄存服务的通知后，提前将存衣处（衣帽间）内的挂衣架、存包架、存衣牌等准备充足；客人存衣物时，礼宾部员工应主动说明谢绝寄存贵重物品；将存衣牌取下交给客人，并提醒客人妥善保管存衣牌，然后将衣物上架并按顺序放好；客人凭存衣牌取衣物时，首先核准号码，然后将衣物交给客人，并请客人当面确认衣物是否完好无缺；认真保管客人所存衣物，闲杂、无关人员不得进入存衣处。

（四）外修外购

当客人提出修理箱包、手表、照相机等要求时，礼宾台值班员应仔细问清楚所修物品的规格、型号、时限、故障及房号、姓名等情况，并填写工作记录；外出为客人修理物品的行李员应迅速完成送修、取送任务，手续清楚，各项费用、单据齐全，符合规定；每次外出联系维修、购物等任务完成情况均应填写工作记录。

（五）雨具出租及保管

礼宾部在雨雪天为客人提供雨具服务，并礼貌地提醒客人将湿雨具存放在饭店门口雨伞架上，或代为暂存保管。

（六）其他客人需要的服务

委托代办工作的内容是繁杂的，只要客人有需要，都可以成为委托代办的内容。但是值得一提的是，客人的正常需求不一定是饭店能够满足的，对于合理而可能的需求，饭店应该尽量满足；对于合理而不可能的要求，饭店相关人员要做好解释工作；对于不合理的要求，要坚决抵制。

四、饭店金钥匙服务（Golden Key's Service）及其服务特色介绍

"Concierge"一词是饭店前厅委托代办的专业词汇，最早源于法国。其最初的含义是指古代旅店守门人，负责迎来送往和保管钥匙。随着近代、现代饭店业的不断发展，"Concierge"逐渐演变成饭店为客人提供至尊、全方位和个性化的服务理念和高水平的专业服务方式。金钥匙服务内容涉及面很广，只要不违背法律和道德，饭店就要竭尽全力去满足客人的合理要求。坚持这种服务理念的优秀代表就是现代饭店礼宾部的"金钥匙"。

"金钥匙"通常身着燕尾服或西装，衣领上别着一对金光闪耀的金钥匙徽章，这是国际金钥匙组织的会员标志，它象征着"Concierge"如同万能的金钥匙，可以为客人解决一切难题。"金钥匙"谦虚热情，彬彬有礼，交际和应变能力极强，外语流利，经验丰富，尤其是善解人意。他们站立在饭店前厅，总是面带微笑，热心地回答客人的询问，及时、高效地满足客人委托的服务要求。

中国饭店金钥匙组织从1995年11月开始筹备。饭店金钥匙服务在中国的出现，最早由著名爱国人士霍英东先生倡导引入白天鹅宾馆。1997年中国申请加入国际饭店金钥匙组织，成为第31个成员国。1998年12月，中国饭店金钥匙组织经国家旅游局批准成立，划归中国旅游饭店业协会指导，并作为中国旅游饭店业协会下属的一个专业委员会。2000年1月国家民政部正式下文批准中国饭店金钥匙组织注册登记。2000年10月中国饭店金钥匙组织已注册登记，正式办理了合法组织的全部手续。现在中国饭店金钥匙组织已发展到50个大中城市，150家高星级酒店里共有200名"金钥匙"。

第六节 总机服务

一、总机服务台的主要职能

(1) 电话转接服务。

(2) 挂拨长途电话服务。

(3) 回答问询服务。

(4) 代客留言服务。

(5) 叫醒服务。

(6) 勿扰服务。

(7) 寻呼服务。

二、话务总机的组织结构及岗位职责

(一) 话务总机的组织结构图 (如图3-6所示)

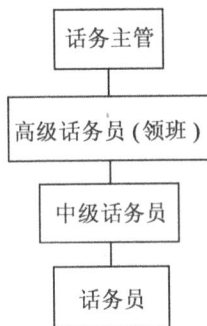

图 3-6 话务总机的组织结构图

(二) 话务总机的岗位职责

1. 话务总机主管职责

饭店电话总机话务主管的基本职责是直接对前台部分管话务的副经理 (经理助理) 负责,保证话务工作能正常地、有秩序地进行,以便配合饭店的总体工作。

(1) 熟悉领班、话务员的工作。

(2) 熟悉话务室内一切工作程序。

（3）检查、督促领班及各话务员的考勤、服务态度、服务质量及工作程序、纪律执行情况。

（4）沟通与本部各组的联系，对增设的服务项目或有改动的服务时间通知落实到每一位话务员。

（5）与电信局有关方面保持密切联系，以确保电话通信的畅通。

（6）主动帮助下属解决疑难问题，遇到难以解决的问题，视情况请有关方面人员协助解决。

（7）有VIP接待时，提醒当班人员加以重视，并做好检查。

（8）视工作情况合理调整排班。

（9）对话务室的工作程序和操作流程进行不断补充及修改。

（10）制定不同时期、不同阶段的工作和学习计划，负责安排话务员的培训工作。

（11）遇紧急情况时，马上通知有关部门，注意保密，没有接到通知，不让任何人离开岗位，通知离开时，应最后一个离开。

（12）根据每一个下属的工作表现，给予鉴定及奖惩。

（13）团结关心下属，了解他们的思想动态，帮助他们处理好各项关系。

（14）定期召开班长、全体话务员会议，定期参加部门主管例会。

2. 总机领班

（1）直接对话务主管负责，保证当班工作的顺利进行。

（2）经常向主管汇报工作情况，并积极提出建设性意见。

（3）熟悉话务员、长途台人员的职责和工作程序。

（4）协助主管检查、督促组内人员的考勤、服务态度、服务质量及纪律执行情况。

（5）了解VIP的入住时间、房号及姓名，提醒组员注意。

（6）了解当天天气情况。

（7）检查Morning Call（叫醒电话）的填写情况，提醒组员注意叫醒服务，遇有字迹不清或潦草的，及时核实并提醒组员。

（8）主动帮助解决一些疑难问题，并做好记录。

（9）遇到紧急情况时，马上通知有关部门，并注意保密，没有接到通知，不让任何人离开工作台。

（10）团结、关心组员，了解思想活动情况，帮助处理好各项关系。

3. 话务员

（1）熟悉本组范围内的所有业务知识。

（2）认真做好交接班工作。

（3）按工作程序迅速、准确转接电话。

（4）对待询问要热情、有礼、迅速地应答。

（5）主动帮助宾客查找电话号码及接拨电话。

（6）准确地提供叫醒服务。

（7）掌握内部组织结构，熟悉店内主要负责人和各部经理的姓名、声音。

（8）熟悉市内常用的电话号码。

（9）熟悉有关询问的知识。

（10）掌握话务室各项设备的功能，操作时懂得充分利用各功能键及注意事项。

（11）注意不对外公开的情况和客人房号等内容必须严格保密。

（12）遇到日常工作以外的情况，不要擅自处理，应立刻向上级主管汇报。

三、总机相关服务的操作程序

（一）应答与转接

（1）辨别电话的来源；

（2）用热情、悦耳的语音和语调向来话者致意问好；

（3）报出酒店名称及岗位名称，必要时还要报出工号；

（4）听清和明确地了解来电者的要求，按要求进行下一步操作；

（5）请客人等候时，播放音乐。

（二）长途服务

（1）主动问候并受理客人的要求，核对房号、姓名、抵离店日期。

（2）问清并记录所挂拨国际或国内长途的国家或地区号码。

（3）及时拨通长途台通报本机号码、分机号码、话务员代号和长途台话务员代号，做好记录或输入电脑。

（4）电话接通后请客人讲话，若客人直接拨通长途电话，也做好记录或开通电脑。

（5）通话后准确及时地通报客人的讲话时间，办理客人挂账或收款手续。

（三）叫醒服务

饭店向客人提供的叫醒服务是一项重要的服务项目。酒店向客人提供的叫醒服务是全天24小时的服务，其方式有两种：人工叫醒和自动叫醒。

1. 人工叫醒服务程序

（1）受理叫醒服务预订；

（2）确认房号和叫醒的时间；

（3）填写叫醒记录；

（4）使用定时钟定时；

（5）使用电话叫醒客人时，话务员先向客人问好，告之叫醒时间已到；

（6）在叫醒记录表上登记注销；

（7）若无人应答，隔3分钟再人工叫一次；

（8）再次无人应答时，立即通知大堂副理和客房部，查明原因，采取措施。

2. 自动叫醒服务

（1）受理叫醒服务预订；

（2）确认房号、时间；

（3）填写叫醒记录表；

（4）输入电脑，并检查屏幕显示与打印机记录是否一致；

（5）核审当日叫醒记录，并检查设备是否运转正常；

（6）注意查看是否有无人应答记录的房间，立即改用电话，以人工方式叫醒客人，并通知客房服务中心，做详细记录；

（7）发生设备故障时，应立即通知总台问讯员和客房服务中心，并采用人工叫醒服务程序，直到设备修复。

注意：叫醒时间到时，设备会自动使客房电话响铃，同时电脑会打印出来，要注意观察打印出来的情况。发现 No Answer、Busy 或 Ringing Block 的房间要及时打电话到房间，房间仍然没有人应答，就要打电话去该楼层，请楼层服务员协助人工补叫。

（四）回答问询服务

（1）客人查询电话号码时，话务员应先请客人稍等，立即查明电话号码通知客人。如果需要较长时间进行查询，应主动征询客人的意见，询问客人是否可以先留下电话号码，待查实后，再与客人联系并告之。

（2）查询住店客人房间电话时，话务员应先礼貌、委婉地进行核准，再予以接转，未经住客同意，不能泄露客人的房号。

（3）如果暂时找不到被访客人，话务员应立即与总台问讯联系或进行查找，不能简单回绝。

（4）话务室内可设记事板，用于记载有关通知事项，提醒话务员注意。

（五）代客留言服务

（1）接转后若无人应答（铃响五声），话务员应委婉地向客人说明："对不起，电话没有人接，请问您是否需要留言？"

（2）需要给房间客人留言的电话应先由总台问讯员处理，向问讯员简单说明后再转接。

（六）勿扰服务

（1）话务员将要求提供"勿扰服务"（DND）的客人房号、姓名、时间记录在交接班记录本上。

（2）话务员将电话号码通过话务台关闭。

（3）在勿打扰期间，话务员应按该项服务规程要求，礼貌地通知发话人，并建议其留言或在取消"勿扰"之后再与之联系。

（4）接到客人要求取消"勿扰服务"通知后，话务员应立即通过话务台开通电话，并在交接班记录本上注明取消符号及时间。

第七节　饭店代表服务

一、饭店代表的主要职能

饭店为方便客人，在机场、车站及码头设立接待处，安排饭店代表专门负责住店客人的迎接和送行服务。饭店代表的接待工作实际上是前厅礼宾服务的延伸。

饭店代表在机场、车站、码头等主要出入口迎送客人，提供有效的接送服务，及时向客人推销饭店的各种产品，是饭店给予客人的"第一印象"，也是饭店对外的宣传窗口。饭店代表须具有强烈的责任心、自觉性、灵活性及独立工作的能力。

二、饭店代表的组织结构及岗位职责

（一）饭店代表的组织结构图（如图 3-7 所示）

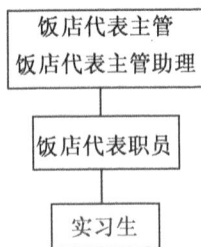

图 3-7　饭店代表的组织结构图

（二）饭店代表的岗位职责

1. 饭店代表主管

（1）根据前台部经理的指示工作。

（2）对员工工作进行督导、管理、奖励或处罚。

（3）制定工作计划、培训计划等。

（4）做好与有关部门的协调沟通工作。

（5）参加部门管理人员会议，及时传达会议精神、有关通知和指示。

（6）协助制定本组有关的操作程序、工作要求，并督导执行、落实。

（7）熟悉机场、车站、码头等工作环境，及时反馈有关信息和情况。

（8）制定本组人员的排班表，合理调配人力。

（9）妥善处理工作中的突发性情况并及时汇报。

（10）负责本组通信器材的使用、保养和管理，并对工作岗位卫生及人员执行纪律情况进行检查和督促。

（11）做好各项工作的存档记录工作。

2. 饭店代表职员

（1）在机场、火车站等地欢迎和接待酒店客人。

（2）为客人提供快捷、妥当的服务，为客人安排回酒店的交通工具。

（3）为客人处理行李问题。

（4）回答客人询问。

（5）把握每一个机会，不失时机地推销酒店的各种产品，争取客源。

（6）及时反馈外部信息及最新的交通动态。

（7）保质保量地完成预订接待工作和上级下达的工作任务。

（8）搞好与合作单位及同行的关系，维护企业的形象和声誉。

三、饭店代表的岗位工作规程及要求

（一）饭店代表的一般服务规程及要求

1. 客人抵达之前

（1）准确掌握航班、车次及客人情况；

（2）提前做好准备工作，备好接机牌；

（3）安排好交通工具；

（4）站立在显眼位置举牌等候。

2. 客人到达时

（1）代表饭店向客人表示欢迎和问候；

（2）根据预抵饭店的客人名单予以确认无误；

（3）搬运并确认行李件数，拴好行李牌；

（4）引领客人上车。

3. 在路途中

（1）主动介绍本地和饭店概况；

（2）协助做好入住登记手续；

（3）始终与总台保持联系，及时通知变化情况。

4. 客人抵达饭店以后

（1）引领客人到总台办理手续；

（2）将行李物品交付行李员运至房间；

（3）协助大堂副理做好 VIP 贵宾接待。

【案例评析】

一天，有两位本地客人来到某星级饭店总台，询问香港客人张某是否在此下榻，并希望尽快见到他。

总台接待员小王立即进行查询，确实有这样一位香港客人入住在本饭店，小王立即拨通了张先生的房间电话，但是长时间没有应答。小王便礼貌地告诉来访客人，这位张姓客人在本饭店入住，但是此刻不在房间，请两位客人在大堂休息处等候，或在总台留言，与张先生另行安排时间会面。

来访客人对小王的答复并不满意，并一再声称他们与张先生是多年旧友，请小王告诉他们张先生的房间号码。小王礼貌而又耐心地向他们解释，为了保障住店客人的安全，本饭店规定在未征得住店客人同意的情况下，不便将其房号告诉他人；同时建议来访客人在总台给张先生留个便条，或随时与酒店总台联络，以便及时与张先生取得联系。客人便给张先生留言后离开了饭店。

张先生回到饭店后，小王便将来访者的留言交给了他，并说明为了安全起见，总台没有将他的房号告诉来访者，请张先生谅解。张先生当即表示理解并向接待员致以谢意。

点评：为确保住店客人的安全，饭店应为客人做好保密工作，这是饭店的应尽责任，是饭店工作中的"分内事"，但在具体处理时应注意方式、方法。

本案例中的总台接待员能够按照饭店的规定做好访客的接待工作，既会给访客留下饭店严格管理的深刻印象，又让住客觉得安全和放心，说明饭店服务是标准化的。但在坚持原则的同时还能提供情感服务，始终礼貌待客，笑脸相迎，耐心向访客解释，并及时提出合理建议，使客人感受到服务工作的热情、真情，从而赢得访客的理解，也得到住客的支持。

饭店坚持自己的服务标准，可维护住店客人的切身利益，使客人感到放心、安心，这本身就是饭店的一种能够赢得客人的服务；另一方面，也给客人留下饭店高标准服务的良好印象。

【课堂讨论题】

提供让客人满意的前厅服务的关键在哪里？

【复习思考题】

1. 散客接待与团队接待程序方法有什么不同？
2. 怎样避免客人逃账，若发生客人逃账问题应该怎么样处理？
3. 行李员为客人提供行李服务应注意哪些事项？

【实训题】

1. 假设自己是一名前厅接待处的工作人员，当你遇见客人时，你从语言、表情和工作程序上进行模拟接待。

2. 假设自己是一名前厅问讯处的工作人员，当你遇见客人时，你从语言、表情和工作程序上进行模拟接待。

3. 假设自己是一名饭店代表，当你在国内航班出口等候饭店要迎接的客人时，你从语言、表情和工作程序上进行模拟接待。

第四章
前厅销售

第一节　房　　价

房价是指客人住店所应支付的住宿费用，是客房商品价值的货币表现。它既是客房商品价值和市场供求关系的重要体现，又是客房成本、费用、税金和利润的综合反映。客房收入是饭店收入的主要来源，而客房收入的多少取决于单位客房的平均出租率和平均房价。

一、房价的特点

饭店客房商品是一种特殊商品，它是以出租使用价值和提供服务来开展其业务的。正确认识这些特点，有助于我们制定正确合理的价格策略和确实可行的定价方法，做好房价管理工作。

（一）客房价值的不可储存性

客房商品不能像其他的有形商品一样，今天卖不出去可以储存起来明天再卖。客房商品的价值受时间的限制，必须在规定的时间内出售，如果当天售不出去，当天的价值就永远消失了，第二天卖出去只能是第二天的价值。这就要求饭店要做好客房的销售工作，提高客房的出租率，保证客房价值的最大化。

（二）客房价值补偿的时效性

客房商品的价格是通过零星出租表现出来的，其价值补偿必须在一个较长时期内通过房租才能实现，必然造成其价值补偿的时效性。这种特点要求客房商品的价格制定、调整、实施都必须十分重视不同投资回收期及其每天的时效性，保证其价值补偿的盈利水平。

（三）价格表现的波动性

饭店客房经营受市场季节变化的影响很大，而旅游又受天气、气候、节假日等多种因素的影响，必然带来客房商品价格的波动，而观光型和度假型饭店的季节波动更为明显。这种价格波动性主要表现在以下几个方面：季节波动；节假日波动；重大活动波动；意外事件波动。这一特点要求其价格制定、调整与实施都必须随时关注外界变化，树立应变观念，商品的价格应更具有灵活性。

（四）价格形式的多样性

为了适应客人的需求、有利于市场竞争，饭店客房商品的价格表现形式应是多种多样的。从季节变化看，主要有淡季价、旺季价、平季价三种；从客源角度看，有散客价、公司价、团队价、会议价、长住客人价等多种；从客人住房人数看，有单开房价、双开房价；从客房类型看，有单人房价、标准房价、套房价、豪华套房价等。另外，同一种类的房间，还可以根据楼层的高低、朝向、具体位置不同，制定出不同的价格。只有制定多种形式的房价，才能适应市场经济发展的需要，保证饭店良好的经济效益。

（五）客房固定成本高，可变成本低

现代饭店客房的一次性投入较大，而经营过程中的劳动消耗费很小。这一特点要求饭店在制定房价时，要考虑所定的房价能够实现保本点的最低出租率，即房价的制定必须有一个最低的底线，以确保饭店能正常运转，获取一定的利润。

二、价格体系与计价方式

（一）价格体系

饭店客房的价格是根据市场的需要和经营的需要而制定的，饭店为了满足不同类型的客人需要，会制定种类繁多的价格，针对性地服务顾客。

1. 标准价（Rack Rate）

标准价又称"门市价"、"散客价"、"牌价"，是由饭店管理部门制定的价目表（Tariff）上明码标注的各类客房的现行价格，未含任何折扣或服务费。

2. 团队价（Group Rate）

团队价是饭店提供给旅行社、会议及航空公司机组人员等团队客人的一种折扣价格。其目的是为了确保饭店有长期、稳定的客源，以此价来吸引大批宾客，从而售出大量客房，保持较高的客房出租率。

3. 商务合同价（Commercial Rate）

商务合同价是饭店与有关公司或机构签订订房合同，并按合同规定向对方客人出租优惠价格的客房。具体优惠的幅度视对方能够提供的客源量的多少及客人在饭店的消费水平而定。

4. 旺季价（Busy Season Rate）

旺季价是饭店在经营旺季时所执行，最大限度地提高客房经济效益而采用的一种价格。这种价格一般是在标准价的基础上上浮一定的百分比。

5. 淡季价（Slack Season Rate）

淡季价是饭店在经营淡季时所执行，为吸引客人而采用的一种价格。这种价格一般是在标准价基础上下浮一定的百分比。

6. 家庭租用价（Family Plan Rate）

此房价是饭店为携带小孩的父母提供的一种折扣价格，以刺激其他消费。

7. 小包价（Package Plan Rate）

小包价是饭店为客人提供的一揽子报价，除房费外，还可以包括餐费、游览费、交通费等其他费用，以方便客人。

8. 折扣价（Discount Rate）

此价格是饭店向常客（Regular Guest）或长住客（Long-staying Guest）或有特殊身份的客人提供的一种优惠价格。

9. 白天租用价（Day Use Rate）

白天租用价是饭店为白天到饭店休息，不在饭店过夜的客人所提供的房价。白天租用价一般按半天房费收取，也叫半日房价，也有一些饭店按小时收费。

10. 免费用房（Complimentary Rate）

饭店在互惠互利的原则下，为了促进客房销售、建立良好的公共关系，为某些特殊客人提供免费房。这些特殊客人主要有：社会知名人士、饭店同行、旅行代理商、会议主办人员等。免费房应严格控制，只有总经理才有权批准。

（二）计价方式

按国际惯例，饭店的计价方式通常有以下 5 种。

1. 欧式计价（European Plan）

欧式计价是指饭店标出的客房价格只包括客人的住宿费用，不包括其他服务费用的计价方式。这种计价方式源于欧洲，在美国及世界大多数饭店中广泛运用，我国的旅游涉外饭店也基本上采用这种计价方式。

2. 美式计价（American Plan）

美式计价是指饭店标出的客房价格不仅包括客人的住宿费用，而且还包括每日三餐的全部费用，因此又称为全费用计价方式。这种计价方式多用于度假型饭店。

3. 欧陆式计价方式（Continental Plan）

欧陆式计价是指饭店标出的客房价格包括客人的住宿费和每日一顿欧陆式简单早餐的计价方式。欧陆式早餐主要包括冻果汁、烤面包、咖啡或茶。有些国家把这种计价方式称为"床位连早餐"计价。

4. 百慕大计价（Bermuda Plan）

百慕大计价方式是指饭店标出的客房价格包括客人的住宿费和每日一顿美式早餐的计价方式。美式早餐除包括欧陆式早餐外，通常还提供煎（煮）鸡蛋、火腿、香肠、咸肉、牛奶、水果等。

5. 修正美式计价（Modified American Plan）

修正美式计价是指饭店标出的客房价格包括客人的住宿费和早餐，还包括一顿午餐或晚餐的费用，多适用于旅行社组织的旅游团队。

三、影响房价的主要因素

合理的房价结构是饭店顺利运转的基础，如何制定成功的房价，是饭店经营者面临的一个极其复杂的问题。一方面要考虑到经营费用和投资成本的回收，另一方面又要考虑到竞争的因素，即能否吸引饭店目标市场的新顾客和巩固已有的客源。房价的制定，归纳起来有两个方面的因素需考虑。

（一）外部影响因素

（1）社会政治、经济形势的影响。旅游经济具有脆弱性，其产品具有不稳定性和波动性。一个稳定、繁荣的社会政治及经济环境，对以旅游经济为其重要收入来源的饭店来讲是至关重要的。

（2）季节性影响。季节性强是旅游业的一大特点，也直接影响到饭店经营的好坏，旅游旺季客源好，房价会适当地上调，而淡季时房价会自然下调一定比例。

（3）供求关系影响。供求双方是一对矛盾，当供大于求时，产品卖不出去，而供不应求时又会出现产品紧张。饭店业也是如此，当竞争加剧，供过于求时，饭店不得不考虑降价销售；当供不应求时，又会适当提高房价，即房价随供求关系的波动而波动。

（4）竞争对手的影响。竞争对手的价格是饭店制定房价时的重要参考依据。饭店必须调查本地区同等级、同档次、具有同等竞争力饭店的房价，做到"知己知彼"，随时掌握竞争对手房价的变化，并及时采取对策。

（5）行业组织的价格约束。客房房价还要受本地区政府主管部门以及行业协会等组织和机构对饭店价格政策的约束，如制定的最高限价和最低价格等。

（6）客人消费心理。客人的消费心理也是进行定价时应予以考虑的因素，尤其是客人对某一种商品价格能够接受的上限和下限。

（二）内部影响因素

（1）定价目标。定价目标是指导饭店进行客房房价的首要因素，这是饭店确定经营方针的重要依据。

（2）饭店地理位置。"商业饭店之父"斯塔特勒说过："对任何饭店来说，取得成功的三个根本要素是地点、地点、地点。"可见，地理位置对于饭店经营的确非常重要。位于市中心、繁华商业区，距机场、火车站较近，交通方便的饭店，其房价的制定或调整的条件就会有利一些；而位于市郊、远离繁华商业区、交通不便的饭店，虽然地价便宜，经营成本低，但由于其对客人的吸引力差，因此房价会相应低一些，以提高饭店的竞争力。

（3）经营成本及投资成本。这是影响房价的基本因素，比如投资成本回收期的长短，以及目标利润率的高低，都会对房价的制定产生影响。

（4）饭店服务质量。在定价过程中，除考虑饭店硬件设施设备的档次以外，还必须考虑服务质量水平。客人购买饭店产品满意与否的衡量标准是价与值是否相符，把服务质量与价格联系在一起。如果借助于先进的设施设备，有高素质的管理和服务人员，提供客人一流的服务，价格高一些客人也是能够接受的。

另外，非营业部门、非营利性服务支出，客房的位置、朝向、外景等也会对房价的制定产生一定的影响。

四、客房定价目标

(一) 追求利润最大化

追求利润最大化是制定房价最基本的目标，即在最适合的时候把最适合的价格在最适合的期限内成功地出售给最适合的客人，以获取最高收益。利润最大划分为短期利润最大化和长期利润最大化。饭店经营者必须在不同的时期确定不同的价格水平。从严格意义上来讲，应以长期利润最大化作为追求目标，避免盲目调价、相互杀价。另外，客房的需求量还受到除价格以外很多不确定因素的影响，因而对需求量和成本的测算往往还要根据市场的影响而变动。实践表明，高房价并不能保证实现利润最大化，而低房价也未必意味着客房利润的减少，只有适当的房价才能实现利润最大化。

(二) 提高市场占有率

饭店要提高市场占有率，就要增加客房销售量，还要提高其他设施设备的利用率，降低经营成本。就价格因素而言，要达到提高市场占有率的目的，就要采取价格策略，同时注意其带来的不利影响。

(三) 提高竞争力

价格是竞争的有力手段，但具有竞争力的价格有不同的形式。

(1) 与竞争对手同价。在少数卖方市场的情况下，饭店客房商品与竞争对手的客房商品如有明显差别，而且消费者了解本地区产品的价格水平，就可以采取随行业领头人定价的方法。

(2) 高于竞争对手价格。饭店的硬件设施水平，包括客房在内的产品以及服务质量等，如果超出竞争对手的水平，则可以确定新的、较高的房价。

(3) 低于竞争对手价格。在一定条件下，采用低价进入市场，可以很快扩大市场份额，提高市场占有率。

(四) 实现预期投资收益率

预期投资收益率是饭店经营方针的最重要指标之一，也是必须予以考虑的客房商品定价目标之一。

五、定价策略与技巧

定价策略是饭店在特定的经营环境中，为实现其定价目标所采取的定价方针和价格竞争方式。定价策略如果不明确，定价方法的选择和调整就会变得僵化，就很难把握竞争时机，实现其定价目标。因此研究和制定有效的定价策略，是实现定价目标的重要环节。

（一）房价调整策略的运用

饭店的房价并非一成不变，应根据其产品的不同生命周期进行调整。

1. 介绍期的定价策略

客房产品开发完毕后投入到市场的初始阶段为介绍期。由于在这一时期产品不被人们所熟悉，加上产品本身的不完善，投入的单位成本高，销售量又小，其定价策略有以下两种：

（1）低价占领策略。其又称渗透定价策略，即以相对低廉的价格，力求在较短的时间内让更多的顾客了解并接受新产品，从而获得尽可能大的市场占有率的定价策略。这种策略有利于产品尽快打开销路，缩短介绍期，争取产品迅速成熟起来，还可以阻止竞争对手进入市场，易于企业自己控制市场。但低价策略有可能导致投资回收期过长，产品若不能迅速打开市场或遇强有力的竞争对手，会遭到重大损失，同时也影响后期降价销售的空间。

（2）高价定价策略。其又称撇油定价策略或取脂定价策略，是指在新产品上市初期，价格定得很高，以便在短时期内获得高额利润的定价策略。这种策略一旦成功，不仅能在短期内获取大量利润，收回投资，而且可以在竞争加剧时采取降价手段，既可限制竞争者的加入，又符合旅游消费者主观的心理反应。但这种策略风险性很大，如果客人难以接受此价格，则会因销售量小而难以尽快收回投资。这种策略较适合于特色鲜明且其他竞争者在短期内难以仿制或开发的新产品。

2. 成长期的定价策略

在这一时期，人们对其产品认识逐渐加深，其销售量迅速增长，单位成本下降，利润逐渐增大，同时市场上开始出现同类产品，开始有了竞争者，这一时期的定价策略：（1）稳定价格策略。保持价格的相对稳定，把着眼点放在促销上，通过强有力的促销，扩大销售渠道，争取更多的客源，达到利润最大化。（2）渗透定价策略。在市场需求增多、竞争加剧的情况下，力求以较低的价格迅速渗透市场，击败竞争对手，从而提高市场占有率。

3. 成熟期的定价策略

这一时期由于产品已基本定型，市场需求开始趋于饱和，增长缓慢，产品也趋于成熟，成本降到最低，而同类产品却不断增加，带来市场的激烈竞争。饭店为了保持其产品的优势地位，常采用富有竞争性的定价策略，即用相对降价或绝对降价的方法来抵制竞争者。采用相对降低策略时，必须靠提高和完善其服务质量为前提；采用绝对降价策略时，必须充分把握好降价的条件、时机和降价的幅度。

4. 衰退期的定价策略

这一时期市场需求迅速下降，销售量锐减，大量客房卖不出去，产品成本逐渐增大，利润减少，开始出现亏损。这一时期的定价策略是：

（1）驱逐价格策略。以尽可能低的价格，将竞争者挤出市场，达到占领市场、争取更多客人的策略。此时饭店的固定成本已经回收，其定价只要略高于可变成本就有利，但其低价必须以变动成本为最低限价。

（2）维持价格策略。维持原有的价格，靠开拓新的产品和市场来维持销售量的策略。这样做既可使产品在客人心目中的形象不至于有大的改变，同时又可使饭店持续有一定的经济收益。

（二）高价与低价策略的选择

采取低价薄利多销和高价厚利少销，是饭店在不同的市场需求环境下，实现客房利润最大化的两种定价策略。具体采用哪一种定价策略，主要依据其需求价格弹性而定。

需求价格弹性是用来表示饭店客房产品需求量对价格变化作出反应程度大小的比值。它通常用价值变动的百分率引起需求量的百分率来表示，这两个百分率的比值，称为弹性系数。

$$Ed = \frac{(Q_2 - Q_1)(P_2 + P_1)}{(Q_2 + Q_1)(P_2 - P_1)}$$

其中：P_1 为原来的价格，Q_1 为 P_1 相对应的需求量，P_2 为变动后的价格，Q_2 为 P_2 相对应的需求量，Ed 为需求价格弹性。

（1）$|Ed| > 1$，即价格变动1%，需求量的变动大于1%，称为需求富于弹性。此时可采取低价或调低价格策略，因为价格的变动能引起需求量明显的变化，从而实现薄利多销。

（2）$|Ed| = 1$，即价格变动1%，需求量相应变动1%，称为需求单元弹性。此时价格变化对销售收入的影响刚好被需求量的变化对销售收入的影响所抵消，即销售总收入不受价格变动的影响。此时采取价格变动无实际意义。

（3）$|Ed| < 1$，即价格变动1%，需求量的变动小于1%，称为需求缺乏弹性。此时客房产品的销售量基本不变，较高的价格对需求量不产生明显的影响，高价则获厚利，可实现利润最大化。饭店此时可采取高价或抬高价格策略。

（三）折扣策略的运用

折扣策略是饭店为实现定价目标而采取的一种经营手段，是饭店在明码公布的客房价格的基础上，给予顾客一定比例的折扣或优惠，常见的折扣方法有以下几种。

（1）数量折扣，即根据购买饭店客房产品数量的多少实行一定比例的折扣。购买数量越多，折扣也就越大。数量折扣通常是指降低售价，但许多饭店并不一定降低售价，而是给予达到数量折扣要求的顾客一定数量的免费产品，比如饭店常会向旅行社领队、陪同提供免费客房。饭店前台常用的数量折扣方法有公司价、团体价、长住客价及会议价等。数量折扣又细分为累进折扣和非累进折扣。累进折扣是指在规定时间内同一购买者累进购买达到一定数量时，可给予一定的折扣优惠。购买数量增多，折扣随之增大。这有利于饭店与客人建立长期稳定的合作关系，保证销售量的稳定增长。非累进折扣是规定购买者每次达到一定数量或金额时所给予的价格优惠，顾客购买数量越多，折扣越大，它有利于鼓励和刺激购买者扩大购买量，减少其交易成本，达到双赢的目的。

（2）季节折扣。为了保证饭店客房产品被充分利用，提高客房年平均出租率，利于饭店的正常经营，饭店在旅游淡季时或一定时间段给予客人一定价格优惠，即季节折扣。如城市商务饭店的周末和风景区度假饭店的淡季，不少饭店加强促销活动，吸引家庭旅游者来定居，制定了家庭房价，如周末度假特别房价、周末折扣房价等，来提高客房的出租率，增加销量，从而增加营业收入。

（3）现金折扣。即为了鼓励客人以现金付款或提前付款，而给予客人一定折扣的优惠，以加快饭店资金的周转，减少资金的占用成本。饭店通常在交易条款中注明"1/10，净价30"，即客人在成交后10天内付款的话，就可得到1%的现金折扣，但最迟也必须在30天内付清全部欠款。

（4）同行业折扣。指饭店给予旅游批发商和零售商的折扣，如旅游目的地饭店给予旅行社的折扣房价和一定的佣金。同行业折扣可以充分发挥中间商的专业销售职能作用，是饭店稳定其销售渠道的重要措施。饭店给予旅行社的折扣或佣金数额多少，是决定旅行社是否向客人介绍某一饭店的重要标准。因此许多饭店制定了通过旅行社向客人进行推销的规划，饭店除了给予旅行社优先订房外，还给予其一定的折扣或佣金，但每家饭店的具体做法不尽相同。

六、房价的控制和调整

客房价格制定以后，还要有与客房价格的制定相适应的各种政策和规定，前厅人员在实际销售过程中，要认真贯彻执行和领会这些政策和规定，使房价具有连续性、一致性和稳定性，同时，为实现前厅客房销售的目标，必须在房价实施过程中进行有效的控制。

（一）房价的控制

饭店所制定的房价，是由前厅部和销售部负责执行的。在贯彻实施过程中，涉及前台销售、房价限制和团队房价可行性三个方面的内容。

1. 前台销售

对于饭店制定的各类房价，前台服务人员要严格遵守。同时饭店还应制定出一系列的规章制度，以便有利于前台工作人员具体操作执行。这些规章制度要明确规定以下细则：

（1）对优惠折扣房的报批制度；

（2）各类特殊用房的留用数量；

（3）与客人签订房价合同的责任规定；

（4）有关管理人员对浮动价格所拥有的决定权的规定；

（5）对优惠者应具备的条件的规定；

（6）对一些优惠种类和程度的规定。

2. 房价限制

房价限制的目的是为了提高客房实际平均房价，实现收益最大化。前厅管理人员必须熟练掌握本饭店客房出租率的动态，善于分析近期饭店客房出租率的变化趋势，预测未来住店的某种客人人数以及他们对各种房价的客房需求量，并作出限制某类房价的决定。如果预测将来某个时期的客房出租率很高，客源较旺，这时总经理或前厅部经理就会对房价进行限制，限制出租低价位的客房或特殊房价客房；只出租饭店高价位的客房；房价不打折扣；不接待或尽可能少的接待团队客人；不接受只住一天的客人等，尽可能提高饭店的平均房价。

3. 团队房价的可行性

对于一家饭店，特别是规模较大的饭店来说，团队客人是十分重要的客源，是饭店通过自身努力或通过中间商极力争取的目标市场。但饭店接待团体客人有时会承受许多损失，比如在旅游旺季，客房出租率很高时，接待大量优惠的团体客人，就相应减少接待全价支付的散客。同时为了接待大型团队，饭店还必须提前预留好房间，如果客人临时有所变动、更改甚至取消，就有可能带来部分客房的闲置，造成一定的经济损失。因此，前厅管理人员必须正确预测未来一段时期内客房的出租状况，来决定团队接待的可行性问题。在必要的情况下，使用团队房价限制措施，并由饭店销售部与前厅部共同负责执行。销售部逐日预测团体客人的人数和客房的需求量，并将预测结果通知前厅部，以便双方来决定限制团队房价的执行日期和所使用的房间。如果预测某一时期客房出租率可能会接近100%，此时，饭店就应采取只接待支付较高房价或最高房价的团体客人，婉言谢绝中、低档团队客人的入住。当然，使用团队房价限制时，管理人员应极其慎重，不然会带来消极的影响，甚至破坏饭店房价的诚实性和完整性。

（二）房价的调整

饭店的房价一旦制定之后，在实际运用过程中就应保持相对的稳定。但是由于市场环境的变化，为了满足客人的需求，在竞争中处于有利的地位以及自身发展的需求，饭店应及时调整房价，以便房价更适合客观现实，保证客房利润目标的实现。

房价的调整包括适度调低售价和适度调高售价两大类。

1. 调低房价

调低房价是饭店在经营过程中，为了适应外部市场环境或内部条件的变化，降低原有房价的一定幅度。饭店降价的主要原因有：

（1）市场供大于求，尤其是在饭店进行针对性促销之后，仍无法增加其销售量，只好考虑降低房价。

（2）竞争对手采取低价策略。

（3）市场份额逐渐减少，希望通过降价来增加销售量，以吸引更多的顾客，扩大市场的占有量，从而提高客房出租率。

（4）饭店的客房无明显的特色，没有强的竞争优势。

（5）客房经营管理费用降低。

但是，饭店采取降价销售也会带来和引起一些问题：

①房价低了，客房销售量不一定就会明显增加，有时营业收入的增加还不能抵消价格下降的影响，无法获取利润的增加。

②会带来连锁反应，价格战会愈演愈烈，导致各饭店几方俱伤。

③会给顾客造成低价低质的消费心理，对产品的质量产生怀疑，带来负面影响，也有损饭店在行业中的声誉。

④降价后，饭店客房成本在营业收入中所占比例会增加。因此在降价时，部门应做好内部费用的控制，节约开支。

⑤价格下调后，再要恢复原价是很困难的，因为恢复原价会造成顾客的不满。

因此，对于房价的下调，饭店管理人员应采取谨慎的态度，并反复进行可行性的研究，切不可盲目或轻易效仿竞争对手，轻易采用降价来刺激销售。降价不是万能的，只有在预测降价能引起销售量明显增加，利润进一步提升时，才可以采取调低房价的措施。

2. 调高房价

一般来讲，调高房价会引起客人和中间商的不满，给前厅销售工作增加难度，甚至会导致客房销售量的下降；但如果饭店成功地调高房价，就会极大地增加饭店的收入和利润。因此，饭店在调高房价之前，要认真分析和充分估计调价对市场需求的影响，在调高房价时，通过各种有效的信息渠道，向客人说明饭店调价的原因，尽可能取得客人的理解，认同其合理性。

饭店调高房价，主要考虑以下原因：

（1）市场供不应求。饭店在旅游旺季可通过高房价手段，限制过高的需求量，实现供需平衡，也有利于饭店正常有序的工作。

（2）服务质量或档次明显提高。如饭店增加一些特色服务、增加了一些服务项目，尤其是重新改造装修之后。

（3）通货膨胀，市场物价上涨。由于货币贬值，饭店经营的成本费用相应增加，为保持或增加原有的利润，饭店必须调高价格，调价的幅度应不低于物价上涨的幅度，以避免由此而带来的利益损失。

总之，饭店无论是降价或是提价，都会对客房销售工作带来一定的影响，也会引起客人和竞争者的密切关注和反应。因此，饭店管理者应密切关注市场的动态，充分考虑各种可能因素，使房价的调整工作顺利进行，并达到预期的目的；同时把握好竞争者的情况，以便在竞争对手调整价格后，能迅速地作出有效的应变策略。

*********************** 小 资 料 ***********************
客房价格偏低，北京饭店挂牌价格全线上涨①

从 2005 年开始到 2007 年是 2008 年北京奥运会期间饭店价格制定的参考期。按照北京市向国际奥委会承诺的价格，北京市饭店业将开始上调其客房出租价格。2005 年京城各大饭店的挂牌价格都将上调，这种调整将持续到 2007 年底，一直到 2008 年达到奥运的承诺价格。但专家指出，长期的低房价现状使得京城饭店价格上调困难重重。

****

---

① 见：新京报，2004-11-11（5）

第二节 前厅销售技巧

前厅服务中，旅客入住接待管理过程就是客房商品的销售过程，只有正确掌握与合理运用客房销售技巧，才能满足客人的需求，提高客房出租率和经济收入，因此服务人员要和蔼诚恳、注意聆听、正确了解客人的需求并及时释疑，多向客人提供一些建议，尽可能地争取每一位客人。

一、客房销售报价技巧

客房商品的价格是多种多样的，除了销售给散客的柜台价外，还包括团队价、公司价、会议价等，不同等级和类型的客房价格也不同。因此，在前台接待过程中，不仅要熟悉各种类型的价格，而且还必须针对不同客人进行报价。对客报价是饭店为扩大自身产品的销售，运用口头描述技巧，引起客人的购买欲望，借以扩大销售的一种推销方法。其包含有推销技巧、语言艺术、职业品德等内容，在实际推销工作中，非常讲究报价的针对性，只有适时采取不同的报价方法，才能达到销售的最佳效果。掌握报价方法，是搞好推销工作的一项基本功，以下是饭店常见的几种报价方法。

1. 高低趋向报价

这是针对讲究身份、地位的客人设计的，以期最大限度地提高客房的利润率。这种报价法首先向客人报出饭店的最高房价，让客人了解饭店所提供房间最高价及与其相配的环境和设施，在客人对此不感兴趣时再转向销售较低价格的客房。接待员要善于运用语言技巧说动客人，高价伴随的是高级享受，促使客人做出购买决策，当然，报价应相对合理，不宜过高。

2. 低高趋向报价

这种报价法可以吸引那些对房间价格做过比较的客人，能够为饭店带来广阔的客源市场，有利于发挥饭店的竞争优势。

3. 交叉排列报价法

这种报价法是将饭店所有现行价格按一定的排列顺序提供给客人，即先报最低价格，再报最高价格，最后报中间价格，让客人有选择适中价格的机会。这样，饭店既坚持了明码标价，又维护了商业道德，既方便客人在整个房价体系中自由选择，又增加了饭店出租高价客房，获得更多收益的机会。

4. 选择性报价

采用此类报价法要求总台接待人员善于辨别客人的支付能力，能客观地按照客人的兴趣和需要，选择提供适当的房价范围，一般报价不能超过两种，以体现报价的准确性。

5. 利益引诱报价

这是一种对已预订一般房间的客人，采取给予一定附加利益的方法，使他们放弃原预订客房，转向购买高一档次价格的客房。

6. 冲击式报价技巧

该技巧是指在前台接待服务过程中，先向客人直接报出客房价格，再介绍饭店和客房提供的服务项目和设施配备情况。这种报价方式主要适用于价格不高、档次偏低的客房或消费能力不高的客人。

7. 鱼尾式报价技巧

该技巧是指在推销房价时，先介绍饭店和客房所提供的设施设备和服务项目，突出其客房的特色和优点，然后再报出房价。这种报价方式主要适用于中档及以上的客房推销，它较好地突出了客房本身的价值，减弱或降低价格对客人的影响。

8. 夹心面包式报价技巧

其又称"三明治"报价。指前台人员在向客人推销客房时，先介绍饭店和客房所提供的服务项目，接着报出相应的房价，再介绍这种价格的客房所配制的设施设备状况，这样可以起到减弱房价分量的作用，主要适用于中、高档客房或消费水平较高，有一定身份地位的客人。

9. 分段式报价技巧

该技巧是指在客房推销过程中，将客房价格分段报出，先报基本价，再报服务费、国家或地区政府的有关税费等。这种报价方法能使客人感到饭店房价中有部分费用并非是饭店的收入，增加了客人在感觉上的合理性，从而容易接受。

10. 灵活报价

灵活报价是根据饭店的现行价格和规定的价格浮动幅度，将价格灵活地报给客人的一种方法。此报价一般是由饭店的主管部门规定，根据饭店的实际情况，在一定价格范围内适当浮动，灵活报价，调节客人的需求，使客房出租率和经济效益达到理想水平。

综上所述，尽管接待员的报价方法很多，有些方法甚至相互对立，然而在饭店的经营实际中，由高至低报价法仍然是较科学而实用的。我国大多数饭店属于明码标价，在此基础上必须坚持从高到低推销客房的原则，才能使高价或较高价客房首先出租。推销客房需要大量的思考与实践，接待员应该在接待时注意观察客人的心理活动和反应，只有以热诚的态度及对客房艺术性的描述语言和适当的报价技巧，才能顺利完成推销高价客房的任务。

******************** 小　思　考　********************

问：客房销售的具体要求有哪些?

答：（1）熟悉、掌握本饭店的基本情况及特点；（2）了解和掌握竞争对手的情况；（3）熟悉本地区的旅游项目和服务设施；（4）注意分析客人的心理需求；（5）表现出良好的职业素质。

****

二、客房推销技巧

前台客房推销技巧是建立在客房报价基础之上的，其方法和技巧应是多种多样的，要针对客人不同的身份、地位、消费能力、旅行目的、兴趣爱好、身体状况和客房自身的等级、规格等，采用不同的推销方法。

1. 自我推销技巧

前台是饭店对外的窗口，是客人最先接触、产生第一印象的地方，前台人员的素质高低与自我推销能力往往是客人了解饭店服务质量的基础，也是能否成功销售客房的重要条件。为此，前台接待人员应具备较强的自我推销能力，让客人愿意和你交谈，同时接受你的推销。这就要求前台接待人员要有良好的职业道德和为客服务的意识；接待人员要着装整洁、精神饱满、态度和蔼可亲，始终保持微笑、规范快捷地服务于客人。

2. 突出客房优点技巧

在前台接待服务过程中，既要善于运用语言技巧，热情、礼貌、友好地称呼客人，使客人有舒适感、亲切感，又要善于突出饭店和客房的特色、优势，让客人容易接受。如"这是一间刚装修不久、宽敞、美观、晚上能看到全市夜景的双套间"；"这是一间极富民族特色的标准房间，不仅美观、舒适和雅静，而且环境很好"。

3. 利益引诱推销技巧

在前台接待过程中，客人已经接受了某一价格的客房，这时前台接待人员在介绍服务项目的过程中，再适当增加一些项目和收费，引导客人消费而增加饭店收入。如"×经理，您要的这间宽敞、豪华的商务套房，每天房价是210美元，您只要再加上15美元，就可以享受到丰盛的美式早餐，并且我们会免费给您送到房间"。

4. 善于运用语言技巧

前台接待过程中，不仅说话要和蔼可亲、礼貌得体，而且还要针对客房销售的实际情况，善于运用语方技巧，将饭店的不利因素化为有利因素。如"×先生，您的运气真好，我们刚好还有一间您所需要的漂亮的双人客房。"如果运用语言不当换成"×××先生，很不幸，你所需要的双人客房就剩下这一间了，您要不要？"这样的推销就很难打动客人，即使购买，客人也会有一种挑剩下的、产品质量不好的感觉。

5. 第三者意见推销技巧

在前台接待过程中，对那些没有预订而前来住店，在住房时又犹豫不决的客人，就可以采用第三者的意见法推销。这里的"第三者"可以是一位客人、一位旁观者、另一个服务员，也可以是某一件事、某一现象或某一统计数字等。"第三者"通常能起到一定的裁决作用。

6. 促使客人下决心推销技巧

在前台销售过程中，客人未明确表示购不购买，为防止意外或客人离去，前台接待人员运用语言或行为促使客人尽快下决心。如说："×先生，这间房相当安静、舒适，要不您先住下，我想您会满意的。如果您感到不如意，明天我们再给您换一间客房，您看行吗？"

7. 扳道岔推销技巧

在前台接待过程中，对那些第一次来店住宿而犹豫不决的客人，接待人员事先设计好两种可能，让客人任意挑选一种，表面上是客人自愿选择的，实际上已进入你事先设计好的岔道上，从而达到推销效果。如说："×先生，您是要普通套间呢还是商务套间？"或说："×先生，您是要160美元的房间还是要120美元的房间呢？"这时客人的思维就被引入设计好的岔道上，非此即彼，从而促使客人很快下决心住店。

8. 客房推销与房间分配相结合技巧

在前台接待过程中，将客房推销和房间分配结合起来，使客房销售针对性更强，把客人的特点和客房的具体情况有机结合，达到双赢的目的。如把单人房推销给普通商务客人；把套房、豪华客房和豪华套房推销给高档商务客人或重要贵宾；向家庭客人推销连套房；向行动不便的客人推销低层、靠近电梯的客房。

三、客房分配技巧

为客人迅速、准确地排房是体现前厅服务水平的一个重要方面，客房分配应根据饭店的客房使用情况和客人的具体要求等进行。对于团体客人和有预订的客人，一般可以预先分房；而对于没有预订的客人，分房与办理入住登记手续则要同时进行。不管是哪种情况，都应有一定的要求和技巧，以提高客人的满意度。

（一）排房顺序

预先为贵宾、散客和团队排房，不仅可以保证客人的需要得到满足，而且使前厅、客房、餐饮等相关业务部门的正常运转具备稳定的工作基础。通常可按下述顺序进行。

（1）团队客人。由于团队客房用量大，抵店前和离店后会经常出现预留房闲置、待守空房比较集中、数量多等状况，因此要注意采用相对集中排房的原则，尽量避免团队与散客、团队与团队之间的相互干扰，同时也便于行李接送。

（2）贵宾和常客。提前将这类客人的房间安排好，并及时通知其他部门和岗位。

（3）已付定金等保证类预订客人。

（4）要求延期续住的客人。

（5）普通预订但已通知航班、车次及抵店时间的客人。

（6）未预订而直接抵店的客人。

（二）排房技巧

（1）对于同一团队的客人，要尽量安排在同一楼层邻近的房间或相邻的楼层，并尽可能与散客分开，以免相互干扰。

（2）对于残疾、年纪大、带小孩或行动不便的客人，尽量安排在离电梯或服务台较近的房间，以方便他们的出行及受到关照。

（3）注意不要把敌对国家的客人安排在同一楼层。另外，对于风俗习惯、宗教信仰等明显不一致的客人，也应尽可能分楼层安排他们的房间。

（4）注意客人对房号等的忌讳，尽量予以调整。

（5）对于 VIP 客人，应安排同类型客房中最好的房间。

（6）在经营淡季，可以集中使用几个楼层的房间，以节约劳力，降低能耗。同时，也便于对客房进行集中维护保养。

第三节　客房经营统计分析

前厅部除提供优质的对客服务外，还应将所获得的信息、数据等，有目的、有秩序地分类填入已精心设计好的统计分析报表内，将每天的客房经营状况准确、综合、详尽地反映出来，以使饭店管理人员能正确了解和评价饭店的经营状况，并能不失时机地采取相应的经营决策，同时也为其他部门提供重要信息，有利于各部门安排和调整工作。

一、客房营业日报表

客房营业日报表又称每日客房统计表，是由前台接待处夜间值班员制作的一份综合反映每日客房经营状况的表格，是前厅部各类报表中最重要的。客房营业日报表的格式与内容因饭店而异，但大致包括用房数、客人数、出租率、客房营业收入等方面的内容（如表4-1所示）。

表4-1　　　　　　　　　　**客房营业日报表**　　　　年　　月　　日

	今　天	本月累计	与去年同期比较
客房总数			
饭店自用房			
维修房			
免费房			
可出租客房			
已出租客房			
客房出租率			
客房收入			
平均房价			

	人　数	房　数	今天在店	人　数	房　数
预订			散客		
预订未到			团队		
取消预订			长住客		
按预订已到			VIP		
其中团队			备　注		
未预订开房					
续住					
实际在店					
原定今天离店					
延长停留					
提前离店					
今天实际离店					
明天预期离店					
明天预期抵店					
明天预期在店					
预计明天空房					

制表人：＿＿＿＿＿＿＿

二、客房营业分析对照表

饭店当日的客房营业情况究竟如何，除通过客房营业日报表及其附表全面、深入地反映外，还应将客房每天的经营状况与预测指标、本月完成计划，去年同期的经营状况进行对照比较。这样才能更直观、更详细地反映出客房的营业状况，也为管理者提供了重要的信息。

如表4-2所示为客房营业分析对照表。

表4-2　　　　　　　　　客房营业分析对照表　　　　年　　月　　日

项目		预计	实际	预计	实际	去年同期	预计	实际	超额	完成全年计划
出租率										
团队用房率										
客房收入	总数	百分比		百分比	百分比		百分比			
	境外散客									
	团队									
	内宾									
租出客房	总数									
	境外散客									
	团队									
	内宾									
住店人数	总数									
	境外散客									
	团队									
	内宾									
入店人数										
平均房价										
境外散客平均房价										
团队平均房价										
内宾平均房价										
双人用房率										
平均逗留天数										

送：总经理、前厅部、销售部、财务部留存　　　　　制表人：＿＿＿＿＿

102

（一）出租率

"出租率"是反映饭店客房经营状况的最基本、最常用的统计数字。它是已出租的客房数与饭店可供出租的房间总数的百分比，其计算公式：

客房出租率＝已出租客房数/可供出租客房数×100%

单从出租的客房数量是不能衡量一家饭店在某一时期的经营好坏的，只有将出租的客房数与饭店可出租的客房数进行比较，才能判断其经营状况。

（二）平均房价

"平均房价"显示了每间住房每天的平均收入，它的使用效率仅次于出租率。平均房价的高低要受许多因素的影响，包括免费用房、折扣房、客源的种类、出租客房的等级、双人用房率、对超时离店客人房费的收取、白天的半日房价以及钟点房等。其计算公式：

平均房价＝客房营业收入/已出租客房数

（三）平均停留天数

"平均停留天数"反映了饭店所接待的住店客人在店停留时间的长短。它可以作为饭店人员编制、设施设备配制的一个重要的参考数据。其计算公式：

平均停留天数＝住店客人的累计住店天数/入店客人的累计人数

（四）双人用房率

双人用房率指两位客人同住一个房间的客房数占已出租房间总数的百分比，又称"双开率"。双人用房率有两种计算方法：一种方法是计算双人用房数占出租客房数的百分比，计算公式为：

双人用房率＝（住店客人数－出租客房的间数）/出租客房间数×100%

另一种方法是计算每个出租客房内的平均住店客人数，计算公式为：

双人用房率＝住店客人数/出租的客房数

双人用房率可以反映客房的利用状况，是饭店增收的一种经营手段，但其前提是一个房间（单人房除外）应有两种价格。如一个标准间住一位客人时，房价为80元，住两人时，每位收60元。这样客人就可节省1/4的费用，而饭店也增加了1/2的费用，但这必须是在饭店旅游旺季、房间紧张情况下才采用的。双人用房率是增加还是降低，必须与客房出租率结合起来，根据当时的销售状况而定。

（五）床位使用率

"床位使用率"反映了饭店实际接待客人数与饭店最大接待能力之间的比率。计算床位使用率时，饭店要首先确定对床位数的理解。因为有些饭店将双人床、大号双人床、特大号双人床都当做2个床位来计算，而另一些饭店则以床的张数作为计算单位。计算公式分别为：

（1）床位使用率=住客人数/饭店最高住客人数×100%

（2）床位使用率=住客人数/饭店可出租的床数×100%

三、房价及预订情况分析表

该表主要用分析当日客房销售使用的各类房价的具体情况，供饭店管理人员作为制定和修改价格标准的参考依据。因各家饭店的房价种类及客源组成不同，所以房价及预订情况分析表上所列的项目也不完全相同，但房价及预订情况分析表上所显示的数字应满足本饭店市场调查研究和房价分析工作的需要（如表4-3所示）。

表4-3　　　　　　　　　房价及预订情况分析表　　　　年　　月　　日

项目	当日				本月累计			
零星	出租客房	营业总额	出租率	平均房价	出租客房	营业总额	出租率	平均房价
全价								
合同价								
特许优惠								
免费								
折扣								
长包房								
内宾								
总数								
团队								
合同团								
总社								
国旅								
中旅								
青旅								
公费								
会议								

续表

项目	当日				本月累计			
零星	出租客房	营业总额	出租率	平均房价	出租客房	营业总额	出租率	平均房价
航空公司								
其他								
总数								
	散客	团体	百分比		散客	团体	百分比	
提前预订								
没有预订								
未到								
取消								
预订到店								
实际到店								

送：总经理室、前厅部、销售部留存　　　　　　　制表人：_____

四、客源分析表

客源分析表是记录、统计饭店住客来源的表格。饭店对市场的组成及预订情况保持详细的统计资料，将有助于其发现新的经营动向及变化，有利于制定销售策略及改进服务方式，适应顾客的需求变化，同时也发掘出适合于饭店的目标市场，提高饭店经营的效益。

客源分析表提供的统计分析数据可使管理者了解各种客源占本饭店总客房销售量的比例。从各家饭店的客源分析表的统计结果中可以发现客源的种类和特征与饭店的种类和位置有着密切的关系（如表4-4所示）。

表 4-4   客源分析表

类别	预订客房		未到客房		到店房数			到店人数			人/天			间/天		
	今日	累计	今日	累计	今日	累计	百分比	今日	累计	百分比	今日	累计	百分比	今日	累计	百分比
本店自联																
总社外联																
国旅																
中旅																
青旅																
外办																
外贸																
航空公司																
会议																
内宾																
其他																
合计																

送：总经理室、销售部、前厅部留存   制表人：_____

五、客源地理分布表

客源地理分布表（如表 4-5 所示）体现出饭店的主要接待对象来自哪些国家与地区，其资料主要来源于前台住客登记表、接待报告以及客人的订房资料。

106

表4-5　　　　　　　　　　　客源地理分布表

国家与地区	入店人数			住店人数			用房数		
	今日	累计	百分比	今日	累计	百分比	今日	累计	百分比

【案例评析】

房价不能降

进入仲秋，生意逐渐冷淡，某酒店也毫无例外地进入了生意的淡季。

由于营业状态不好，也影响到与员工收入相挂钩的服务费的收入。该酒店从开业伊始，就一直实行服务费酒店与员工五五分账的管理模式，生意好，则员工服务费高；反之则服务费降低。尽管自7月份起，酒店全面推行了劳动竞赛，将原先的服务费改革为劳动竞赛奖，但来源却仍然是来自于客人账单上收取的10%的服务费。故而，生意一下降，员工对收入的关心很自然地流露了出来。

许多员工和个别部门经理，除了积极想办法，组织挖潜，增收节支外，甚至提出了大幅削低房价的办法，试图抢占更多的市场份额。一时间，削价之议时有所闻，只是不敢正式提出动议。而此时此刻，该酒店的刘总是如何想的呢？

房价不能降！酒店必须稳住自己的阵脚！刘总在非正式场合，几次阐述过自己的这个观点。他认为，该镇的客源市场就好像一个蛋糕，在现在市场低迷的情况下，是不可能快速将其做大的。如果我们率先降低房价，其他几家邻近的酒店势必要削价经营，以争取多吃蛋糕份额。为此，纷纷削价竞争，降低利润，最后必然会几败俱伤，而且伤得最重的将会是自己的酒店。要想抢回客源，只能用优质的服务守住房价，增加服务的附加值，把餐饮、健身、洗衣和娱乐的服务包括在房价中，使每一位客人感觉物超所值。

公关销售人员应制定策略，用尽方法，务求每一位客人的所有消费都在酒店完成，不会外流。这样才是解决淡季的真正出路。

一场试图降低房价的游说活动"流产"了。12月份，酒店推出"优质服务月"，评选"微笑大使"……

房价稳定，生意上去了，服务也提高了。①

点评： 时逢淡季，酒店业尽吹"削价风"，把其作为上方宝剑，但该酒店却在如何化淡季为旺季的工作中，有着自己的原则，并取得了一些成功的经验。

酒店业以特色经营、价廉物美和优质服务为本是毋庸置疑的，但酒店业的投入高、回收期长，又决定了运营中必须恪守一定的房价，否则就难以生存。现在某些酒店以竞相削价来获取高的出租率，是一种以牺牲同业利益、而最终将祸及自身安危的短期行为。在这种过低房价的恶性循环下，酒店的合理利润将越来越少，企业生存和发展的空间也越来越有限。

酒店在面临销售困难时，应在加强服务、加强在"软件"建设上下功夫。协力提供一个安全、舒适、宁静及吃、喝、玩、乐的好地方，使每一位客人都有宾至如归的感觉。除此之外，同行业应在硬件、服务上开展公平合理的竞争，以助彼此度过艰难的时期。片面的削价是一把双刃剑，伤害了对手的同时，也伤害了自己。

【课堂讨论题】

1. 如何看待饭店的房价调整？
2. 如何协调好房价与客房出租率的关系？

【复习思考题】

1. 客房房价的特点是什么？
2. 房价的种类有哪些？
3. 影响定价的主要因素有哪些？
4. 客房在不同时期的定价策略是什么？
5. 如何正确运用客房的销售技巧？

【实训题】

调查本市中高级饭店房价的收费标准，并写出分析报告。

---

① 张谦. 饭店服务管理实例评析. 天津：南开大学出版社，2001：44

第五章
前厅部的沟通协调

第一节　沟通协调的基本原理

饭店的对客服务是整体性的，需靠饭店每个部门、环节以及每个员工的共同努力才能得以实现，才能最终让客人满意。作为饭店信息源"神经中枢"的前厅部，其内外沟通协调尤其显得重要。

沟通协调从管理科学的角度来讲，是指相关对象之间所进行的信息传递和接受的过程，以及从合作角度对有关事项，如完成服务任务、解决冲突、矛盾等方面所进行的配合及努力。

一、沟通协调的目的

前厅部的沟通协调对饭店及其他部门的作用很大，前

109

厅人员应时刻保持与其他部门和客人的沟通协调。其目的如下：

（1）通过沟通协调来向对方传递信息、内容，让对方理解你的意图并接受。

（2）通过沟通协调了解对方的真实意图，从而理解对方。

（3）通过沟通协调，相互之间得到了认可。

（4）通过沟通协调，解决矛盾、相互配合，从而共同完成任务。

二、沟通协调的原则

（1）实事求是。任何沟通协调工作，都应从实际出发，实事求是，把协调工作控制在政策规定的范围之内，否则就会出现偏差。

（2）着眼全局，即从饭店总体目标与全局利益出发。

（3）调动积极因素。通过沟通协调解决问题，挖掘潜力。

三、沟通协调的程序

常见的沟通协调方法有书面形式（备忘录、报表、表格、专题报告、相关事件、批示、宾客意见调查表、有关饭店服务内容的简介、杂志、告示）、语言形式、会议、计算机系统等。其沟通协调的程序如下：

（1）明确沟通协调的目的。

（2）选择沟通协调的对象和时机。掌握与谁（who）沟通、什么时候（when）协调、在哪里（where）进行沟通协调，以及沟通协调什么（what）。

（3）精心挑选沟通协调的途径。认真思考怎样（how）进行沟通协调效果最佳。

（4）评估。对沟通协调的效果进行总结分析。

第二节　前厅部内部沟通协调

前厅部内部沟通协调，是指前厅部所属各环节间的相互沟通协调。它包括客房预订、办理入住接待登记、问讯、前台收银、大厅服务、商务中心以及电话总机等。前厅部各岗位既是独立的环节，各自按照自身对客服务的要求正常操作运行，保持各服务环节的有效性，同时相互密切配合，发挥其沟通协调作用，共同来承担对客服务的任务。例如，预订处和接待处与前厅部其他各环节的沟通协调，如图5-1和图5-2所示。

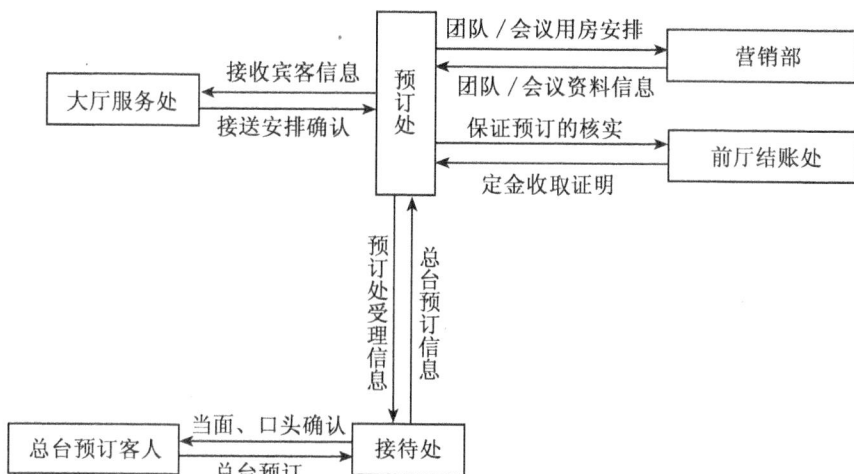

图 5-1 预订处与其他相关部门的沟通协调图

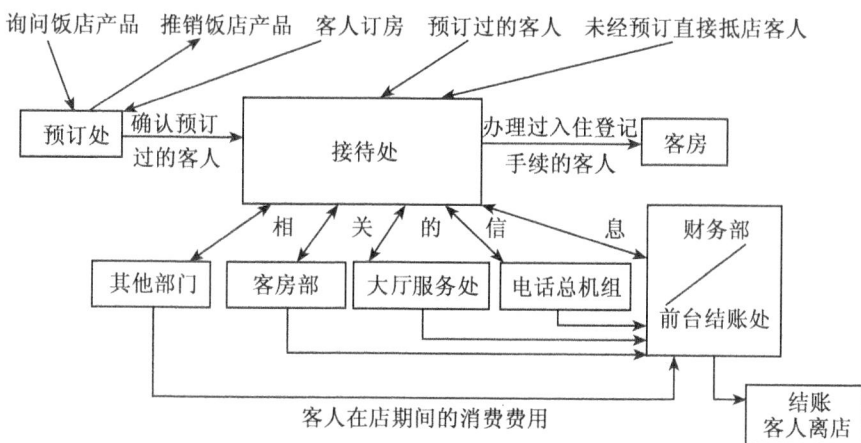

图 5-2 接待处与其他部门（环节）的信息沟通图

一、接待处与预订处的沟通协调

接待处和预订处是前厅部两个重要的对客环节，它们之间的联系相当频繁。接待处每天应将实际抵店、实际离店、提前离店、延期离店的客房数量

111

和临时取消的客房数、预订但未抵店的客房数以及更换房间的数量等信息以书面形式送达预订处，通知预订人员，以便预订员能及时地根据上述提供的数据修改预订总表，确保客房预订信息的准确性，避免重复预订和遗漏订房给客人带来的不便或投诉，也避免给饭店带来经济损失甚至名誉损失。同时预订处也应每天将一些重要信息，如更改预订、延期预订、取消预订及次日抵店客人的情况和名单，以书面形式通知接待处，做好事前准备，及时并有针对性地做好对客服务工作，并最大限度地利用客房，提高客房的出租率。

二、接待处，预订处与前台结账处的沟通协调

接待处根据工作程序，办理完客人入住登记手续后，应帮客人建立一个账单，并把账单交前台结账处，以便结账处开立账户，累计客账，客人在饭店里的消费将汇总到结账处的客账单上，在客人离店时统一结账。若住客换房，房价发生了变化，也应将此信息迅速通知结账处，以便做好更改。同时，双方的夜班人员应就白天的客房营业收入等进行认真仔细的核对，确保其信息的真实性。当客人离店，办理完结账手续后，前台结账处应立即将此信息通知接待处，以便其更改客房状况，同时也便于其迅速通知客房部清扫、整理客房，保持客房的利用率。

预订处与结账处之间的沟通协调，主要是将预订客人，特别是团队客人的付款方式通知结账处，同时对于客人定金收取的比例，也应和结账处保持良好的沟通，达成一致，以保证对订房客人，特别是对保证性订房客人的接待工作顺利进行。

前台三大环节沟通协调图如图5-3所示。

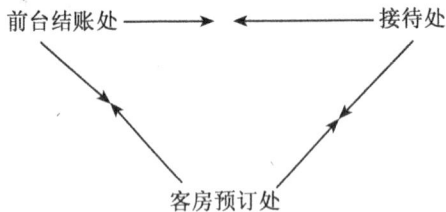

图 5-3　前台三大环节沟通协调图

第三节 前厅部与其他部门的沟通

前厅部是饭店接待服务工作的枢纽,是饭店其他部门信息的来源,也是饭店管理机构的参谋和助手。前厅部既要大量收集信息资料,将其归纳分析,又要将其信息反馈给其他部门,始终保持联系,加强沟通协调,以保证饭店每个部门、每个环节都能高效地运转,保证饭店对客服务工作的效率和整体质量。

一、前厅部与总经理室的沟通协调

前厅部与总经理室平时工作联系较多,除了应向总经理室请示汇报日常对客服务过程中的重大事件外,平时还应与总经理室沟通以下信息:

(1)前厅部定期向总经理请示、汇报对客服务的有关情况。

(2)及时了解总经理的去向,以便提供紧急寻呼服务。

(3)定期呈报饭店的"营业分析对照表"。

(4)递交"宾客接待规格呈报表"等,供总经理审阅批准。

(5)出现重大及突发事件,应该首先通知总经理。

二、前厅部与客房部的沟通协调

许多饭店,特别是中、小型的饭店,前厅部与客房部同属一个部门,这两个部门实际上被看做不可分割的整体。因此,保持这两个部门之间的沟通协调尤其重要。

(1)前厅部排房工作的效率和准确性,取决于对客房状况的有效控制。前厅部必须注意做好与客房部核对客房状况信息的工作,确保客房状况信息显示的准确无误。

(2)在VIP的接待过程中,前厅部应提前通知客房部,做好客房的布置与清洁工作。在大堂副理或前厅部经理引领宾客到客房的过程中,客房服务员应站在电梯门前迎宾,为客人打开房门,奉上香巾热茶。

(3)住店客人通过总机或总台要求饭店提供叫醒服务时,总机或总台应做好记录,保证在客人指定时间提供该项服务;当发现电话被搁置或铃响多遍无人接听时,应及时通知客房部,由客房部派人前往察看。

(4)住店客人不论有什么要求或问题,都会想到打电话到总台或总机,总台接到客人要求提供送餐服务等属于客房部工作范围的电话后,应向客人稍做解释,及时转接电话或告知客房部当班人员有关客人的服务要求。

（5）住店客人带着行李到总台结账时，总台要及时通知客房部查房。

（6）如果大堂区域的清洁卫生由客房部承担，则前厅部与客房部应根据前厅部的业务特点，制定合理的清洁工作计划，前厅部经理协同监督大堂清洁卫生的质量。

三、前厅部与餐饮部的沟通协调

餐饮部也是客人重要的消费部门，是饭店经济收入的主要来源之一，前厅部必须保持与餐饮部的沟通协调。

（1）前厅部应向餐饮部递送客情预报，以便餐饮部了解将来几天宾客的大致人数，做好食品的采购计划。

（2）通常 VIP 会在饭店进餐，团体客人也会附带有团体进餐的要求，前厅部应及时把有关信息传递到餐饮部，以做好接待的准备工作。

（3）掌握餐饮部的服务项目、服务特色，协助促销。

四、前厅部与销售部的沟通协调

饭店的前厅部和销售部都负责销售饭店的客房，不同的是销售部不但要对眼前的客房销售工作负责，更重要的是对饭店长期的、整体的销售，尤其是对团体、会议的客房销售工作负责，而前厅部主要是对零星散客，尤其是对当天的客房销售要与销售部加强密切合作，保持良好的沟通协调，共同做好饭店客房的销售工作，提高客房的利用率。

（1）推销客房、开拓客源是销售部的一项主要任务，前厅部在客房销售工作上与销售部密切配合，参与制定客房的销售策略。

（2）当销售部接到国内外客户的订房要求时，应先与前厅部的预订处联系，了解能否按客户的要求来安排订房。

（3）当订房确认书发出后，销售部应马上复印一份交预订处；如发生订房变更或订房取消，也应及时与预订处取得联系。

（4）对通过销售部预订的团体客人，在他们抵店前，销售部要检查落实前厅是否已做好接待的准备工作。团队抵店时，与行李员联系为客人提供行李服务。

（5）接待 VIP 时，前厅部、销售部要协调做好接待工作。

五、前厅部与财务部的沟通协调

为了确保对客服务的质量和客房收入的及时回收，前厅部应搞好与财务部，包括前厅收银处之间的沟通协调。

（1）双方就信用限额、预付款、超时房费收取及结账后再发生费用的情况进行沟通协调。

（2）前厅部将入住客人的账单、登记表及影印好的信用卡签购单等递交财务部，便于累计客账。

（3）双方就每日的客房营业情况进行细致核对，以保准确。

（4）前厅部递交团队客人的主账单，供财务部建账及累计客账。

六、前厅部与其他部门的沟通协调

（1）前厅部与人事培训部的沟通协调，便于开展新员工的录用与上岗前的培训工作。

（2）前厅部与保安部沟通协调，处理客房钥匙遗失后的问题。前厅部把有关客情如住客的可疑情况及时报告保安部。必要时，保安部应协同大堂副理处理各类突发事件。

（3）前厅部与工程部沟通协调，递交维修通知单、待修房报告。

（4）按照饭店规定，为值班人员安排房间。

（5）收发邮件，递送文件等。

第四节　宾客关系的沟通协调

前厅部人员，特别是管理人员，每天都要花大量的时间和精力，用不同的方式和方法，既要保持与饭店各部门、环节的内部沟通协调，又要处理好与宾客的沟通。只有处理好了宾客关系，饭店才能留住宾客，才能发展壮大。

一、良好宾客关系的建立

（一）"读懂"客人

（1）客人是具有优越感的人。客人来饭店消费，总有一种高高在上的优越感，饭店为其提供优质的服务，客人会认为是理所当然的，客人总希望饭店和服务人员按自己的意图办事，尽量满足自己的要求。

（2）客人是情绪化的"自由人"。客人的情绪变化是根据饭店的服务质量和满足其需要程度而定，客人随时随地都会发泄自己的不满，或表露出满意之情，不受他人的约束。

（3）客人是来寻求享受的人。客人花钱来饭店消费，是来寻求开心，获得物质和心理上的某种满足，饭店应尽力去满足客人的需要。

（4）客人是最讲面子的人。客人来饭店，希望得到饭店的关心和关注，能尊重他们，使他们的某些要求和愿望得以更多的关照，满足其内心的需求，而不应去伤害客人的自尊，应给客人足够的面子。

（二）宾客关系主任

建立良好的宾客关系对饭店来说十分重要。在一些中、高星级的饭店专门设有宾客关系主任（Guest Relation Officer，GRO），直接向大堂副理或值班经理负责。宾客关系主任的主要任务是负责协调对客服务、代表饭店迎送重要客人、解答客人的疑难问题，同时做好与各部门的沟通协调工作。担任这一职务的人员应受过良好的教育，有较好的语言沟通能力；有饭店前台对客服务的经验，熟悉饭店运转体系以及饭店的各项政策制度和管理规定；有较好的应变能力，善于沟通和交际，热情大方；仪表仪容优雅，有高度的责任感和为客人服务的意识；能自觉维护国家、企业及客人的利益。

（三）掌握与客人沟通的技巧

前厅部员工要与客人建立良好的宾客关系，就应对客人有正确的认识，懂得饭店员工和客人之间的社会角色关系和心理角色关系，以及掌握客人的需求心理和与客人的沟通技巧。

1. 正确认识客人

（1）应当尊重客人。前厅员工在对客服务时，常常会有意无意地将客人当"物"来摆布，让客人难以接受。例如，时常看见前厅员工伸出食指，指着客人讲话或指指点点地数客人人数。

（2）应宽容、谅解客人的"不对之处"。客人作为人，也会有不对之处，前厅员工不应苛求客人，更不应将客人看成争理、比高低、争输赢的对象，把本该用来为客人服务的时间，用去和客人斗气，其结果肯定是得罪了客人，使客人对饭店服务不满意。

2. 掌握与客人的沟通技巧

（1）注重对客人的心理服务。现代饭店往往为客人提供双重服务，即功能服务和心理服务。功能服务是满足客人的实际需要，而心理服务则是让客人得到一种经历，一种在饭店的经历，其经历的主要组成部分是客人与饭店人员的人际交往。而前厅员工与客人的接触面最广，前厅员工只要能让客人经历轻松愉快的时光，即为客人提供了优质的心理服务、提供了优质的经历产品，客人才会满意。因此，如果前厅员工只会对客人微笑，而不能解决实际问题；或只能为客人解决实际问题，而不懂得人情味，都将不能获得客人的满意。

（2）应学会"反"话"正"说。前厅员工应讲究语言艺术，尽可能用

"肯定"的语气，去表示"否定"的意义，即学会"反"话"正"说。例如，使用"您可以到收银处兑换外汇"代替"这里不提供外币兑换"；使用"您可以那边（吸烟区）吸烟"代替"您不能在前厅吸烟"等。

（3）应学会看到自己的不足而不应该否定客人。前厅员工在对客服务过程中，应善于学习首先否定自己，而不去首先否定客人。

**********************＊小　资　料①＊************************
　　建立与宾客的密切关系和获取宾客对饭店的忠诚，必须时刻注意宾客的需求。一般来讲，吸引一位新的宾客所需要的成本，是留住现有宾客成本的五六倍，多次惠顾的宾客比初次登门的宾客可多为饭店企业带来 40%~75% 的利润，企业的忠诚宾客增加 5%，企业利润可平均增加 55%。
　　**

二、宾客的投诉与处理

饭店在向客人提供针对性、个性化的优质服务，来满足客人日益需求多样化的同时，也难免由于其硬件设施、服务项目及服务人员的服务态度、技能或对客服务的差错，引起客人的不满。客人在使用饭店设施设备及在饭店服务过程中或服务后对饭店的产品不满意而向有关人员述说、抱怨，这便是投诉（Complaint）。一家饭店无论经营多么出色，也不可能避免客人的投诉。

（一）如何看待投诉

客人投诉主要是因为饭店的有些设施和服务未能达到客人的期望值，客人的某些需要未能得到满足。实际上，投诉也正是客人对饭店、对饭店员工的服务质量和管理水平的一种评价。对于饭店而言，如何引起客人投诉的原因并不重要，关键是服务人员如何对待客人的投诉，采取怎样的态度面对、解决客人的投诉。成功的饭店能较好地处理客人的投诉，善于把投诉的消极面转化为积极因素，通过处理投诉来促进自身工作质量和效率的提高，以防止类似的和潜在的投诉再次发生。

客人投诉并非好事，但饭店人员应报以积极的态度，不要抱怨客人过分地挑剔，因为客人是饭店设施设备的使用者和服务的感受者，对设施设备和服务质量的好坏最具有发言权，客人投诉说明客人还是很关心饭店的，帮助

---

①　董淑霞，龚文芳．时刻注意宾客的需求．见：饭店世界，2003（6）：50

饭店指出问题之所在，只要饭店及时加以改进，客人还是会再来的。如果客人遇到不开心的事，采取逃避、消极的行为，心想"此地不留人，自有留人处"，那么客人就会变成竞争对手的客人，饭店也因此失去一个客人，甚至失去一批这类客人，而饭店还不知道客人为什么不来，也难以及时发现饭店存在的问题。所以面对客人的投诉，饭店应报以积极的态度，以利于饭店进行改进和提高。只要饭店能正确认识客人的投诉，也就能赢得客人的理解与支持，同时也能赢得客人的心，也就留住了客人。

(二) 投诉处理的原则

客人投诉的原因及目的各不相同。有的客人在遇到不满意时，要求在物质上得到一定的补偿以求得心理平衡；有的客人则注重得到精神上的满足，渴望得到饭店的重视和尊重。因此在受理客人投诉的过程中，服务人员应把握以下几个原则。

1. 真心诚意地帮助客人

客人投诉说明饭店的管理及服务工作尚有漏洞，服务人员应换位思考，设法理解投诉客人当时的心情，同情其所面临的困境，并给予应有的帮助。服务人员只有遵循真心诚意地去帮助客人解决问题的原则，才能赢得客人的好感和信任，才能有助于问题的解决。

2. 绝不与客人争辩

无论前来投诉的客人情绪如何激动、态度如何不恭、言语如何粗鲁、举止如何无礼，接待人员都应保持冷静。绝对不可急于辩解或反驳，与客人争强斗胜；即使是不合理的投诉，也应做到有礼、有理、有节，既要尊重客人，不失其面子，又应做出恰如其分的处理。当客人怒气冲冲前来投诉时，首先应该让客人把话讲完，然后对客人的遭遇表示歉意，还应感谢客人对饭店的爱护和关心；当客人情绪激动时，服务人员更应注意礼貌，要给客人申诉或解释的机会，不可与其争辩。

3. 不损害饭店的利益

服务人员对客人的投诉进行解答时，必须注意尊重事实，尤其是对于一些复杂问题，切忌在真相不明之前，急于表态、推卸责任或随意贬低他人或其他部门，应从饭店整体利益出发，避免出现相互矛盾，否则客人会更加反感。除客人物品、财产因饭店原因导致遗失或损失外，采取退款或减少收费等方法，但这绝不是处理投诉、解决问题的最佳方法。服务人员应在弄清事实的来龙去脉后，再诚恳道歉并给予恰当处理。

4. 及时处理

对于客人的投诉，饭店应及时采取补救措施妥善解决。著名酒店集团里兹酒店有一条 1 :10 :100 的黄金管理定理，就是说，若客人的投诉能在当天解决所需成本为 1 元，拖到第二天解决则需 10 元，如果再拖几天则可能需要 100 元。饭店应站在客人的角度，去设法了解投诉客人的真实感受，并予以足够的重视，及时有效地解决问题，尽快给客人一个满意的答复，同时也可挽回饭店在客人心目中的良好形象。

（三）投诉产生的原因

客人对饭店期望值较高，感到饭店相关的服务、设施、项目未达到应有的标准，产生失望；或由于客人的需求及价值观念不同，导致客人不同的看法与感受，从而产生某种误解等，都会造成客人的投诉。引起客人投诉的原因大致分主观、客观两方面：主观方面的原因主要表现在服务人员接待客人不主动、不热情、不尊重客人的风俗习惯、不注意语言修养、冲撞客人；忘记或弄错了客人交办的事情；损坏、遗失了客人的物品；食品、用具不清洁等；客观方面的原因主要是设备损坏没有及时修好；设备、设施、用品不齐全配套等。

1. 对设备设施的投诉

这类投诉主要是由于饭店的设备设施不能正常运行，给客人带来不便，甚至伤害，引起客人的投诉。如空调、音响系统失灵；照明、供水不正常；电梯不能正常运行；家具、地毯破损等。设施设备是为客人提供服务的基础，一旦出现故障，会使客人对饭店逐渐失去"好感"。

2. 对服务态度的投诉

这类投诉主要是反映服务人员对客服务过程中态度不佳，具体表现为接待过程中待客不主动、语言生硬、答复不负责等。如对客服务过程中冷冰冰的态度、爱理不理的接待方式、无理粗暴的语言、嘲笑戏弄的行为等。

3. 对服务质量方面的投诉

这类投诉主要是反映服务人员违反操作规程、服务效率低、出现差错，造成客人陷入困境而引起不满。如办理入住登记手续时间过长、转接电话太慢、叫醒服务不准时或无效、排错客房、邮件及留言未能及时传递、客账累计错误、行李送达太慢或无人搬运行李等。

4. 对异常事件的投诉

这类投诉不完全是由于饭店的原因而引起的。如无法买到机票、车票，飞机延期起飞，糟糕的天气，城市供电、供水系统出现故障等。这类投诉，是饭店也难以控制的，但客人却希望饭店能帮助解决。处理此类投诉，应想方设法在力所能及的范围内尽快解决客人的问题，若实在无能为力，应尽早向客人解释，取得客人的谅解。

5. 有关饭店相关政策规定的投诉

这类投诉涉及饭店的政策规定，有时饭店并没有什么过错，只是由于客人对饭店的有关政策规定不了解或误解造成的。处理此类投诉时，应给予客人足够的耐心解释，并热情帮助客人解决问题。

******************** 小　资　料① ********************

美国白宫消费者事务办公室曾进行消费者行为的研究，技术协作研究方案有限公司发现了一些对产品或服务不满的人将牢骚发泄给别人的行为：

1. 96%的不满顾客不向公司述说；

2. 顾客对服务不满，至少会告诉给 9～10 人，13%的不满意顾客把这事告诉给 20 个人以上；

3. 对于公司收到的每一个抱怨，平均会有 26 个人对此不满，其中至少 6 个人是"非常不满"的。

4. 如果顾客的抱怨被满意地处理了，大约 70%的人会与公司继续来往；如果抱怨很快得到解决，95%的人会再与公司做生意。

5. 抱怨得到满意解决的顾客会把有关他们得到积极对待的信息最多告诉 5 个人。

由此可见，客人通常认为花钱后得到优质的服务是理所当然的，而一旦得不到能令其满意的服务，他们会格外敏感，并会让更多的人理解自己不幸的消费行为，而获得一种心理上的平衡。

****

(四) 受理客人投诉的程序

1. 做好接受投诉的心理准备

接待投诉客人具有挑战性，饭店管理人员以及服务人员都应该随时做好准备，接受客人的投诉。

（1）持欢迎态度。

首先要对客人投诉持欢迎态度，把处理投诉的过程作为进一步改进和提高服务质量和管理水平的机会。

（2）树立"客人总是对的"信念。

一般来说，客人投诉说明饭店的服务和管理上存在问题。因此，在很多情况下，客人的言行举止有些过分，饭店也应提倡即使客人错了，也要把

---

① 殷红卫，黄震方. 小资料. 见：饭店世界，2001（4）：33

"对"让给客人，尽量减少饭店与客人之间的对抗情绪，这有利于缓解双方的矛盾，达到解决问题的目的。

（3）掌握客人投诉的一般心态。

客人的投诉是由于不满意或一时的气愤所采取的行动，此时的心理反应常常表现出"求尊重、求补偿、求发泄"的心态。因此，前厅服务人员在受理客人投诉时，要给客人适当发泄的机会，以示对客人的尊重和理解。

①求尊重的心理。求尊重即客人采取投诉行为，将自己感到不满意的事情说出来，希望饭店认为他们的投诉是对的，并立即采取相应的行动，客人希望得到饭店的重视，取得店方的尊重。

②求发泄的心理。求发泄即客人在碰到令他们不满的事情之后，心中的怒气要利用投诉的机会发泄出来，以维持他们的心理平衡。此时作为投诉接待者最好认真倾听，尽量不插话，绝对不要打断对方的讲话，因为客人在诉说事情经过的同时也是发泄的过程，让客人尽情地倾诉，这对于平息客人的怨气是十分有益的。

③求补偿的心理。客人通过投诉，希望饭店承认自己所说的事实是正确的，并要求给予一个明确的答复，即给予客人一种补偿，包含精神和物质两个方面，具体采用哪方面的补偿或两者兼而有之要看具体情况而定。

掌握客人投诉时的心理需求，目的在于处理客人投诉时更具有针对性和可行性，以便有效解决投诉。

2. 真心诚意听取客人投诉的意见

倾听是一种有效的沟通方式，对待任何一个客人的投诉，接待人员都要保持冷静，认真倾听客人的意见，要表现对客人高度的礼貌和尊重。

（1）保持冷静的态度，设法使客人消气。

（2）同情和理解客人。

（3）对客人的投诉真诚致谢。

3. 做好投诉记录

在认真听取客人投诉的同时要认真做好记录：一方面表示饭店对客人投诉的重视，另一方面也是饭店处理问题的原始依据。记录包括客人投诉的内容、时间、客人的姓名等，尤其是客人投诉的要点、讲到的一些细节，要记录清楚，并适时复述，以缓和客人的情绪。

4. 迅速处理投诉

迅速处理客人投诉，及时采取补救或补偿措施，并征得客人同意。客人投诉最终是为了解决问题。因此对于客人提出的投诉，不要推卸责任，应区别不同情况，积极想办法解决，在征得客人同意后做出恰当处理。

（1）对一些明显属于饭店方面的过错，应马上道歉，在征得客人同意后做出补救处理。

（2）对一些较复杂的问题，不应急于表态或处理。

（3）对一时不能处理好的事情，要注意告诉客人将采取的措施和解决问题的时间。

5. 追踪检查处理结果

主动与客人联系，反馈解决问题的进程及结果。

（1）宾客尚未离店，而且发生的问题比较明了，确实属店方责任，服务人员及主管或经理要当面向客人道歉，并给予一定的补偿，尽量让客人满意。

（2）宾客虽未离店，但发生的问题暂时不能立即做出处理决定，遇到这种情况时，一定要让宾客了解问题解决的进展程度，赢得宾客的谅解，这样可以避免宾客产生其他误会。

（3）宾客已离店，店方要想方设法同宾客取得联系，采取补救方法以挽回影响。如果无法与宾客进行联系，服务人员要将宾客的投诉报告上级并记录在案，制定有效措施防止再发生类似问题。

6. 及时上报，记录存档

把投诉中发现的问题、做出的决定或是难以处理的问题，及时上报主管，征求意见，并将整个处理投诉的过程加以汇总，归类存档。

7. 投诉统计分析

处理完投诉后，前厅人员，尤其是管理人员应对投诉产生的原因及后果进行反思和总结，并进行深入的、有针对性的分析，定期进行统计，从中发现典型问题产生的原因，以便尽快采取相应措施，不断改进和提高服务质量及管理水平。

三、客史档案

客史档案（Guest History Record）又称宾客档案，是饭店在对客服务过程中对客人的消费行为、信用状况、爱好和期望等进行的历史记录。客史档案是促进饭店销售的重要工具，也是饭店经营管理的接待服务工作的一项必要措施。

（一）建立客史档案的意义

加强客史档案的管理对提高对客服务质量，改善饭店经营管理有着重要意义。

1. 有利于为客人提供个性化服务

服务的标准化、规范化是保障饭店对客服务的基础，个性化服务是服务质量的灵魂。建立客史档案有利于饭店了解客人、掌握客人的要求特点，从而便于为客人提供针对性的服务，以提高客人的满意度。

2. 有利于开展促销活动，争取回头客

建立客史档案，不仅能使饭店根据客人的需求，为客人提供针对性、细致入微的服务，而且有助于饭店做好促销工作。如通过客史档案，了解客人的生日、通信方式，与客人经常保持联系，向客人邮寄饭店的宣传资料、生日贺卡等。

3. 有利于提高饭店经营决策的科学性

饭店都有自己的客源市场，通过最大限度地满足目标市场的需要来赢得客人，获取利润。客史档案的建立有助于饭店了解"谁是我们的客人"、"我们的客人需要什么"、"如何才能满足客人的要求"等，从而为饭店做决策打下基础。

************************ **小　资　料** *************************
曼谷东方饭店员工的"特异功能"①

有一次，一位香港客人到曼谷，刚下飞机，酒店机场代表前来迎接。一见面，机场代表就说"×先生，您好！要是我没记错的话，您有一年多没来我们饭店了，是不是我们服务不好，什么地方得罪了您？"他赶紧说："不，不，饭店很好，主要是这段时间在泰国没有业务，来泰国肯定住你们饭店！"

到达饭店以后，从门童到总台接待员，再到客房服务员，见到他都像见到老朋友一样，第一句话都是"×先生，您好！"这一切都令这位香港客人既惊奇又感动，他想：他们怎么都知道我的姓名呢？我多长时间没来酒店他们都知道，但不管怎么说，这一点真令人感到高兴，就像回到家里一样。

****

（二）客史档案的建立

客史档案主要分手工的客史档案卡和计算机客史档案两种形式，客史档案卡（如表5-1所示）是按字母顺序排列的卡片，每张卡片上记录了住店至少一次以上的客人的有关情况。

---

① 徐文苑，严金明. 饭店前厅管理与服务. 北京：清华大学出版社，2004：357

表 5-1   客史档案卡

姓名： 性别：	国籍：
出生日期及地点：	身份证号：
护照签发日期与地点：	护照号：
职业：	职务：
工作单位：	电话：
单位地址：	电话：
家庭地址：	电话：
其他：	

反面

住房序号	房号	房租	抵店日期	离店日期	消费累计	习俗爱好	特殊要求	预订信息	信用卡及账号	投诉内容及处理	备注

完整的客史档案应包括下述内容：

（1）常规档案，包括客人的姓名、性别、年龄、出生日期、婚姻状况以及通信地址、电话号码、公司名称、头衔等，收集和保存这些资料有助于了解目标市场的基本情况，真正明确"谁是我们的客人"。

（2）预订档案，包括客人的订房方式、介绍人、订房的时间、预订的种类、预订单位或个人、联系人等，掌握这些资料有助于饭店选择销售渠道，做好促销工作。

（3）消费档案，包括包价类别、房间号码、支付的房价、餐费以及在其他部门的消费，客人的信用卡、账号、喜欢何种房间和饭店的哪些设施等，从而了解客人的消费水平、支付能力以及消费倾向、信用程度等。

（4）习俗爱好档案。这是客史档案中最重要的内容，包括客人旅行的目的、爱好、生活习惯、宗教信仰和禁忌、住店期间的额外要求等。了解这些有助于为客人提供有针对性的个性化服务。

（5）反馈意见档案，包括客人在店期间的意见、建议；表扬和赞誉；投诉及处理结果等。加强与客人的沟通协调，做好服务工作。

（6）散客档案，包括姓名、性别、出生年月、家庭住址、工作单位及职务、联系方式（包括电话、传真、E-mail 地址等）、消费记录（包括来店次数、消费额、消费特征等）、个人爱好（尤其是与饭店有关的）、对饭店的意见和评价、是否为俱乐部会员或贵宾卡持有者等。

（7）团队档案，包括团队的基本情况，组织单位的基本情况和团队组织负责人的基本情况。团队基本情况的要素为：团队名称、来店次数、累计人数、平均停留时间、人均消费水平、具体要求（包括对会务、用餐、娱乐、客房等方面），对饭店的意见及评价、优惠价格、饭店接待者、是否为协议单位等。组织单位基本情况为单位名称、单位地址、单位联系电话、单位简介、单位域名、单位负责人等。团队组织负责人基本情况可参见散客档案要素。

（三）客史档案的收集途径

1. 散客档案可按以下途径进行收集

（1）总服务台：以入住登记表记录宾客姓名、家庭住址、出生年月、性别、民族、身份证号；通过开展名片收集活动记录宾客的单位名称、单位地址、职务、联系电话、E-mail 和传真号码等；通过账单、预订单建立宾客的消费情况；以退房结账时的问候式的意见征询记录宾客对饭店的总体印象。

（2）大堂副理：以每天的宾客拜访记录宾客对饭店的评价；以处理宾客投诉详细记录宾客投诉的原因及事后态度。

（3）餐饮、康乐、客房等前台服务部门：通过在全体员工中发放宾客"特殊需求记录表"以记录宾客特殊要求；通过管理人员经常与客人的交流以记录宾客的意见；通过账单和预订单建立宾客的消费档案。

（4）饭店还可以通过会员俱乐部申请登记表、贵宾卡申请登记表、金卡宾客登记表等方式，进行散客信息的收集。

2. 团队档案的收集

通过团队接待登记表记录团队名称、人数、在店时间、消费情况、具体要求、价格情况、饭店联络人等内容；通过团队意见征询表可了解团队对饭店的评价和建议；通过团队来店记录表了解团队的来店规律及分析对饭店的满意程度等情况；通过公司宣传册、公司网站等载体了解团队组织单位的基本情况。团队组织负责人的情况可按散客档案内容和收集方法进行收集。

（四）建立客史档案的管理体制

客史档案的管理必须得到饭店管理人员的重视和支持，并将其纳入相关部门和人员的岗位职责内，使之制度化、规范化。

（1）建立对宾客配合的奖励制度。如可在总台开展的名片收集活动中，每隔一月进行名片抽奖，中奖者可免费获客房一间；向接受意见征询并提出宝贵意见的宾客赠送小礼品等。

（2）建立对员工参与的奖励与考核制度。如规定总台员工每周必须上交一条有效的宾客信息，作为对员工日常工作的考评内容之一，并作出相应的奖惩。

（3）建立管理者拜访宾客制度和团队接待意见的征询制度。

（4）建立客人档案工作的职责制度和检查制度。

（5）对收集者、整理者、取用者都制定明确的操作要求、职责说明，以确保客史档案建设的顺畅和内容规范，真正发挥其作用。

【案例评析】

知己知彼——设立客户档案卡

庄学忠先生是南洋商贸公司的总裁，因为业务关系，他经常到苏州出差，每次到苏州，他必定下榻蓝天大酒店。这一点颇令他的朋友们纳闷，凭庄先生的财力和身份，完全可以入住五星级高档酒店，为何独钟爱三星级的蓝天。其实庄先生只是蓝天庞大的客户网络中的一员。自5年前开业至今，几乎每一个入住过蓝天的顾客都很快成为蓝天的忠实拥护者。庄先生预备来苏州时，一个预订电话，报上姓名，一切手续就已安排妥当，而且还会有意想不到的特殊安排在等候着他。蓝天大酒店的奇特现象引起了人们的关注，作为苏州酒店行业的佼佼者，其成功的奥妙何在呢？

蓝天大酒店的营销总监梁先生为公众揭开了谜底：顾客是酒店的客户，也是活生生的有七情六欲的人。饭店与客人之间不能仅仅只是一种商业交往的经营行为，更重要的是人与人之间的情感沟通，要真正做到"宾至如归"，必须对客人的嗜好、习惯、消费需求等特殊的个性化信息了如指掌，在此基础上提供的产品和服务就有明显的针对性，从而获得顾客的好感。每一个入住蓝天的客人，尤其是那些入住多次的熟客，在营销部都有一份详细的资料档案卡。上面记载着顾客的国籍、职业、地址、特别要求、个人爱好、喜欢什么样的娱乐活动、饮食的口味和最喜欢的菜肴、酒水等。对于入住频繁的客户，甚至连他喜欢什么样的香波、摆什么样的花、看什么报纸都有专门记载。

新加坡的庄先生是酒店的老客户，每次他预订房间后，饭店就根据他的资料卡显示的情况，为他安排靠近西村公园的房间，号码是他的幸运数"16"；再在房间里摆上总经理亲笔签名的欢迎信；旁边摆放他最喜欢的康乃馨鲜花篮。庄先生听力不好，电话铃声需调大，卫生间里换上茉莉花型的沐浴液，浴巾要加大型的。庄先生是一个保龄球迷，每逢酒店有保龄球晚会，千万别忘了通知他一声。

对客人的情况搜集，来源于全体员工细致入微的服务。例如：服务员发现某人特别喜欢吃桂林腐乳，就将这个信息传递给营销部，存入资料库。下次该客人再来时计算机里便会显示这一点，餐厅就可以迅速作出反应。所有这些，都无需客人特别叮嘱，当他再次光临时，他便能惊喜地发现，怎么蓝天这么神通，什么都替他想到了。久而久之，他也就成了酒店的常客。①

点评：抓住回头客是酒店营销的黄金法则，拥有大量忠诚的客户是酒店追求的目标。但在吸引回头客的过程中，不同的酒店有着不同的手法，有的拼命给客户打折，有的则给客人发 VIP 卡，老客户改投他店的事例多不胜数，而蓝天大酒店的方法则似乎棋高一着，颇有借鉴价值。

【课堂讨论题】

1. 如何才能达到沟通协调的目的？
2. 应如何建立宾客关系？

【复习思考题】

1. 沟通协调的原则是什么？
2. 预订处与接待处是如何沟通协调的？
3. 如何看待客人的投诉？
4. 客人投诉的方式有哪些？
5. 产生客人投诉的原因是什么？
6. 如何处理客人的投诉？
7. 客史档案包括哪些内容？

【实训题】

到饭店了解一下客史档案是如何收集的？作用有多大？

---

① 徐文苑，严金明. 饭店前厅管理与服务. 北京：清华大学出版社，2004：356

第六章
客房部概述

第一节　客房部的地位与作用及主要任务

客房部又称管家部（House Keeping），是现代饭店一个重要的职能部门，组织生产客房产品，为客人住宿提供优质服务。它是旅途客人的"家外之家"，是饭店重要的经济来源。

一、客房部的地位和作用

（一）客房是饭店的基本设施和主体部分

饭店是以建筑物为依托，通过向客人提供住宿、饮食、康体、娱乐等服务产品而取得经营收入的服务性企业。从建筑面积看，我国饭店客房的建筑面积一般占饭店总体建筑面积的70%左右。同时，饭店规模的大小一般是由客房的数量来决定的；饭店的综合服务设施数量往往也是由客房数量来决定的；再从整个饭店的人力资源配备来看，饭店的人员编制也是以客房数量为依据的，即每间客房需配 1.2 ~ 1.5 人，因此，客房是饭店的基本设施和主体部分。

（二）客房收入是饭店经济收入的主要来源

从整个经营收入来看，饭店主要有三个方面的来源：客房收入；餐饮收入；综合服务设施收入。其中，客房租金收入是饭店收入的主要来源。据《2005 年中国饭店业务统计》，相对于经历 2003 年的"非典"而言，2004 年，五星级饭店的平均房价达到了人民币 746 元，四星级饭店为人民币 395 元，三星级饭店为人民币 234 元。就住宿率而言，五星级饭店恢复到 66.6%，四星级和三星级饭店分别达到 70.4% 和 66.2%。五星级饭店中，客房仍然是饭店整体收益最高的部门，占饭店总收入的 55%，而其支出仅占总支出的 11%；餐饮部门收入占总收入的 35%，支出占总支出的 22%。

从世界范围来看，我国饭店业正处在发展阶段，比起饭店业发达国家还较落后，无论是经营项目，还是综合服务都较少。在此情况下，客房收入在饭店营业总收入中大多超过 60%，有的甚至超过 70% 和 80%。从利润的角度分析，因为客房经营成本比餐饮部、娱乐部、商品部等都要小；另外，饭店客房出租率越高，就越能带动餐饮部、娱乐部、商品部等其他部门产品的销售，所以说客房利润也是饭店利润的主要来源。

（三）客房服务产品质量是衡量饭店产品质量的重要标志

饭店是旅游者在旅途中的"家"，那么，客房则是客人在这个"家"中停留时间最长的地方。客人住店期间，除了进餐、娱乐、购物之外，绝大多数时间是逗留在房间里，如休息、看电视、听音乐、会客、谈生意等。因此客房内设施是否完好，物品配备是否齐全，客房服务是否周到，直接关系到客人对整个饭店的总体评价和印象。正如卡尔·埃托尔（著名的"科罗拉多温泉"布罗得穆尔饭店董事长兼总经理）所认为的的："饭店高水平的标志就是高质量的客房服务。"

（四）客房管理水平是饭店提高声誉的重要条件

客房部是饭店重要的职能部门之一，无论是从饭店的基本设施设备来讲，还是从饭店客房管理中直接关联到的部门来看（前厅部、洗衣房等），客房部从设施设备到人员配置都是最庞大的。在生产、销售客房产品的过程中，任何一个岗位，任何一个环节出现瑕疵，都可能引起客人的投诉，进而影响到饭店的声誉。

二、客房部的主要任务

简而言之，客房部的主要任务就是为客人创造良好的住宿环境。具体来说有以下几点：

（1）向客人提供热情、周到而有礼貌的服务。

（2）保持客房干净、整洁、舒适。

（3）确保客房设施设备处于良好的工作状态。

（4）保障饭店及客人生命和财产的安全。

（5）负责饭店布草、客衣及员工制服的洗涤和保管工作。

（6）建设好员工队伍。

（7）管理好饭店的固定资产，减少消耗、节约成本。

对饭店而言，一般固定资产占总资产的 80%～90%。其中，客房部所辖范围内占有大部分，如客房楼层部分、物品配备、家具及公共部分设施设备等。客房部有责任管理好这些资产，尽可能延长资产的保值期。客房部在能源（水、电等）、低值易耗品及各类物料用品等方面，日常消耗较大。客房部是否重视开源节流，是否加强成本管理，对饭店能否降低成本起到非常重要的作用。

第二节 客房商品的特性

饭店是向旅行者及公众提供以住宿、饮食、康体、娱乐、购物、洗衣等项目的服务性企业，其中，客房是饭店经营的主要商品。与其他商品比较，客房商品有其自身的特点，只有充分认识到客房商品与其他工商企业商品的不同之处，才能在客房经营中实行具有针对性的有效管理。具体来说，客房商品有以下几个特点。

一、有形设施与无形服务的统一性

有形设施指的是客房向入住客人提供的设备、用品等看得见、摸得着的物质产品，如客房内的床、地毯、电视、音响、卫生间等"硬件"设施。客房有了这些有形设施还不能称其为客房商品，必须配以无形的服务。无形服务指的是客房服务与管理人员在客人入住期间按程序为客人所做的一系列具体服务。这里既包括生活上的服务，又包括精神上的服务，也就是说，既要让入住客得到物质上的享受，还要让客人在接受具体的服务中得到精神上的愉悦，这才是真正意义上的现代饭店客房商品。

二、生产过程与消费过程的同步性

一般说来，饭店客房商品的生产与消费是同步进行的，即在客人的直接参与下，商品的生产与消费几乎是同生同灭的。当客人进入客房，开始享用各种设施、设备和用品，接受服务人员提供的各种服务的同时，也就意味着客房商品生产和消费的开始，当客人结账退房，客房商品的生产过程终结，消费过程也随之结束。在这里，客房商品的生产与消费是一个过程的两个方面，中间没有流通环节，这就要求客房商品的合格率要达到百分之百。一旦出现不合格商品，客人就无法"退货"，即便是服务人员做了大量的补救工作，但商品不合格的坏印象在客人的脑海中无法抹去。

三、商品价值的不可储存性

由于客房商品生产与消费的同步性，也就导致客房商品价值的不可储存。客人购买客房商品，简单地说就是在一定的时间（租住期）、租用一定空间（客房）、使用一定的设施（房间设备）、享受相应的服务（客房服务）。实质上，客人的所有权并没有转变，客人也不可能将客房带走，客人所购买到的只是一定时间内对客房的使用权。如果没有客人入住，客房商品就无法实现其自身价值。客房商品是"高度易腐商品"，它的生命周期只有24小时，这就要求商品的生产与销售必须在有效价值的时间内，及时地将客房商品销售出去。

四、商品销售的季节性

客房商品同其他旅游产品一样，受季节、气候等自然条件和各国的休假制度、经济状况、政治风波等因素影响较大。因此，客房商品的生产销售具有明显的季节性。旺季的时候，尤其是旅游热点城市的饭店客房常常是爆满，有的饭店客房出租率甚至超过了百分之百。比如近几年我国实行了五一、十一带薪长假制度，饭店客房就常常爆满。然而到了淡季，开房率降至很低，尤其是圣诞节和春节期间，凡能回家的欧美客人或中国客人，都回去和家人团聚。有的饭店不得不关闭一些楼层，以降低成本开支。对此，饭店的经营者们就需要积极采取有针对性的措施。

五、生产者与消费者互动感受性

普通商品的生产者与消费者是不直接见面的，也就是说生产者的喜怒哀乐是不会影响到消费者的。客房商品则不同，即使客房的"硬件"设施很好，服务人员都按操作程序、规范标准进行作业，倘若服务人员的态度不够热情，微笑缺少诚恳，这完全有可能招致客人投诉；反之，客人由于种种原因对服务人员粗鲁无礼，甚至出言不逊伤害服务人员，这也会极大地挫伤服务人员的工作热情。这就要求客房商品的生产者即服务人员自始至终以积极、乐观、良好的心态投入到对客服务当中去，用自己的好心情去引导、感染客人的心情。

客房商品的感受性还包括消费者在对商品质量评价时具有很强的主观感受性。同样的客房商品，由于消费者的职业、生活阅历、文化程度等不同的因素，就有可能得出相差甚远的评价。例如，国内一家由喜来登饭店集团管理的五星级饭店，在接待一位国内大学教授后收到投诉说："收那么贵的房费，客房里居然没有开水。"原来该饭店主要以接待欧美旅游者和商务客人为主，房间每天都备有新鲜的冰水，如果客人想喝开水，则需自己动手用房间配备的电热杯烧，这样能保证客人随时喝到新鲜的开水。"喜来登"是世界饭店业著名的品牌，其高品质的服务受到人们的认可，但由于生活习惯的不同，客房没备开水却遭到中国客人的投诉。再如某饭店客房实施"三到"服务，即客人进到房间后，服务员马上送上热茶。这项服务受到国内客人，尤其是年长客人的赞扬；然而，却遭到了欧美客人的拒绝，原由是欧美客人喜欢饮冰水。认为多人共用毛巾擦手和脸很不卫生。客房商品质量的好坏很大程度上是以客人的主观感受为主，这就要求客房服务与管理人员在规范服务的基础上，更要针对不同的服务对象进行灵活服务。

第三节　客房部与其他部门的沟通

客房部要生产出高质量的服务产品，必须得到饭店其他部门的合作与支持。做好客房部与饭店其他部门的沟通与协调工作是提高客房部服务质量的重要保证。

一、与前厅部的沟通与协调

客房部与前厅部的关系最为密切，很多饭店的前厅部与客房部是合二为一的，因此，这两个部门之间的信息沟通最为频繁，联系也最多。

（1）前厅部应将客人的入住信息及时、准确地通知客房部，以便客房服务员随时掌握房态，并对入住的客人做到"七知三了解"（知客人到店时间、人数、国籍、身份、接待单位、客人要求和收费办法，了解客人的宗教信仰和风俗习惯、生活特点和活动日程安排以及离店时间），从而为客人提供针对性的服务。

（2）前厅应将客人的换房、离店等信息及时通知客房部，而客房服务员则应在客人离店时，及时检查客房，并将结果立即通知前台。

（3）客房部应将客房的实际使用状况通知总台，以便核对和控制房态。

（4）客房部应在最短的时间将走客房清洁完毕，并通过电话或电脑尽快向前台报告房态，以便提高饭店客房的利用率。

（5）根据前厅部提供的客情预报，安排客房的维修和定期清洁计划，并做好人员的安排。

二、与公关销售部的沟通与协调

客房的销售工作人人有责，尤其是客房部员工更是如此。客房部必须协助销售部做好客房的各项销售工作，包括带客人参观客房等。当然，公关销售部也应主动与客房部做好沟通，否则，会影响客房部的工作，甚至影响对客人的服务质量。比如，有一家酒店的公关小姐带着旅行社订房人员参观客房，她只从总台领了房间钥匙便带客人入房参观，而没有向客房部打招呼，总台服务员也没有将这一情况通知客房部。结果，这间客房被参观的人弄得一团糟，对此，客房部自然一无所知，所以也不会去重新整理，而总台电脑仍显示这间客房是已整理好的"Ready"房。第二天前台又将这间客房出租给新来的客人，结果，客人见此情况，大为恼火。

三、与餐饮部的沟通与协调

（1）客房部负责所有餐厅的地面清洁（厨房除外）、餐巾清洗、员工制服更换清洗及式样设计。客房管理人员就必须与餐饮部管理人员进行协调，处理好内部的关系。

（2）协助客房餐饮服务组，收集房间内的饮食餐具及餐车。

（3）客房部每天清点房间"迷你吧"（Mini-bar）的酒水数量，由饮食部食品仓库添补酒水。

（4）为 VIP 提供的水果和蛋糕等，由餐饮部负责送到楼层。

四、与采购部的沟通与协调

客房部客房内的一切生活用品和清洁用品，都是由采购部负责采购的。

因此，采购部和客房部之间要相互经常传递信息，务求以最低的价格购入最适合的物品。为此，客房部应提出采购计划，明确采购物品的规格、质量、数量，经核准后，由采购部负责办理。

五、与洗衣部的沟通与协调

任何布草、员工制服和住客的衣物等，均由洗衣部负责洗涤。在大部分饭店里，客人的衣物由洗衣部员工上楼层收集和送回，楼层服务员应主动协助做好此类工作。在一些酒店，洗衣部是由客房部管理的。

六、与财会部的沟通与协调

财会部负责客房部有关账单及存货（如家具、用具、酒水、低值易耗品等）的核对，并负责客房部员工薪金的核算与发放工作；客房部在制定房务预算时，也应得到财会部的协助与认可。

七、与人力资源部的沟通与协调

客房部应协助人力资源部做好客房部员工的招聘、安排与培训工作，只有这样，才能确保和提高客房的服务质量。

（1）向人力资源部提供人才的需求信息（包括需求数量和要求等）。

（2）向人力资源部提出员工的培训需求。

（3）积极支持和落实人力资源部的各项培训计划。

八、与工程部的沟通与协调

（1）客房部负责客房设施设备的日常保养工作，工程部主要负责客房设备的维修工作。

（2）客房部要及时向维修部提供客房设备的维修信息（填写"维修通知单"的方式），并为维修人员进入客房进行工作提供方便。

（3）向工程部提供客情预报，以便工程部对客房进行修理。

（4）封闭房间以便工程部进行保养修理。

（5）工程部维修时，做好各项配合工作。

九、与保安部的沟通与协调

（1）协助并提供住客资料，以防止闲杂人员混入饭店。

（2）保安人员要监督员工的行为，如规定员工上下班打卡，要求走员工通道等。

（3）协助保安部帮助客人找回失物。

（4）保安部还须对安全通道、员工工作地点的安全及客人的安全负责。

（5）请保安部对客房部员工进行培训，讲授客房消防及安全保卫知识。

（6）客房管理人员要与保安部负责人定期碰面，研究加强客房保安工作的措施。

第四节　客房种类及房间布置

客房种类及房间布置的分类方法很多，不同的分类方法划出的类别不同，有按房间配备床的种类和数量划分，有按经济等级划分，有按房间所处的位置划分等。饭店为吸引不同的消费层次、不同的消费需求的客人，而将客房分为不同种类、价格有高有低的产品。按国际标准，双人标准间的建筑面积，在中、低档饭店为 $25m^2$，在中档偏上饭店为 $36m^2$，在豪华饭店为 $47m^2$。综合起来，饭店客房种类（Guestroom Types）的划分主要有以下几种划分方法。

一、客房的传统类型

（一）按房间及床位划分

1. 单人间（Single Room）

单人间又称单人客房，房内配一张单人床，有独立的卫生间，适合于单身客人使用。由于单人间隐私性较强，近几年颇受旅游者的欢迎。现在，有些饭店将单人间加以精心装饰布置，在用品配备上也较讲究，称为"商务单间"，面向商务客人推出。

2. 大床间（Double Room）

房内配一张双人床的客房叫大床间。这种客房适用于夫妻旅行者同住，也适合单身旅行者。如是新婚夫妇入住，则称为"蜜月客房"。许多饭店将大床间增设了先进办公通信设备，开辟商务楼层，以此来招徕消费较高的商务客人，特别是在接待以商务客人为主的饭店，大床间占客房比例逐渐增加，多者可占总数的 50%~60%。

3. 双床间（Two-Bed Room）

客房部为满足不同层次客人的需求，往往把双床间再细分为 4 种。

（1）标准间（Standard Room 或 Twin Room），即房内配两张单人床，中间以多功能床头柜隔开，可供两位客人居住，适用于旅游团队、会议团体，也可以出租给一位客人使用。这类房间经济实用，是目前饭店尤其是旅游饭店客房数中占绝大部分的客房。

（2）配单双两便床（Holly Wood Bed），即一个床头板连接两张单人床，既可独立作两张单人床使用，又可合并作为双人床使用，这种客房与大床间基本相同，主要供夫妇使用，又比大床间灵活。

（3）配两张双人床（Double-Double Room）。可供两个单身旅游者居住，也可供夫妇或家庭旅行客人居住，这种客房的面积比普通标准间稍大。

（4）配一张双人床，一张单人床（Double-Single Room），或配一张大号双人床，一张普通双人床（Queen-Double Room）。这类房主要是为满足家庭旅游客人的需要。

4. 三人间（Triple Room）

配三张单人床的房间叫三人间，属经济档客房，一、二星级饭店相对设置稍多，高星级饭店设置较少，甚至不设，如有 3 人要求同住一间客房时，可采用在标准间内临时加一张折叠床的方法。

5. 套间（Suite Room）

套间也有多种类型，用以满足不同层次宾客的要求。

（1）普通套间（Junior Suite 或 Standard Suite）。通常是连通的两个房间，称双套间或双连客房，一间用做卧室（Bed Room），另一间用做起居室（Living Room）。卧室中配一张大床或两张单人床，并带有卫生间。起居室用以会客、办公，也附有一个小卫生间，可不设浴缸。用三个连通的房组成的套间称为三套间，其功能与双套间相仿，只是将会客与办公分开。

（2）立体套间（Duplex Suite），也称双层套间，是一种两层楼套间，由楼上、楼下两层组成，楼下为起居室，楼上为卧室，从起居室到卧室有屋内小楼梯连接。这类房间适合带小孩的家庭使用，小孩可睡在楼下沙发床上，大人睡在楼上；商务客人往往也喜欢入住这类房型，因为楼下可用做办公和接待客人用，楼上用来休息。

（3）豪华套间（Deluxe Suite）。豪华套间与普通套间相似，只是面积比普通套间大，室内陈设布局及用品更为华丽精致，注重房间气氛，可以是双套间，也可以是三套间。室内设备齐全，分为卧室、客厅、会议室、餐厅、厨房等。卧室内通常配备大号双人床或特大号双人床。

（4）总统套间（Presidential Suite）。总统套间也称总统房，通常由 5 个以上房间组成,是饭店内最为豪华高档的客房。除了用以接待"总统"等国内外重要宾客外,普通客人也可以入住。总统卧室和总统夫人卧室分开,卫生间分用,卧室内分别设有帝王床(King Size)和皇后床(Queen Size)。套间拥有客厅、书房、会议室、娱乐室、随员室、警卫室、餐室、酒吧间以及厨房等设施。室内装饰布置极尽华丽,设备用品极为考究。总统套间有西式风格也有中式风格,其主要目的就是要提高饭店的知名度和饭店档次。

(二)按房间在饭店所处位置划分

(1)外景房(Outside Room)。房间的窗户朝向饭店的外部景观,如朝向街道、江河、湖泊、大海、高山、公园等。

(2)内景房(Inside Room)。房间的窗户朝向饭店的内部庭院,如朝向停车场,员工活动区等。

(3)角房(Corner Room)。房间位于走廊过道尽头或拐角处的客房。

(4)相邻房(Adjoining Room)。室外两门毗连而室内无门相通的客房。

(5)连通房(Connecting Room)。隔墙有门连接的客房。

(三)按房间经济等级划分

(1)经济间。

(2)标准间。

(3)豪华间。

*********************** 小 知 识① ***********************

不同国家和地区的客房分类方法不尽相同。以美国希尔顿饭店为例,它通常标明的房间种类是:

金房间:超豪华型,房价最高,房间大,主要提供给那些重要宾客和款待老主顾;

红房间:质量同上,但是房间小些;

蓝房间:称为多用途房间,一般有一张沙发床;

黑房间:非豪华型底层楼面房间,卫生间较小,但实惠,颇受旅行者和大型团体旅客的欢迎。

****

---

① 邓兰珍.客房服务.北京:中国劳动社会保障出版社,2001:129-136

二、客房的主题风格类型

（一）以客人年龄、性别等为主题分类

1. 老年人客房

现在世界人口普遍向老龄化发展，老年人旅游市场即"银发市场"，正成为世界旅游市场广泛关注的一个特定的细分市场。由于老年人比上班族更有空闲时间，在饭店内滞留的时间相对较长，消费大多在店内满足，因此"银发市场"已成为饭店新的竞争热点。老年人客房在设施上应从老年人的健康出发，突出方便、安全等特点，在客房服务上应突出人情味、亲切感，提供按铃召唤服务、面对面的服务。

2. 女性客房

女性客人在饭店客源中占有愈来愈大的份额，美国30年前商务旅行者中女性仅占1%，现在将近40%。如何满足女性客人的需要，是饭店业一个很现实的课题。女性商务者最需要的是安全、健康和能妥善安排孩童。目前，美国约有19%的商务旅行者携带孩子，因此要提供相应服务，如孩童照管及食品选择、儿童录像带租用。另外，女性客房的附属设施需丰富多彩，包括吹风机、熨斗和熨衣板，浴室中要设有方便化妆的大平台、大晾衣架、落地镜、留言电话等。一些饭店针对这种特点，专门设计了为女性准备的客房。女性客房的装饰一般富于浪漫情调，气氛温馨雅致，充满女性气息，酒店甚至还需提供美容美发及各种保健咨询，提供出游的最佳方案等。

3. 儿童、家庭客房

随着收入水平的提高、消费观念的更新尤其带薪假日的增多，越来越多的家庭走进了饭店，儿童市场及家庭市场已成为饭店业促销的新目标。面向儿童与家庭的客房应注意在设施设备上富有针对性、安全性，并注意营造温馨的家庭氛围。这在国外的一些饭店做的比较好。

（二）以民族地域文化风格为主题分类

1. 中式古典风格客房

中式古典风格客房可以有两种方式进行布置：一种是室内的部分装饰具有中式特点，例如运用中国画、中国民间工艺、传统家具等进行布置；另一种是采用典型的中国传统风格布置。

2. 欧式风格客房

欧式风格包括英式、法式、意大利式等风格，而各个国家的风格又因不同时代、不同流派而有不同的特点。

3. 和式风格客房

和式风格客房是迎合部分客人对日本传统文化、民俗的兴趣，吸取日本传统民居的特点而设计的客房。

4. 现代主义风格客房

现代主义产生于 20 世纪二三十年代，其特征是利用现代工业和科技发展的成果，使建筑和室内陈设尽可能符合人们的活动需要。

（三）以植物花卉或动物为主题分类

（1）以竹、藤等天然材料为主题。

（2）以蝴蝶等观赏动物为主题。

（3）以花卉为主题。

（四）以某种特定环境为主题分类

现代人喜欢猎奇，在旅行中渴望经历一些从未经历过的事物，渴望处于一种奇特的环境之中。以某种特定环境为主题的客房，使寻求刺激的客人得到满足。

1. 监狱客房

在国外有这类监狱客房，一切按照监狱的式样进行布置，客人在此住宿，换上统一的囚服，进房间后不能随意进出，由身着制服的服务员送来三餐。愿意购买这份新奇的客人很多，以至于入住需要事先预订。

2. 梦幻主题客房

梦幻主题客房就是通过空间、光线、色彩的艺术处理，让客人可以随意畅想，犹如身处梦幻世界。

3. 海底世界主题客房

这种主题客房就是以海底世界的特殊氛围吸引客人。

4. 太空主题客房

太空主题客房形似太空船，整体的布置效果使人入住后感到正在乘着飞船在太空翱翔。

三、客房布置及用品

客房是宾客住店期间的主要活动地方，根据宾客的生活规律，饭店客房设计布置上分为五大功能区，即睡眠休息区、起居会客区、书写办公区、储存物品区和盥洗区（见表 6-1、图 6-1 所示）。

除此以外，有些饭店还配有防滑扶手、晾衣绳等。

饭店客房设备物品包括布草类、家具类、电器类、低值易耗物品及日常用品等，如何进行配置应与饭店的档次相对应。

表 6-1   客房 5 大功能区域

功能区域	设　　　备
睡眠休息区	床（Bed） 床头柜（Night Table） 床头灯（Wall Lamp）
起居会客区	茶几（Tea Table） 扶手椅（Arm Chair）或沙发（Sofa） 落地灯（Standing Lamp）
书写办公区	写字台（Writing Desk） 椅子（Chair） 台灯（Desk Lamp） 电视机（TV set） 电冰箱（Fridge） 电话（Telephone） 电热水杯
储存物品区	行李架（Luggage Rack） 壁柜（Closet）
盥洗区	浴缸（Bath Tub） 淋浴器（Shower） 淋浴帘（Shower Curtain） 洗脸盆（Sink） 镜子（Mirror） 毛巾架（Towel Rack） 电源插座（Socket）（110V/220V） 马桶（Toilet） 电话机（Telephone）

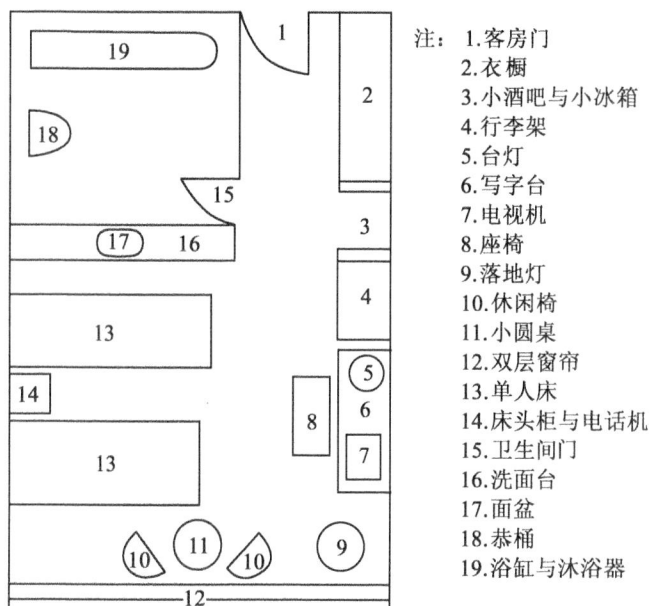

注：1.客房门
　　2.衣橱
　　3.小酒吧与小冰箱
　　4.行李架
　　5.台灯
　　6.写字台
　　7.电视机
　　8.座椅
　　9.落地灯
　　10.休闲椅
　　11.小圆桌
　　12.双层窗帘
　　13.单人床
　　14.床头柜与电话机
　　15.卫生间门
　　16.洗面台
　　17.面盆
　　18.恭桶
　　19.浴缸与沐浴器

图 6-1　客房设备及布局

第五节　绿　色　客　房

一、"绿色饭店"的发展

（一）"绿色饭店"产生的背景

在第二次世界大战后的 20 多年中，世界环境发生了重大的变化，人类面临着一系列生存危机的挑战。1972 年联合国发表了《人类环境宣言》，向全世界宣告："现在已达到历史上这样一个时刻：我们在决定世界各地的行动的时刻，必须更加谨慎地考虑它们对环境产生的后果。由于无知和不关心，我们可能给我们的生活和幸福所依靠的地球造成巨大的无法挽回的损害。反之，有了比较充分的认识，采取比较明智的行动，我们就可能使我们自己和我们的后代，在一个比较符合人类需要和希望的环境中，过着较好的生活。"

20 世纪 80 年代末期，欧洲的一些饭店意识到饭店对环境保护的作用，逐步开展了饭店环境的管理工作，建立了自己的环境标准。1991 年"威尔

141

士王子商业领导论坛"创立了"国际旅馆环境倡议"机构，该机构是由 11 个饭店管理集团组成的一个委员会，由英国查尔斯王子任主席。1993 年查尔斯王子倡议召开了旅馆环境保护国际协议，通过了由 11 个饭店管理集团签署的倡议。这次会议标志着饭店环境管理发展到一个新的阶段。环境管理不再是一家饭店、一个集团的行为，而是世界饭店行业的行为。随后，来自广大国际饭店连锁组织的资深人士共同倡议成立了非赢利的组织——国际饭店环境管理协会。它的宗旨是以 ISO14000 环境管理系列标准为依据，帮助所有饭店加强对环境的重视与管理，并保持饭店行业在国际环境保护方面的重要地位。同时世界旅游组织"可持续发展委员会"已在全世界饭店行业推行"持久旅游证书"（又称"绿色图章"），规定宾馆饭店在诸多方面需符合环境保护和生物多样化的要求。获得此证书的饭店其等级和名望将得到更好的认可。

20 世纪 90 年代中期，绿色饭店的理念传入中国，北京、上海等大都市的外资、合资饭店开始实施绿色行动，其他饭店随后也加入其中，但这一阶段各饭店大多局限于降低物质消耗和减少固体废弃物。1999 年浙江省旅游局、浙江省计划与经济委员会、浙江省环保局共同发起在省内开展创建"绿色饭店"的活动，这是国内首次在全省行业内开展创建绿色饭店的活动，这一活动得到了广泛的响应。2000 年 6 月 5 日，浙江省评出首批"绿色饭店"。此后全国各地饭店纷纷响应，开始实施绿色饭店活动。

绿色饭店是一种新的理念，至今尚没有一个被广泛认同的定义，"绿色"一词通常用来比喻"环境保护"、"回归自然"等，只是能够比较直观形象地将饭店与环保、饭店与可持续发展的概念联系起来。实际上，绿色饭店是一种方向和目标，它要求饭店将环境管理融入饭店经营管理之中，以环境保护为出发点，合理利用资源，提供符合人体安全、健康要求的产品，引导公众的"绿色"消费意识和环保意识。

********************** 小 知 识 ***********************

绿色饭店的标志 H 有什么意义？

图案外形为"C"，代表中国"China"，"C"用银杏叶围成，银杏树是世界上最古老的树种，有"植物界的活化石"之称，代表着生生不息的绿色与生命，中间"H"代表酒店"Hotel"。

****

（二）创建"绿色饭店"的基本要求

创建"绿色饭店"需遵循以下几点基本要求。

1. 建设饭店时力求对环境的破坏最小

饭店建设之前必须经过科学的论证，例如如何使用土地、绿地、森林、水体，注意建筑风格对自然景观的影响、废弃物排放对生态环境的影响等。应合理规划与设计，充分利用自然资源，最大限度地减少人为的影响和破坏，把周围环境质量损失降至最低点。

2. 把饭店设备运行对环境的影响减至最小

饭店设备运行对环境的破坏主要表现为两个方面：一是设备消耗的能源，二是生产过程中产生的"三废"污染。饭店在设计建造时应选择节能设备，减少对能源的使用及由此带来的污染，饭店还应合理调配和正确运作设备，提高设备的运行效率，减少对外界环境的排放。

3. 将饭店的物质消费降到最低

任何商品的生产经营都离不开对物资的消耗，饭店的生产经营也不例外，饭店生产过程中也会排放废弃物，尤其是固体废弃物数量会迅速增加而影响环境；顾客的消费过程以及对顾客的服务过程也会大量消耗物资。因此，饭店要减少浪费，减少固体废弃物的排放，尽可能地实现物资的回收循环利用，并以此带动全社会对物资回收再利用的实现。

4. 向顾客提供满足人体健康要求的产品

饭店是一个向人们提供住宿、饮食、休闲、娱乐等多功能性质的场所。饭店前厅、客房、餐厅、康娱等场所的空气质量直接关系到人们的健康。因此，饭店应确保室内外环境符合安全卫生的标准，并努力开发各种环保型产品、绿色产品以满足顾客的需要。

5. 积极参加社会环境保护活动

人类赖以生存的地球只有一个，现代文明赖以发展的资源是有限的（如煤炭、石油、水等）。每一个人、每一个企业的存在都会不同程度地影响着环境，所以每个人、每个企业都有义务为环境保护作出贡献，环境保护工作是一项全社会的工作。具体来说，饭店参与社会环境保护活动表现在以下几个方面。

（1）严格执行国家颁布的各项环保法规；

（2）积极配合政府进行各项环境的整治工作；

（3）主动为社区环境保护作贡献。

绿色饭店有没有国家统一的标准？

有。中华人民共和国国家经贸委 2002 年 12 月 25 日颁布了由中国饭店协会起草的《中华人民共和国商业行业标准——绿色饭店等级评定规定》，这个标准对绿色饭店的管理和评定条件做了具体的规定，并于 2003 年 3 月 1 日开始实施。

二、"绿色客房"

(一)"绿色客房"的含义

"绿色客房"是"绿色饭店"的重要组成部分，它是指饭店客房产品在满足客人健康要求的前提下，在生产和服务的过程中，对环境影响最小，对物资消耗最低的环保型客房。"绿色客房"是 21 世纪人们追求回归自然的必然结果。

(二)创建"绿色客房"的基本要求

开设"绿色客房"是一项持久的、任重而道远的工作，客房部的员工要从观念上改变，在具体的细节上体现出"绿色客房"的价值。一般来讲，创建"绿色客房"应做好以下几个方面的工作。

1. 提高客房的空气质量

饭店是封闭式建筑，客房内的新鲜空气主要是由饭店的通风系统进行输送，有些老饭店改造、安装中央空调系统时，没有设计通风系统；有些饭店虽有通风系统，但为了"节约用电"而不正常运行，致使客房内空气洁净度不符合要求，这与"绿色客房"活动的宗旨背道而驰。

2. 降低客房噪音

现代医学证明，噪音不但会破坏人体内生物钟的正常运转，而且严重影响人的身心健康。但有些饭店，包括一些高星级饭店的客房缺少安静的环境，其主要原因有两个方面：一个是室外噪声严重超标，这就要求饭店在设计时采取必要的措施，如采用隔音建筑材料、隔音窗帘等；另一个是客房内噪声超标，如机盘、换气扇、电冰箱等也会发出噪声。饭店的经营管理者应重视这些有害的环境因素，并要积极创造条件加以改进。

3. 客房照明

许多饭店标准客房的照明存在两个方面的问题：一是混合照明亮度不够，例如一般照明通常由局部照明的灯具承担，像落地灯、镜前灯、台灯等，因此造成房间内的混合照明度过低；二是床头灯的设计不符合要求，床头灯的功能既要方便靠在床头的客人看书，又要不影响另一床客人的睡眼休息，所以，床头灯应安装成可以调节照射方向和亮度的射灯。

4. 提高饮用水质量

许多饭店开始关注住店客人的饮用水水质，饭店购进瓶装矿泉水或纯净水，这种方法成本较高，对客人来讲也不算方便，而更有效的方法则是饭店自行安装净水系统。

5. 减少对资源的消耗

在保证客房产品质量的前提下，尽可能减少对资源的消耗。例如许多饭店的客房不管房内有无客人，都将空调开着，这无疑是对资源的一种浪费。对已住人的客房，应在客人外出时将空调关闭，客人回来前或回房间时再将空调打开。而且，客房内可以事先放置一张环保卡（如表6-2所示）以提醒客人。此外，饭店还应采用高科技含量的节能型洁具，如卫生间抽水马桶，应使用每次冲洗用水量较少的产品。我国已生产出节水型抽水马桶，每次的用水量只需4.5~5L，原有的9L型基本上被淘汰。在德国甚至已推出每次用水量只需1L的抽水马桶，这对于我国大部分缺水的地区来说更应引起注意。

表6-2　　　　　　　　　　　环保卡（正面）

Using my linens twice is just as nice

图片

Sheets are customarily changed daily, but if you feel it is unnecessary, please leave this card on your pillow on the morning and your sheet will not be changed that day.

通常我们每天都对顾客的被单进行换洗，如你觉得不必要时，请于早上将此卡放在枕头上，这一天您的被单将不再更换。

宾馆酒店名称及店标

环保卡（背面） 续表

Participate in our environment

Protection activity and just think—What could we do?

图片

欢迎参加我们的环保活动。您只需在离开房间前做好几件事：

将房间内的灯熄灭，关掉暖气、空调、电视、收音机；

减少被单、浴巾的更换次数，节约用水。

我们对您为节约大地资源所做的一切表示衷心感谢！

若您对环保活动有任何建议，请拨打电话"×××××××"。

此致

宾馆酒店名称及店标

6. 加强对客房废弃物的管理

"混在一起是垃圾，分开利用是资源。"这是对废弃物形象的概括。创建"绿色客房"，应加强对客房废弃物的管理，通常是"3R"原则，即减量（Reduce）、再使用（Reuse）和再生利用（Recycle）。

（1）减量。减量是指在生产客房产品的同时，减少废弃物的产生。例如，在配备卫生间生活日用品时，应简化包装，变一次性使用为多次使用，尽量不使用一次性用品，对废弃物的管理贯穿在生产客房产品的全过程，从产品和流程的设计开始，与采购、储存控制方法及生产计划密切相联系，经营者要追求资源利用最大化，降低客房废弃物的成本。

（2）再使用。再使用是指在客房产品的生产过程中，有些看似废弃物品，但经过简单的加工整理后，又可以重新利用，以此来减少对资源的浪费。例如，有破洞的床单可以缝制成洗衣袋；客房卫生间撤下的肥皂头、洗发水、沐浴液可以洗涤服务员做卫生时使用的抹布；客房垃圾桶内的塑料袋稍加清理可重复使用等。

（3）再生利用。再生利用是指有些废弃物饭店本身无法利用，但经过挑拣分类后，送到相关的专门工厂重新处理后可作为资源进行再生利用。例如废纸、玻璃、塑料、金属、废棉织品等。即便是有的废弃物不能再生利用，但只要它具有内在的能源价值，也可以收集起来供燃烧发电或供热。最后，如果上述情况都无法实现，才能把废弃物送垃圾场。

创建"绿色饭店"，设置"绿色客房"，追求人与自然和谐共处，这不仅仅是饭店发展的需要，更是人类社会文明发展的需要。

第六节　客房经营管理发展趋势

随着社会的发展和科技的进步，客房经营管理和服务将会发生一些重大的变化，及时准确地预测和把握这些变化趋势，以更加适应旅游者的需求。

一、服务和管理高科技化

进入 21 世纪，高科技在饭店客房服务与管理中将得到广泛应用。客房管理将完全实现电脑化、自动化。作为世界最负盛名的旅游院校之一，美国休斯敦大学希尔顿酒店和餐饮管理学院一直致力于研究符合酒店市场发展新趋势的产品。现在，他们正在其所属酒店内设计安装三套"21 世纪的酒店客房"，以先进技术赋予酒店客房传统的"舒适"、"安全"等标准以全新的含义。由于该酒店"常住客人信息库"已经记录了每一位客人的喜好，新的客房程序将与该信息库配合运作，从而使以下产品和技术在"未来客房"中成为可能：

（1）光线唤醒。由于许多人习惯根据光线而不是闹钟铃声来调整起床时间，新的唤醒系统将会在客人设定的唤醒时间前半小时逐渐增强房间内的灯光，直到唤醒时刻的灯光亮得像白天一样。

（2）无匙门锁系统，以指纹或视网膜鉴定客人身份。

（3）虚拟现实的窗户，提供由客人自己选择的窗外风景。

（4）自动感应系统。光线、声音和温度都可以根据每个客人的喜好来自动调节。

（5）"白色噪音"。客人可选择能使自己感到最舒服的背景声音。

（6）客房内虚拟娱乐中心。客人可在房间内参加高尔夫球、篮球等任何自己喜爱的娱乐活动。

（7）房内健身设备。以供喜爱单独锻炼的客人使用。

（8）电子控制的床垫。可使不同的客人都得到最舒服的床上感受。

（9）营养学家根据客人的身体状况设计专门的食谱。

二、客房服务将更加突出人情味和个性化

现在饭店客房服务模式已逐步从"标准化"走向"定制化"。"定制化"服务实质上就是以标准化为基础的个性化服务。个性化服务（Personalized Service 或 Individualized Service）的概念源自发达国家，是指以标准化服务为基础，但不囿于标准，而是以客人需要为中心去提供各种服务，即针对性的服务，同时包括超越标准的特殊服务。个性化服务通常体现出服务员的主动性，表现为发自内心的与客人进行情感交流。顾客入住饭店，最基本的目的是为了获得饭店所提供的实际服务，然后才是价值，饭店实物产品必须与服务结合后，才能给客人以价值，价值的高低取决于服务水平的高低，要为顾客创造良好的经历，预见消费者的愿望和需求。客人想到的，服务员早已想到了，并已做了准备；顾客没想到的，服务员也想到了，所以饭店全体员工必须尽力了解顾客的整个消费过程，尽力从整体上提高顾客感觉中的消费价值，创造饭店产品在物有所值的同时，达到物超所值。如五星级的北京王府饭店规定：凡住店 20 次以上的客人，他的名字就列入"王府常客名录"。下榻客房，有专为他个人准备的信纸、信封、火柴和浴衣，上面均印有他烫金的名字。浴衣归他专用，他离开"王府"，浴衣收藏保管起来，再住"王府"，取出来仍由他穿。这种富有人情味的个性化服务使客人的自尊得到最大限度的满足。

三、客房的设计和服务将走向无障碍化

21 世纪，世界将普遍进入老龄化社会。因此，饭店客房在其建设、经营、管理和服务等方面，除了为残疾人提供无障碍服务以外，还应考虑到老年人的需求特点，向他们提供能够满足其特殊需求的服务设施和服务项目，同时调整客房部的服务内容和服务方式。

四、客房的装修和布置更加注重文化品位

随着市场竞争的加剧，饭店的营销策略日益多样化。目前，许多饭店在营销过程中注重文化含量，把象征人们特有的价值观念、审美情趣、艺术品位等文化内涵融入饭店的客房产品中，以此满足顾客的精神文化需求。这种文化取向可以减轻营销的商业气味，树立良好的企业形象，也会受到顾客的青睐。

五、传统的做床方法将被摒弃，将用棉被取代毛毯铺床

在饭店客房的服务与管理中，将充分体现"以人为本"的理念，强调方便、舒适。以客房做床方法来说，世界上大部分酒店将摒弃传统的"西式"做床方法，改用更加舒适、方便，并能为客人带来温情和关怀的棉被，以代替呆板、僵化、"压迫"客人的毛毯为客人铺床。

六、客房服务和管理将更加注重客人的人身安全和健康问题

社会的发展使旅游者更加注重自身的安全与健康，因此在客房服务与管理中要充分考虑到这一因素。要采取各种有效的措施和手段，防止恐怖活动、各类犯罪分子、艾滋病以及新、旧型传染病等对客人的袭击，确保客人在饭店住宿期间的安全与健康。

七、绿色客房将越来越受欢迎

符合可持续发展思想的绿色饭店、绿色客房将受到饭店经营者及顾客的普遍推崇和欢迎。美国旅游协会最近的一项研究表明，约有 4 300 万的美国人认为自己是生态旅游者。他们并不全都是商务旅行，但这些人宣称当下榻在他们认为是具有绿色环保意识的酒店时，他们愿意多付 8.5% 的费用，也就是说，人们愿意付更多的钱去实现节水、节能，减少浪费和减少污染的目的。

八、钟点客房将占据一定市场

钟点客房是一种按小时收费的饭店客房经营模式，以其灵活性和便利性受到客人的欢迎，这种经营模式适合于中低档饭店和位于机场、车站等流动人口较多地方的酒店。上海华东大酒店地处火车站附近，考虑到许多旅客缺少短暂停留的休息场所，便推出钟点客房，初试客房利用率高达 120% 以上，为此酒店专门开设了钟点客房专用楼层。另外，每年参加高考的城市考生也是钟点客房的一大市场，全国各地的饭店及时推出了"考生房"，为钟点房增加了新卖点。

【案例评析】

2005 年，中国旅游饭店业协会发出了建设节约型宾馆的倡议。在全国能源紧张的情况下，保护资源、减少污染是建设节约型社会的一种趋势，而作为旅游产业之一的酒店业加入绿色环保、节能行列中也是势在必行。上海

旅游业极积响应中国旅游饭店业协会发出建设节约型宾馆的倡议，注重培育消费者的环保意识，倡导绿色消费，逐渐形成文明节约的行为模式。国际实践证明，在酒店中强化绿色管理，最终将达到企业与社会的双赢。

一、减少"一次性"消费

为响应市政府的节能号召，上海各大酒店都尽可能地在"节和减"上采取措施。由于受传统习惯的影响，很多客人对取消或是减少客房一次性用品都表示不能理解，这在国外，特别是欧美一些国家早已不是稀奇事，但是目前在国内还是很难做到。在他们看来，星级宾馆就是要为客人提供最豪华、最完善的服务。

然而，有专家曾算过这样一笔账：目前上海星级酒店使用的一次性用品大多由上海厂家生产，单价每件在1.1～1.8元，按进货均价每件1.2元计算，一家300间客房的星级酒店，每年花在一次性用品上的成本就达到30万元。而且，一次性用品存在严重的浪费现象，例如一块净重30克的香皂，客人每次只使用1/5左右，由于大量团队客人及散客在酒店停留时间仅一天，剩余的4/5在清扫房间时只能换掉，其他一次性卫生用品的使用情况也大致如此。

在取消或减少客房一次性用品的摆放方面，目前上海酒店业已取得了共识，认为这样做对保护资源、减少污染、杜绝浪费、爱护环境是一个非常必要的举措，是建设节约型社会的一种趋势。但是在具体实施的过程中，考虑到目前国内外消费者的消费习惯，还需要有一个引导的过程，当前要注重培育消费者的环保意识，倡导绿色消费，逐渐形成文明节约的行为模式。

二、让空调更节能

目前在酒店行业中存在两个突出的环保节能问题。首先是空调用电消耗大量能源，在整个能耗中占了大头，很多酒店的空调设备不够先进，达不到节能标准；而有些知名酒店尽管引进了先进设备，但仍存在很大调节空间。其次在照明上浪费严重，不少酒店白天照样在大堂开着灯，十分浪费。

对此，上海市旅游部门先后组织本市部分高星级酒店总经理专门就环保、节能、创建绿色酒店等主题，进行了研讨座谈，在行业内倡导绿色消费，保护生态环境和合理使用酒店资源，创建绿色酒店。

三、进行节能"总动员"

目前上海市已有20多家饭店获得了ISO14000环境管理体系认证。同时，节约能源，减少污染，引导绿色消费的活动已在酒店行业内积极展开。有的酒店制定"绿色环保、节能高效、遵纪守法、持续发展"的长效管理方针，严格执行市政府的规定。此外，为了节约水资源，减少洗涤物污染，本市高星级酒店中已有约83%在客房和卫生间内放置"绿色环保卡"，提示客人可多次使用床单、毛巾等客房布草件，以减少洗涤次数，让客人一起参与环保、节能。

针对酒店业工作人员和社会大众节能意识薄弱的问题，政府部门应与行业协会沟通，对相关人员进行节能意识的强化培训，逐步推广各种有效的节能手段和技术，推动酒店业采取有效的节能措施。

点评：从案例中我们可以看到，我国饭店业已意识到环境问题的重要性，他们采取了一系列的措施教育，与客人进行沟通，并积极开展社会公益活动等。努力提高企业、单位和个人的资源忧患意识和节约意识，把节约资源变成每个人、全社会的自觉行动。

我国的饭店开展环境保护运动、创建"绿色饭店"，不能直接采用国外饭店的做法。因为国内饭店的管理水平、能源利用技术以及经济效益都需要提高，而这些问题的存在对环境以及饭店自身的发展都造成了很大的阻碍。对这些方面的改进既有利于饭店，又有利于社会，是适合我国饭店现状的；但我们要学的是国外饭店的意识，而不一定是他们的一些具体做法。

【课堂讨论题】

什么是"绿色饭店"，"绿色客房"？对于饭店创建"绿色客房"，你有哪些建议？

【复习思考题】

1. 客房部在饭店管理中的作用表现在哪些方面？
2. 客房作为商品，你认为与其他普通商品相比较有何特点？

【实训题】

组织学生考察本市高、中、低三个不同档次饭店的客房部，对他们的组织结构、产品种类及特点进行比较，指出其优点和不足之处，并写成调查报告。

第七章
客房部的组织结构与员工管理

第一节　客房部的组织结构

一、结构原则

（一）适合经营需要的原则

客房部机构的设置要根据饭店规模、档次、接待对象、经营思想、劳动力成本、设施设备等实际情况来决定。它要适合饭店经营的需要。

（二）专业化分工与协作的原则

专业分工就是将客房部的全部工作按需要划分为若干个较小的部分，分配给一些具体的岗位、个人去操作。每一个岗位的人员，应该有明确的职责，明确的上下级隶属关系。为了饭店共同的目标，各岗位的协作非常重要。

（三）精简与效率的原则

为了防止机构臃肿、人浮于事，客房部组织结构要力求精简。要因事设岗，以利于发挥员工的主观能动性，讲究工作效率。值得注意的是机构精简要适度，机构精简过度会出现职能空缺，从而降低服务质量。

二、常见结构形式

由于饭店的投资形式、档次、规模、接待对象、对客服务模式等的不同，客房部的组织结构通常有以下几种表现形式。

（一）设立客房服务中心的客房部组织结构（如图7-1所示）

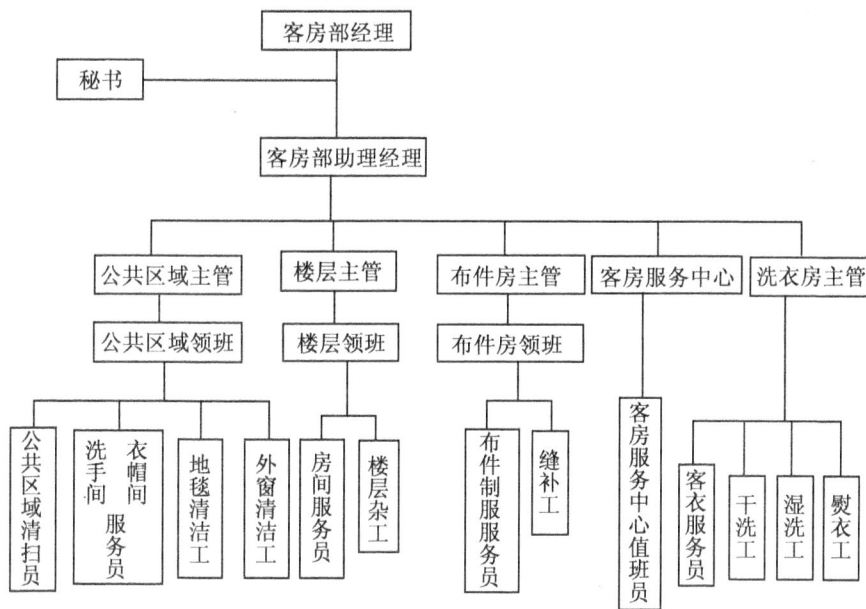

图 7-1　设立客房服务中心的客房部组织结构

这种结构多为外商独资、中外合资等高档的大、中型饭店采用，它的最大特点是层次分明、分工明确而细致，并充分地体现了客房业务"暗"的特点，较受高档客人的欢迎。

（二）综合型的客房部组织结构（如图7-2所示）

综合型组织结构的最大特点是：把两个联系最多的部门合为一个部门，符合系统管理，便于统一协调指挥。大、中、小型饭店都可采用此结构。如果是小型饭店采用综合型组织结构则叫房务部，下设总服务台和楼层两个班

153

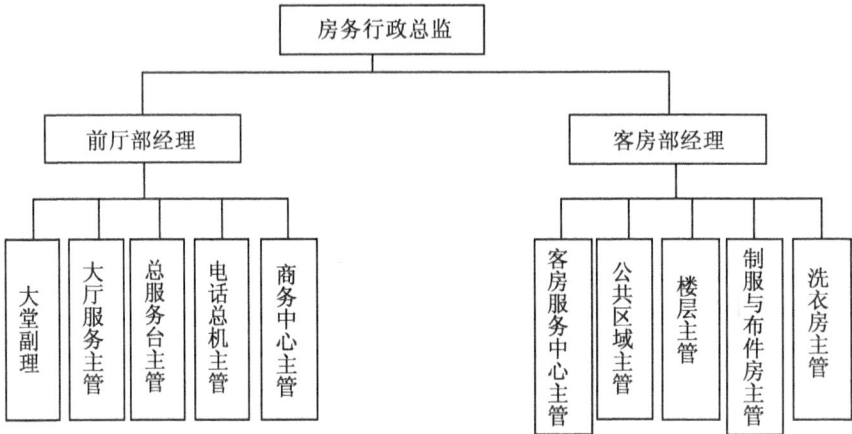

图 7-2　综合型的客房部组织结构

组。总台部分设总台服务员（负责订房、问讯、接待、收款等工作）、电话总机、大厅服务等工种。客房部分设楼层服务员、布件房服务员、PA 等工种。

（三）小型饭店的组织结构（如图 7-3 所示）

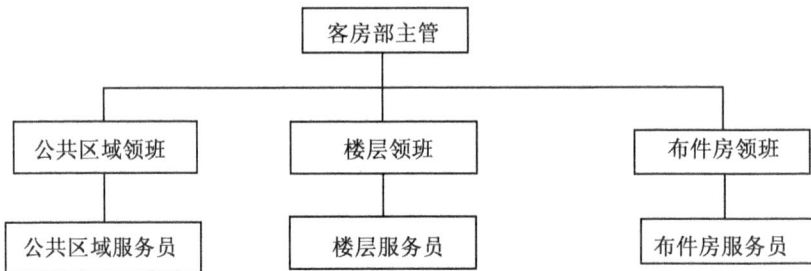

图 7-3　小型饭店的组织结构

　　一般小型饭店多采用此结构，楼层设有服务台，楼层服务员既要打扫房间卫生，做好接待服务工作，同时还要负责楼层的安全保卫工作。公共区域不设专职的清洁工种，为了保证服务质量，一些专业性强的清洁工作，可由清洁公司承担。小型饭店一般不设洗衣房，饭店所有布件可由专业洗衣公司承担。

154

三、客房部人员的配备

（一）影响客房部人员配备的主要因素

1. 服务模式

客房部最常见的对客服务模式有两种，即客房服务中心和楼层服务台。由于前者注重用工效率和统一调控，后者突出面对面"人情味"的对客服务，因而在人员的配备数量上有较大差异。

2. 饭店规模、档次和管理层次

高档次大型饭店由于客房部的管理范围大，服务项目较多，分工细，因而需要员工多；而小型饭店则管理层次少，服务工种也不细分，服务员是全能型的，需要员工少。

3. 工作量的大小

客房部管理范围的大小决定着客房部工作量的大小。客房部的工作量可分为固定工作量、变动工作量。固定工作量是指那些只要饭店开业就会有，而且必须按时去完成的日常例行事务，例如环境卫生、设备的保养工作。变动工作量则随着饭店业务量等因素的改变而变化的工作量，如走客房的数量、贵宾服务、突发事件的处理等。客房部人员的配备同工作量的大小成正比。

4. 服务员工作定额的大小

客房管理者可根据饭店的档次、员工的素质水平、饭店的工作环境、客房的设计布局、装潢风格、目标客人的生活习惯和素质的高低、工作器具的配备等因素，来综合制定员工的工作量定额。工作量定额与人员的配备成反比。

（二）劳动定员的基本原则

（1）定员水平要先进合理，既要符合精简、高效、节约的原则，以尽可能少的劳动耗费生产出尽可能多的服务产品，又要保证工作的正常需要，保障员工的身心健康。

（2）合理确定相关人员的比例，特别是一线与二线的员工比例，各工种之间的员工比例，管理人员与服务人员的比例等。

（3）定员标准既保持相对稳定，又能适时调整，以适应实际情况的变化。

（三）定员的步骤

（1）确定客房部组织结构，划分各职能区域；

（2）确定各职能部门所有的岗位或工种；

（3）确定各岗位或工种每天所需的班次；

（4）计算每班次的工作量；

（5）根据各工种和区域的性质和任务，确定工作定额；

（6）编制客房部定员。

（四）定员的方法

（1）岗位定员法：是根据客房部内部的机构设置、岗位职责和工作量等因素确定员工人数的定员方法，主要适用于行政管理人员，如经理、办公室秘书、文员。

（2）比例定员法：是根据客房部某部分员工人数或客房数量，按一定比例确定员工人数的定员方法，主要适用于楼面服务员和客房管理人员。如楼层服务台 2 名清扫员配 1 名接待员，6~8 名服务员配一名领班。如果设立客房服务中心则 50~60 间/套客房配一位日班领班，100~120 间/套客房配一位夜班领班，5~7 位领班配一位主管等。

（3）定额定员法：是根据劳动任务、劳动定额和员工出勤率，计算员工人数的定员方法。此法主要适用于客房楼层员工，其计算公式如下：

定员人数＝劳动任务／（劳动定额×年出勤率）

其中：劳动任务＝客房间数×年平均出租率

年出勤率＝（员工年实际工作天数÷365）×100%

＝(365−年周末总数−固定假日−年假日−病事假)／

365×100%

例如：某饭店有 528 间客房（均折成标准间计算），分布在 3~25 楼（其中 3~12 楼主要接待内宾，故要求每层配备早、晚班值台服务员各 1 名）。客房清扫员工作定额为：日班 12 间，中班 48 间。领班的工作定额为：日班 60 间，中班 120 间。假定饭店年均出租率为 80%，员工每天工作 8 小时，实行每周 5 天工作制，每年除可享受法定节假日 10 天（五一 3 天，国庆 3 天，元旦 1 天，春节 3 天）以外，还可享受年假 7 天，估计每位员工一年中可能有 8 天病事假。求该饭店客房楼层服务员和领班的定员总数应为多少人？

解：根据题意

员工年实际工作天数＝365−年周末总数−固定假日−年假日−病事假

＝（365−365÷7×2−10−7−8）天

＝ 236 天

员工年出勤率＝236/365×100%

≈65%

首先，求楼层服务员人数：

日班清扫服务员 = 劳动任务 / （劳动定额×年出勤率）

= （528×80%）/ （12×65%）人

= 54 人

中班清扫服务员 = 劳动任务 / （劳动定额×年出勤率）

= （528×80%）/ （48×65%）人

= 14 人

值台服务员 = （2×10÷65%）人

= 31 人

所需楼层服务员总数为：（54+14+31）人 = 99 人

其次，求领班人数：

日班领班 = 劳动任务 / （劳动定额×年出勤率）

= （528×80%）/ （60×65%）人

= 11 人

中班领班 = 劳动任务 / （劳动定额×年出勤率）

= （528×80%）/ （120×65%）人

= 5 人

所需领班总数为：（11+5）人 = 16 人

由以上计算结果可知，该饭店客房部共需楼层服务员 99 人，领班 16 人。如果按照比例定员法，一个主管协调管理 5~7 位领班，那么该饭店楼层可配备 2~3 位主管。

（五）如何处理定员过程中将会遇到的问题

1. 如何准确地预测客房出租率

饭店客源情况是不断变化着的，因而由客房部所承担的那部分可变工作量也在不断地变化着，而掌握了客情的大致动向后，就可以做好应对准备，以免到时措手不及。新开张的饭店客房年均出租率可以参考本地同类饭店的出租率，再加上管理者的经验、专业知识和手头的其他资料等来做出预测。老饭店可用积累的历史资料，对过去趋势的了解及其对未来市场变量的判断来预测。客房出租率的预测对客房部，乃至对饭店都是至关重要的，这种预测不仅会影响客房部人员的配备，而且还会影响到其他所有的计划和控制步骤。这些计划与步骤会最终影响到客房部下一年度的利润目标。

2. 劳动定额和实际需求之间的矛盾

不管如何精确地计算，由于种种原因，劳动力定额和实际需求之间通常不相吻合，这就要求客房管理者在实际工作安排中做好调节。在低出租率季节为了避免出现"窝工"而导致员工斗志涣散，可安排员工集中轮休或安排计划卫生、进行员工培训等来调整员工工作的节奏，如果在旺季出现人手不够时，可采取员工加班补休，也可以使用实习生、季节工、临时工来做些技术不强、要求不高的工作。这样既控制了正常编制，又减少了工资和福利开支。

3. 把握客房编制的松紧度

客房编制定紧些还是定松些，要根据劳动力市场的供求情况来决定，如果劳动力供给状况良好，那么，在制定编制时不妨定得紧些。这样不但可以节约劳动力成本，而且在开房率不是很高的时候还可以避免人力资源的浪费；如果在短时间内很难聘到合适的员工，那么不妨将编制做得充分些，以免繁忙起来大家疲于奔命，造成工作质量下降而招致客人投诉。

第二节　客房部管理人员岗位职责及能力要求

在饭店经营管理中，每一个管理者经常扮演着指挥者、执行者、监督者和反馈者四重角色，并发挥着这四种管理功能。客房部各级管理人员如何扮演好四重角色，其能力要求如下。

一、客房部经理

（一）管理层级关系

（1）报告上级：饭店副总经理或房务总监。

（2）督导下级：客房部副经理、楼层主管、公共区域主管、工服布草房主管、洗衣房主管。

（3）联系部门：饭店各有关部门。

（二）岗位职责

（1）编制部门预算，根据销售部、前厅部的客房出租率及平均房价预算，控制成本费用的消耗。

（2）制定本部门员工岗位职责和工作程序。

（3）管理监督下属人员按工作程序给宾客提供服务，达到饭店要求的水准。

（4）保证所有客房和公共区域达到清洁标准。

（5）与工程部、前厅部联系，做好客房设施设备的维修、保养和管理工作。

（6）检查所有 VIP 客房，要求达到高质量、高标准。

（7）确定客房物品、劳动用品、用具的配备选购，提出采购方案。

（8）制定人员编制，合理组织调配人员，提高工作效率。

（9）发展同住店客人的友好关系，征求宾客对饭店服务方面的意见和建议，不断提高服务水平。

（10）圆满地解决和处理宾客的投诉，保持饭店声誉。

（11）协调与饭店各部门之间的工作关系，加强横向沟通，保证部门之间默契的配合。

（12）与安全部配合，检查楼层的消防、安全工作，确保客人的人身及财产的安全。

（13）负责本部门员工的聘用、培训、考核、奖惩。

（14）按时参加经理例会，传达会议精神，反馈落实情况，主持每周本部门的例会。

（三）知识及能力要求

（1）具备饭店管理知识。

（2）熟悉饭店的规章制度及劳动法规。

（3）具备棉织品布料性能及质量知识，具备工服款式及洗衣的知识。

（4）熟悉清洁剂和客房用品的用途及机器的性能。

（5）能计划和执行各项任务，并能培训员工、公正评价员工表现、熟悉员工的思想和工作情况，做到因人施教，量才而用。

（6）有良好的人际关系和组织协调的能力。

（7）具有一定外语听说能力和语言表达能力。

（8）有基本的电脑知识和电脑操作能力。

二、客房部副经理

（一）管理层级关系

（1）报告上级：客房部经理。

（2）督导下级：楼层主管、公共区域主管、工服房主管。

（3）联系部门：饭店各有关部门。

（二）岗位职责

（1）通过对下属日常工作的检查，保证客房和公共区域处于干净、整洁状态。

（2）监督和管理下属，优质完成客人的洗衣服务。

（3）每日查阅各种日报表格、办公室电话记录本和物品申领单，掌握本部门的整个工作动态。

（4）恰当、合理地安排班次、分派工作，决定新员工的录用和人事调配，对员工的提职、降职、奖励、处分等提出意见，解决有关人事问题。

（5）帮助主管解决工作中的难题，对主管和领班的工作情况定期做出考核评价，发展良好的上下级关系，确保本部门的日常工作效率。

（6）解答和解决客人对本部门服务工作的投诉，尽可能满足客人的要求，尽力建立与客人之间的友好关系。

（7）通过检查工作记录、定期盘点和发布指示，有效地控制客房用品、棉织品和清洁卫生用品的需求量，并决定特殊物品的需求量和供应标准，尽量减少本部门开支。

（8）与工程部建立经常的联系，核准（在规定范围内）并监督家具、设备的维修和保养工作，使之达到饭店规定的标准。

（9）定期制定培训计划，监督下属的培训工作，不断提高本部门员工的素质水平。

（10）严格检查饭店的规章制度及客房部的规定在本部门的执行情况。

（11）通过分析现有工作程序及设备工具的使用情况，提出改进的方案，不断提高客房服务工作的效率。

（三）知识及能力要求

（1）具备饭店客房管理知识。

（2）具备洗衣工作的完备知识。

（3）具备饭店标准和规章制度的知识。

（4）掌握洗衣和客房用品，如洗涤剂等作用及使用方法。

（5）具有分派工作，监督工作人员的业务培训，评价主要下属工作情况的能力。

（6）具有基本的电脑知识和电脑操作能力。

（7）具有同其他部门联系、协调的能力。

（8）具备一定的外语水平。

三、楼层主管

（一）管理层级关系

（1）报告上级：客房部副经理。

（2）督导下级：楼层领班。

（3）联系部门：客房部办公室。

（二）岗位职责

（1）通过对客房、楼道及工作间的日常检查和抽查，确保责任区内的清洁，保持饭店规定的标准。

（2）在当班期间，代表客房部经理负责所管楼层服务员的培训工作，指导实习生和新员工在培训阶段了解和掌握饭店和客房部的规章制度和工作程序，并按此检查要求如实汇报检查情况。

（3）观察领班和楼层的工作情况，并定期做出评价，研究解决有关问题，提出改进意见，对工作人员的调动和新员工的选择提供建议，确保所管辖责任区的工作效率。

（4）检查客房家具、设备和各种装置，需要更新时做出报告，必要时可与工程部取得联系，以保持饭店的标准。

（5）检查记录，控制好客房用品和清洁用具。

（6）善于解答工作人员的问题，密切同工作人员的关系，必要时取得上级的帮助，尽量使管理部门和工作人员都满意。

（7）合理调配人力，科学编排班次，通过与其他部门的密切合作来满足宾客的要求，解决客人的投诉，为客人提供高效的客房服务。

（8）分析现有的工作程序和设备，当批准或授权时，为改进现有工作状况、补充新设备和新的工作方案提供建议。

（三）知识及能力要求

（1）具备客房服务工作，如客房和有关区域的清洁和保养方面的完备知识。

（2）具备饭店客房标准的知识。

（3）具备饭店规章制度和本部门内章程的知识。

（4）具备客房内部管理体制和管理程序方面的知识。

（5）了解与客房服务有关的其他部门的工作。

（6）具备有关设备、清扫工具、洗净剂的使用、操作和效果方面的知识。

（7）具备组织早、中、晚三班工作人员的能力。

（8）有全面调查研究、解决工作人员意见的能力。

（9）有培训工作人员，评价其工作情况，为工作人员的调动和新员工的选择提供建议的能力。

（10）有解释并执行饭店标准、规章制度、内部章程的能力。

（11）具有为满足宾客要求，维护饭店标准而同其他部门相互配合的能力。

（12）具有按照饭店的准则，圆满地处理宾客投诉的能力。

四、楼层领班

（一）管理层级关系

（1）报告上级：楼层主管。

（2）督导下级：客房服务员。

（3）联系部门：客房部办公室。

（二）岗位职责

（1）检查服务员的工作服、仪表、仪容和行为。

（2）合理编排本楼层服务员的班次及公休日，协调服务员之间的工作关系，确保本楼层的工作效率。

（3）分发员工表格、工作钥匙，提出特殊注意事项。

（4）检查每间客房、楼道和工作间的卫生及服务工作情况，重点检查走房的卫生和 VIP 客房。

（5）及时报告房间状态。

（6）负责填写工程维修单或向客房部办公室报修。

（7）保管好客人的遗留物品和书刊画报，并及时送交客房部办公室。

（8）检查和控制客房内所需物品及清洁用品的消耗，合理填写物品申领单，保证各种物品在工作间有适量的备用。

（9）每日要抽查客房内酒吧饮料的报账和补充情况。

（10）尽量满足客人的要求，减少客人的投诉，提供有效的客房服务。

（三）知识及能力要求

（1）具有用英语与客人沟通的能力。

（2）了解客房内部的规章制度、工作程序及标准。

（3）具备客房工作的知识和较高的操作技能。

（4）具有本岗位较强的专业知识、保洁知识、布草知识等。

（5）具备督导员工圆满完成工作的能力。

（6）有良好的个人品质，办事公平合理。

五、公共区域主管

（一）管理层级关系

（1）报告上级：客房部经理。

（2）督导下级：公共区域领班。

（3）联系部门：饭店各部门。

（二）岗位职责

（1）安排下属的清洁任务，负责排班、安排轮休。

（2）检查和抽查各班次的工作情况。

（3）指导和监督领班、清扫员的工作。

（4）协助部门经理培训下属员工。

（5）进行地毯保养、虫害防治、庭园绿化等专业性指导检查。

（6）负责设备设施的报修。

（7）检查清洁工具和机器设备的使用与保养，负责清洁用品的申领和发放。

（三）知识及能力要求

（1）具备公共卫生工作的一般知识，包括有关设备、清洁工具、各种清洁剂的使用和操作知识。

（2）具有花卉、树木的栽培、护养知识。

（3）具备饭店对公共卫生工作要求的知识。

（4）熟悉饭店规章制度和本部门的规定及工作程序。

（5）具备培训员工，评价其工作，对工作人员的调动和新人员选择提出建议的能力。

（6）具有解释和执行饭店规章制度和本部内部规定的能力。

（7）具有与其他部门协调和保持良好关系的能力。

六、公共区域领班

（一）管理层级关系

（1）报告上级：公共区域主管。

（2）督导下级：公共区域服务员。

（3）联系部门：所管辖地段内的各部门。

（二）岗位职责

（1）贯彻执行主管下达的各项指令。

（2）检查本班员工的工作服务情况，使本班次责任区的清洁卫生达到饭店规定的标准。

（3）检查指导本班次的员工正确使用清洁剂和正确操作有关机器设备。

（4）及时向主管报告工程设备需要修理的项目。

（5）控制清洁物料的消耗。

（三）知识及能力要求

（1）具备公共区域服务工作、服务标准的知识。

（2）熟悉内部工作程序和有关规定。

（3）具备正确使用和操作清洁剂、机器设备的有关知识。

（4）具有对下属分派工作并检查其实施情况，使之符合饭店标准的能力。

（5）具有记录和评价下属工作表现的能力。

七、布件房主管

(一) 管理层级关系

(1) 报告上级：客房部经理。

(2) 督导下级：布件房领班。

(3) 联系部门：饭店各部门。

(二) 岗位职责

(1) 督导本部员工，严格执行本部工作程序和规章制度。

(2) 负责给新员工配备工服和订做工服的工作。

(3) 负责检查所有布件的运转、储存、盘点、缝补和再利用工作。

(4) 负责本部人员的出勤、培训，评价员工的工作表现。

(5) 与客房楼面、餐饮部、洗衣房密切联系协作，保证一线日常工作的需要。

(6) 定期报告布件损耗情况，向客房部提出更新计划。

(三) 知识及能力要求

(1) 具有饭店对员工工服标准要求的知识。

(2) 具备识别各种布料性能及洗涤常识的知识。

(3) 具备管理、监督和培训下属并提高他们的工作效率、解决有关问题的能力。

(4) 具备与客房部及其他部门负责人合作的能力。

(5) 具备与洗衣房干、湿洗及缝纫服务建立联系的能力。

八、布件领班

(一) 管理层级关系

(1) 报告上级：布件房主管。

(2) 督导下级：布件房服务员。

(3) 联系部门：饭店各部门。

(二) 岗位职责

(1) 负责饭店员工制服的更换、登记、分类、计数、打包并发送洗衣房。

(2) 检查洗好送回的工服，并按部门、衣号顺序挂在固定位置。

(3) 将仍带污迹的工服送回洗衣房重洗，把掉扣和破损的工服送交缝纫工缝补。

(4) 负责定期给饭店员工发放鞋、袜。

（三）知识及能力要求

（1）具有饭店对员工工服制作标准的有关知识。

（2）具有识别各种布料性能及洗衣的常识。

（3）具有协调内部员工关系的能力。

第三节 客房员工的选用与培训

一、客房部用人标准

由于客房部的工作特点有别于饭店其他部门，客房部是一个"静"的部门，是一个工作服务繁重的部门，是宾客的家外之"家"，那么它对员工也提出了有别于其他部门的特殊的要求。

（一）所挑的新员工必须热爱将要从事的工作，知道未来工作的性质和要求

客房部要挑选适合于客房部需要的员工，并保证这个队伍的相对稳定。首先，要了解员工是否热爱本行工作，这是能否做好客房工作的根本。其次，要把客房部各岗位职责、工作范围、工作内容、直接上级等内容，用书面形式记录下来，让应聘者仔细阅读。再次，面试主持人必须客观地介绍酒店的工作环境、福利待遇等。不要因求才心切而有意美化任职环境，使求职者对将要任职的岗位没有一个全面真实的了解，以至于没有充分的思想准备，一旦在工作中遇到了问题，员工就可能怀有被欺骗的感觉。

（二）客房部员工必须工作勤快、责任心强、自觉性高、自律性强

客房部许多岗位通常是只有一个人工作，有些卫生工作做过与没做无多大区别。员工必须有很强的自觉性，不管有没有领导在场都必须按照饭店的工作程序及标准，保质保量地工作。在楼层面对客人随意放置的钱、财、物，能够按饭店的要求去处置。简单地说客房楼层员工必须是工作勤快，绝对没有偷盗行为的人。

（三）身体素质好，动手能力强

客房部许多岗位的工作，没有强健的体质和很强的动手能力是无法胜任的。例如：一位专职卫生清扫员，根据不同饭店的档次，每天的卫生定额通常为豪华饭店10~12间/套，一般饭店14~16套，经济饭店18套以上。如果是全能型的客房服务员每天除打扫8~12套客房以外，还要做环境卫生和计划卫生等工作。除此之外，在旅游旺季或特殊情况下，还要加班，因此很好的身体素质和很强的动手能力非常重要。

（四）性格沉稳，乐于同人合作

客房部绝大部分员工在楼层工作，楼层必须要有一个安静的环境，去满足宾客最基本的生理需求——睡觉。客房环境要求员工必须是性格沉稳的，能耐得住寂寞，乐于与人合作。

实践证明，客房部招聘基层岗位的员工，只要胜任就行，没有必要把标准定得太高，以免过高的流动率给客房部的工作造成不必要的损失。

二、招聘客房部员工应该注意的问题

（1）一定要明确招聘哪些具体的岗位，担任该职位真正需要员工什么样的素质？要达到什么要求？与该职位不相称的能力是否非常重要？

（2）尽量避免聘用不安分者。不安分者指那些总想寻求新的高升机会的人。一旦出现机会，这些人便会跳槽。

（3）不要受应聘者外表（良好的修饰等）、口才的影响，这些并不是主要问题，能否胜任客房部工作才是重要的。作为客房部经理在与应聘者交谈时，应该集中精力听取应聘者所说的内容而不是表达方式。

（4）不要受过于优秀应聘者的诱惑。由于他们的经历和所受教育的程度远远超过工作要求，他们会觉得大材小用，很难对低于自己能力水平的工作产生满足感。实践证明：那些不占优势的人或者低学历者，经过培训，是完全能够把工作做得非常出色的；而且，这部分员工离职率较低。

（5）客房部经理在主持本部门应聘者面试的过程中，应注意考虑主管的意见，以便主管对即将共事的员工有感觉，因为和睦的工作关系非常重要。

三、员工培训

培训是饭店一项持续不断的重要工作，它是培养人才，提高饭店管理水平和服务水平的有效办法，是让客房员工达到既定标准的有效手段。

（一）培训的意义

1. 能够提高员工的综合素质

培训是员工获得发展的有效途径，通过培训，可以提高员工的思想政治素质、文化素质、业务素质；通过培训可以提高员工的行家意识、团队意识、成本意识、促销意识、竞争意识、创造意识，从而全面提高员工的综合素质。

166

2. 能全面提高服务质量、提高工作效率

饭店员工，尤其是新员工，如果不加强培训，不告诉他们某事应该怎样去做，完成某一项工作的程序、标准。那么，他们在工作中就会出现差错，更严重的会导致客人的投诉，影响饭店的服务质量，通过培训，员工不但能掌握岗位服务技能、技巧和科学的工作程序，提高服务质量，还可以节约时间，减少体力消耗，提高工作效率，达到事半功倍的效果。

3. 降低营业费用

通过培训，员工能够掌握正确的工作方法、操作规格，正确使用劳动工具；正确配备客房用品、正确保养各种设备，延长其使用寿命。员工通过培训知道如何开源节流，从而节约每一滴水、每一度电；如何废旧利用，降低维修费用；如何做好回收、节省点滴开支，从而大大降低客房部的营业费用和成本支出。

4. 减少管理人员的工作量

通过培训，员工的综合素质得以提高，各班组都按照既定的程序标准有条不紊地进行，从而大大减轻管理人员的管理难度，减轻管理者的工作量。

5. 提供安全保障

培训可以使员工养成良好的职业习惯和增加员工的安全防范意识，从而减少工伤事故的发生和提高员工的紧急应变能力。

6. 加强沟通，改善员工的关系

培训可以增加员工之间、上下级之间的交流，能活跃气氛，增加理解，加强集体的凝聚力，从而建立起良好的人际关系。

7. 培训是饭店标准化、规范化管理的需要

一家饭店能否提供标准化、规范化服务的关键在于员工的素质。提高饭店各级人员的素质是保证饭店提供标准化、规范化服务与管理的需要。

（二）培训的分工与合作

由于人事培训部掌握着适用于全体员工的饭店规章制度和政策要求，并能有效地提供公共培训服务，所以，饭店设立培训部主要负责新员工的入店教育培训、管理人员的培训、礼节礼貌培训和外语培训等。而业务部门能更好地掌握下属工种岗位的知识与技术要求，所以，客房部主要负责客房各工作岗位的业务技能培训。

（三）培训的时机

员工的培训应该是有计划、经常进行的工作，有下列情况通常需要培训。

（1）饭店开业前。

（2）员工工作岗位变动时。

（3）新的设备设施投入使用时。

（4）使用新的工作标准、服务模式时。

（5）员工经常缺勤、浪费用品，工作漫不经心、效率低，拒绝服从上级指示时。

（6）事故率高时。

（7）各岗位、各班次之间经常产生摩擦时。

（8）员工工作现状与饭店标准存在差异时。

（四）日常培训计划的拟定

（1）客房管理者在做部门培训计划之前，应该进行充分的准备工作。

（2）分析近半年来客人的满意指数；

（3）仔细阅读近期客人的意见书；

（4）参考近期员工评估表，并与饭店要求达到的工作目标相比较。

（5）认真研究部门下半年度的经营计划和目标。

（6）与员工面对面地交谈，了解培训需求，也可以用问卷的形式进行调查。

（7）与总经理面谈，听取培训工作的指示。

根据分析，发现培训需求，做出培训计划。

完整的培训计划应该包括以下内容：（1）培训目标；（2）培训对象；（3）培训内容；（4）培训方式；（5）培训时间；（6）培训地点；（7）培训师，可以是店内优秀员工，也可以是外聘专家；（8）培训所需的设备、器材；（9）培训经费预算；（10）考评评估方法；（11）组织者。

（五）培训的类型

客房部常见的培训类型有：岗前培训、在岗培训、下岗培训和晋升培训。几种行之有效的培训方法有：一带一培训法、模拟培训法、课堂讲解、专题讨论和技术比赛等。

（六）培训的评估

对培训的评估包括培训内容、培训方式、培训课程、培训效果及对培训师的评估。评估的方法，可采取填写评估表（如表7-1所示），或与被培训者面谈、管理者听课、检查考试情况等方式进行。为了鼓励学员说实话和打消顾虑，学员可不填写姓名。

表 7-1　　　　　　　　　　培训课程评估表

请将你所接受的这期培训实事求是地做一下评估，你诚恳的意见将会帮助我们改进今后的培训工作，谢谢！

（1）所设课程达到预期目标吗？

达到部分 □　　　　　　达到 □　　　　　　　　未达到 □

（2）培训内容充实吗？

充实 □　　　　　　　　比较充实 □　　　　　不充实 □

（3）对教学方法满意吗？

满意 □　　　　　　　　比较满意 □　　　　　不满意 □

（4）培训内容有助于你的工作吗？

是 □　　　　　　　　　比较有助于 □　　　　否 □

（5）你感兴趣的内容：

（6）你不感兴趣的内容：

（7）当前培训存在的问题：

（8）你对培训的建议：

第四节　客房员工工作实绩的评估与激励

一、评估的作用

对员工工作实绩的评估，至少每年要举行一次，为了使评估更加准确，也可以实行季度评估和月度评估，工作实绩评估主要有两个方面的作用。

（一）给每一位员工一次机会来了解、改进和提高自己

通过工作实绩的评估，可使员工知道自己的优点和不足的地方，从而知道如何发扬优点、如何采取适当的方法和手段去克服工作中不足的地方，从而提高自己的整体水平。

（二）为员工的提升、调职、培训、工资调整、奖金发放提供依据

通过工作实绩的评估，可发现各方面表现突出、并有发展潜力的员工。对这类员工可制定发展计划，提出更高要求，为今后提升职务或担任更重要的岗位打下基础。通过评估也可发现不称职的员工，为了保证饭店的服务质量和服务水平，可对这部分员工进行培训、调岗或解聘。工作实绩的评估也能更准确地把员工工资确定在岗位工资等级的细档上，工作实绩的评估也是奖金等级的划分依据。

169

二、评估的依据和内容

对员工进行工作实绩的评估依据是：饭店规章制度、岗位责任制、工作程序及标准等。

评估的内容主要包括：被评估者的基本素质、完成工作指标的情况、工作态度、工作能力等。

三、评估的方法

（一）性格评估法

性格评估法是指客房部经理对下属员工具备的对完成工作十分有利的一些性格特点，如准确性、可靠性、合作精神以及友善等进行的评估。然后根据评价的结果给每一位员工一个分数，或者是在每种性格特征下，对评价结果进行排名。其缺点是：如果被评价的性格特征缺乏客观的衡量标准时，评价就变成了主观的判断。

（二）与工作标准对照评估法

与工作标准对照评估法也称行为评估法，即把员工的工作与事先颁布的工作标准相对照来对员工进行评估。它主要靠管理者平时对下属工作的观察、客人的反映、各种报表的收集与整理来对员工进行评估。它是给员工评价的最原始记录，反映了员工的实际工作，不带有偏见。

四、评估注意事项

（一）选择同一组人或部门经理来完成同一次评估

评估具有主观性，它很容易受关系的密切疏远、年龄、兴趣等因素左右，为了避免不同的人进行评估可能产生评分上的差别，因此所有评估应该一次由同一组人或客房部经理本人来完成。

（二）必须以实际为依据

评估者对评估工作必须严肃认真、客观公正，必须以日常考核和员工的工作实绩为依据，绝不可凭个人印象进行考评。

（三）面谈地点必须安静

与被评估者进行面谈时，选择的地点要安静，不受他人干扰。

（四）鼓励对话

评估过程本身就是为饭店经营管理活动提供反馈信息的途径和上下级之间的沟通。单向性的评估容易引起职工的不满，最终使员工的工作情绪与评估的宗旨背道而驰，因此，与被评估者面谈时，评估者应当鼓励被评估者提不同意见或看法，而不应该压制。

（五）切勿借机报复

评估的目的是向被评估者热情地肯定优点，发现其潜能，提出发展方向，并实事求是地指出缺点，切忌借机报复。有的管理者平时对员工工作中出现的缺点和毛病，并不及时指出和提出善意的批评，而是积累起来，在评估时进行"秋后算总账"，这样做既达不到评估的目的，同时会产生许多不良后果。

五、员工激励

（一）什么是员工激励

激励（Motivation）是指激发人的动机，使人有一股内在的动力，朝着一定目标行动的心理活动过程，或者说是调动人的积极性和创造性，发挥人的潜能的过程。饭店管理者的最大挑战之一就是如何建立起工作积极性高的员工队伍，有了这样一支员工队伍，他们就能高效、自愿地为实现饭店的目标而努力工作，饭店就有发展壮大的希望。要调动员工的工作积极性除了坚持正确的政治方向，协调好人际关系和领导艺术之外，还必须注意对饭店员工的行为进行激励。

（二）激励方法

1. 目标激励

目标激励就是通过确立工作目标来激励员工。合理的目标能激发员工的工作动机，能够激发员工奋发向上、勇往直前的斗志，客房管理者应合理设定对员工有尽可能大的激励作用的目标。要使目标具有激励作用必须做到：目标具体，目标越具体越具有激励作用；所设目标要与职工的物质需要和精神需要相联系；要将部门的目标转化为各班组以致员工个人的具体目标。

2. 物质激励

物质激励就是通过满足个人的物质利益需要，来调动个人完成组织任务，实现组织目标的积极性和主动性。

物质的需求不仅是人类赖以生存的基本前提，也是个人在精神、智力和娱乐等各方面获得发展的基础。在物质生活并不十分充裕的社会主义初级阶段，物质激励能够起到相当大的作用。物质奖励同时也是一种精神激励，是上级管理人员对下属的行为和所取得的成就的肯定，能够满足下属的成就感；同时，也是上级对下属的认可和赞赏。值得注意的是，无论是工资、奖金激励，还是生活福利方面的激励，一定要按"劳"、按贡献大小进行，绝不能搞平均主义，否则达不到激励的效果。

3. 奖惩激励

在客房管理工作中，奖励是一种"正强化"（Positive Reinforcement），是对员工的某种行为给予的肯定，员工受奖后就更有动机来重复这种行为，使这个行为能够得以巩固、保持；而惩罚则是一种"负强化"，是对某种不理想行为的否定，从而使之减弱、消退，恰如其分的惩罚不仅能消除消极因素，还能变消极因素为积极因素。奖励和惩罚都能对员工起到激励作用，两者相结合，则效果更佳。

在客房管理中，运用奖惩激励方法，必须注意以下几点。

（1）要按照员工的不同需要，采用不同的奖励方式。由于员工自身的特点和背景条件不同，奖励对不同的员工的作用大小也是不同的。因此，有效的强化手段一定要因人而异，毫无区别的奖励与惩罚，只会导致所有员工的绩效平均。

（2）及时的信息反馈。及时的信息反馈能使员工及时知道自己的行动结果。知道自己哪些行为值得重复、哪些行为必须遏止。作为管理者必须让员工清楚知道自己的错误，以便员工及时自我纠正。

（3）奖惩结合，以正面强化为主。正面强化是引起理想行为的理想手段。奖惩的目的是一致的，赞扬比惩罚的激励效果更好，只是手段不同。对于员工的正确行为必须给予肯定和鼓励，必要时对不理想的行为也应当给予惩罚。在管理思想上，要坚持以正强化为主的同时，适当运用一些惩罚，这样，会收到更好效果。

（4）奖励、惩罚与其行为要相符合。不论是对员工的表扬、奖励，还是批评、惩罚，管理人员都要做到实事求是，力求与其行为相符合。奖励做得好的行为，对做错了的事情必须提出建议或进行指导。与其行为不相符的奖励、惩罚会产生不良后果。

4. 关怀激励

大家常说，"快乐的员工就是高产的员工"。在实际工作中，有些员工之所以工作积极性不高，其中一个主要原因就是不快乐。导致不快乐的因素很多，包括低工资、工作条件差、不被承认等。因此，对员工的不快乐，管理人员不能漠然置之，而应该给予关怀，从而激发员工的工作热情，按照需求理论，每个人都会有从物质到精神、从低级到高级的各种需求，管理人员要了解下属的需求，针对下属员工的需求特点，分别给予不同关怀。

5. 榜样激励

人们常说，"榜样的力量是无穷的"。在客房管理中，榜样激励也是十分有效的方法。比如开展铺床竞赛，评选业务能手，对优胜者给予表彰奖励,会对其他员工产生良性刺激,激发大家钻研业务、提高工作的热情。管理人员的行为对员工也具有榜样作用,如要求员工养成文明习惯,见面相互问好,那么管理者见到员工若首先微笑问候,员工必会争先效仿,原来觉得张不开嘴的员工也会立即开口问候。上行下效,管理者要时刻不忘为员工树立好的榜样,这样才会具有所期盼的号召力。

【案例评析】

饭店服务的角色意识

日本邮政大臣野田圣子,既是现内阁中最年轻的阁员,也是惟一一位女性大臣。可是有谁能想像,她的事业起点却是从喝马桶水开始的呢。野田圣子的第一份工作是在帝国酒店当管理人员,在受训期间负责清洁厕所,每天都要把马桶抹得光洁如新才算合格。可野田圣子自出娘胎以来从未做过如此粗重的工作。因此第一天伸手触及马桶的一刻,她几乎呕吐,甚至在上班不到一个月便开始讨厌这份工作。有一天,一名与圣子一起工作的前辈在抹完马桶后居然伸手盛了满满一杯马桶水。并在她面前一饮而尽,理由是向她证明经她清洁过的马桶干净得连水也可以饮。此时,野田圣子方发现自己的工作态度有问题,根本没资格在社会上肩负起任何责任,于是对自己说:"就算一生要洗马桶,也要做个马桶所最出色的人。"结果在训练课程的最后一天,当她抹完马桶之后,也毅然喝下了一杯马桶水。这次经历成为她日后做人、处事的精神力量的源泉。①

点评:"角色"一词在中文中指演员所扮演的剧中人物,在英文中(Role)还可作为"任务"、"作用"来解释,因此角色就是指某一个人在某一位置上发挥某种作用、完成某项任务的意思。作为饭店员工,无论是高级管理者,还是普通服务员,所扮演的都是服务角色。作为现实生活中的一个社会人,一生中可能会扮演多种角色,但各种角色的转换实现并不是一件容易的事。无论是谁,只要一到酒店上班,就统一成为服务角色,所以国外的饭店有一项不成文的规定,凡是到酒店的新员工,都必须从洗厕所开始干起。只有通过这一关的人,才能端正工作态度,实现角色的转换。野田圣子说:"就算一生要洗马桶,也要做个洗马桶最出色的人。"本案例即生动地介绍她是怎样通过这一道关口的。

国内的环境与酒店的涉外环境反差很大,特别是现在很多的青年职工都是独生子女,不少是家里的"宠儿"。这些员工一来到酒店很容易产生角色

---

① 范运铭.客房服务与管理案例选析.北京:旅游教育出版社.2000:3

模糊，自觉或不自觉地把家里的角色带到酒店中来，以致一遇到挫折就无法忍受。酒店的新员工，包括转行到酒店的管理人员，不妨首先从负责清洁厕所的工作干起，只有丢掉面子观点、端正态度，真正进入酒店服务角色的正常状态，才可能担负起工作的重任。

【课堂讨论题】

1. 客房部对员工常用的激励方法有哪些？为什么？

2. 饭店培训存在哪些误区？

3. 现代饭店客房主管应该是怎样的？

【复习思考题】

1. 试述设立客房部组织结构应遵循的原则。

2. 客房部定员的常见方法有哪些？

3. 客房部经理的主要职责及能力要求主要有哪些？

4. 客房部行之有效的培训方法有哪些？

5. 试述员工评估的作用及方法。

【实训题】

1. 采取填写评估表的方式，对本课教师授课情况进行公平全面的评估。

2. 做一次饭店调查，了解饭店常用的培训方法有哪些？

3. 拟订一个客房领班的培训计划。

第 八 章
清洁卫生服务与管理

第一节　客房清洁卫生的质量控制

客房清洁卫生质量是很多客人关心的主要问题，它直接影响到客人的心情，甚至影响到对饭店所在地的投资环境的看法。客房清洁卫生质量的控制必须坚持以"预防为主"，就是要将客房清洁质量的"事后把关"变为以"事前预防"为主，把管结果变为管"过程"和管"因素"，使清洁卫生的质量问题消除在质量的形成过程中，做到防患于未然。

一、加强员工的卫生意识

对于客房卫生管理，首先要求管理者和员工要有卫生意识，并要有足够的认识，要经常强调、考核；其次，客房员工要对涉外星级饭店的卫生标准有足够的认识，不能以自己的日常卫生标准作为饭店的卫生标准，要与国际卫生标准接轨，否则，就有可能将国际旅游者正常的卫生标准视为"洁癖"。

二、制定清洁客房的卫生标准

为了使客房部工作能够有条不紊地进行，避免服务操作人员过多的体力消耗和意外事故的发生，同时也便于提高工作的速度与质量，饭店应有自己的卫生标准与操作程序，并定期予以修改和补充。

（一）卫生质量标准

客房清洁卫生质量总的要求：眼看到的地方无污迹；手摸到的地方无灰尘；房间优雅安静无噪音；卫生间空气清新无异味。其质量标准，一般来说包括两个方面：一是视觉标准，即客人和员工凭视觉或嗅觉等感受到的标准；二是生化标准，即防止生物、化学及放射性物质污染的标准——往往由专业卫生防疫人员来定期或临时抽样测试与检验。

1. 视觉标准

视觉标准因人而异，要确定这一标准，应首先站在客人的立场上来衡量，更多地了解客人的需求，才能制定出一套合适的标准。不少饭店将其规定为"十无"和"六净"。

（1）"十无"。

① 四壁无灰尘、蜘蛛网；

② 地面无杂物、纸屑、果皮；

③ 床单、被套、枕套无污迹和破损；

④ 卫生间清洁、无异味；

⑤ 金属把手无污渍；

⑥ 家具无污渍；

⑦ 灯具无灰尘、破损；

⑧ 茶具、其他用具无污痕；

⑨ 楼面整洁，无"六害"（老鼠、蚊子、苍蝇、蟑螂、臭虫、蚂蚁）；

⑩ 房间卫生无死角。

（2）"六净"。

① 四壁净；

② 地面净；

③ 家具净；

④ 床上净；

⑤ 卫生洁具净；

⑥ 物品净。

2. 生化标准

（1）茶水具、卫生间洗涤标准。

① 茶水具：每平方厘米的细菌总数不得超过 5 个；

② 脸盆、浴缸、拖鞋：每平方厘米的细菌总数不得超过 500 个；

③ 卫生间不得查出大肠杆菌群。

（2）空气质量标准。

① 一氧化碳含量每立方米不得超过 10 毫克；

② 二氧化碳含量每立方米不得超过 0.07%；

③ 细菌总数每立方米不得超过 2 000 个；

④ 可吸入灰尘每立方米不得超过 0.15 毫克；

⑤ 氧气含量应不低于 21%。

（3）气候质量标准。

① 夏天：室内适宜温度为 22~24℃；相对湿度为 50%；适宜风速为 0.1 ~0.15 米/秒；

② 冬天：室内适宜温度为 20~22℃；相对湿度为 40%；适宜风速不得大于 0.25 米/秒；

③ 其他季节：室内适宜温度为 23~25℃；相对湿度为 45%；适宜风速为 0.15~0.2 米/秒。

（4）采光照明质量标准。

① 客房室内照明度为 50~100 勒克司；

② 楼梯、楼道照明度不得低于 25 勒克司。

（5）环境噪音允许值。

客房室内噪音最高不得超过 40 分贝，走廊噪音不超过 45 分贝。

采用中央空调系统的饭店对客房内的温度、湿度、采光度、噪音、通风量、气流速度等均有较严格的规定，能较全面地满足人体对舒适和卫生的要求。有的饭店还为空调器配有杀菌灯、空气净化器和空气负离子发生器，使客房的清洁卫生质量更符合生化标准。

（二）制定标准应遵循的原则

客房清扫标准的制定，既要考虑客人的因素，又要考虑饭店的利益，同时也应有利于管理者和员工的工作执行。一般说来，要注意以下三个原则。

1. 以饭店需要为原则

饭店的档次和星级的高低，主要是满足不同层次客人的需要，饭店的档次和星级不同，其服务规格的高低和服务项目的多少必然有所区别。因此，客房部在制定客房清洁整理标准和具体规格时，应考虑自身的实际情况，要以饭店的经营方针和市场行情为依据。

2. 以不打扰客人为原则

客房是客人的私有区域，客人的大部分时间呆在房间内——生活、工作或休息，客房应是安静、安全、整洁舒适的场所。客房服务员在进房为客人清洁房间或提供服务，保证客房干净整洁的同时，也要考虑服务中是否会干扰客人。因此，尽量少打扰客人应是制定有关客房清洁整理标准的一条重要原则。

3. 以"三方便"为原则

所谓"三方便"原则，是指制定有关标准和程序时，必须依照方便客人、方便操作和方便管理的原则来进行。

（三）制定标准应考虑的因素

1. 清洁标准

它包含生化标准和视觉标准两个方面的内容。前者由卫生防疫人员进行定期或临时抽样测试，其尺度应是相同的；后者主要由饭店自己来把握。由于各个饭店的规格档次不同，客人和员工的素质条件的差异，对视觉标准的尺度就有差异，不能统一标准。当然，客房整洁与否，主要看客人的评价。只有更多地了解客人的要求，从中总结出规律性的东西，不断改进和完善，才能让每一个客人感到满意，才能制定出实用有效的客房清洁标准来。

2. 操作规范程度

操作标准一般在各项服务工作程序中予以说明，它包括对操作细节的研究和单项操作的标准时间。具体的操作标准可用文字和图片张贴出来，并通过系统的培训，来达到客房操作的规范化，如西式铺床的具体程序及时间要求。

3. 客房布置规格

不同类型的客房应设置哪些客房用品，数量多少及如何摆放，这些应有图文说明，以确保规格一致、标准统一。布置应讲求美观、实用、简洁，要方便员工操作和客人使用。

4. 进房次数

进房次数，是指进客房进行清洁整理的次数，是客房服务规格高低的重要标志。我国许多饭店服务的传统做法是每天三进房甚至四进房，现在大多数饭店引用外国的二进房制（即白天的大清扫和晚间的夜床服务）。一般而言，进房次数适当的增多表示服务规格较高，但也往往带来经营成本的增加，也不可避免地会干扰到客人。因此客房部究竟实行几进房制，应考虑本饭店的档次、客房的等级和房价的高低，客源对象、客人的习俗以及营业费用等。对于 VIP 和特殊类型客人可提供更高的服务规格，采取三进房制或多进房制。当然一切还应以客人为中心，只要客人提出需要，我们就应随时准备进房为客人服务。

5. 速度与工作量

客房服务员操作速度有快有慢，但熟练者的平均操作速度（按标准房计）应达到如表 8-1 所示的标准：

表 8-1　　　　　　　　　　　客房部分工作效率标准

序号	工作内容	标　准	序号	工作内容	标　准
1	走　房	30 分钟/间	4	住房卫生	25 分钟/间
2	空房卫生	5 分钟/间	5	清洁地毯	30 分钟/间
3	接电话	5 秒/个			

当然，在实际工作中常常会有一些因素影响到员工的清扫速度，主要有以下几点。

（1）工作职责的要求。

现在许多饭店为了节省人力费用开支或缓解人力紧张的压力，客房服务员往往既要值台接待服务，又要清洁客房卫生，这必然会影响到整理清洁客房的速度和质量。只有员工职责相对单一，才能提高工作效率，提高服务质量。

（2）是否跨楼层工作。

楼层客房的多少和合理程度会对员工多做或少做客房产生影响。从节省时间、减少员工体力消耗和提高功效的角度来考虑，最好不要让员工跨楼层清扫客房，应固定在某一楼层集中清扫。

（3）工作区域的状况。

客房面积的大小，家具摆设的繁简程度，外界环境影响等，都对员工的工作量构成影响。

（4）住店客人的特点。

来自不同国家和地区的不同类型的客人，由于他们的身份、地位不同，生活习惯的差异以及文化修养的高低，对客房使用价值破坏的程度往往相差很大。客人的配合程度、客人的素质会在很大程度上影响客房的清扫速度和工作定额。

（5）员工的素质。

经过正规训练并形成良好工作习惯的员工能完成正常的工作量。员工的素质和熟练程度也将直接影响到客房清扫的速度和定额。

（6）工作器具的配备。

员工是否配备工作车，是否配齐和配好各种清洁剂、清洁用品和机械设备，也会在一定程度上影响员工的工作效率。

三、制定严格的检查制度

客房清洁整理标准制定以后，员工可以依照其进行实际操作，使客房的清扫工作有了明确的标准和规范。但这些制定出来的标准和规范能否得到实施，是否发挥作用，这就要求客房部的管理人员必须抽出大量时间进行督促检查，只有这样才能控制好客房的卫生质量。

（一）四级查房制度

检查客房又称查房。客房的逐级检查制度主要是指对客房的清洁卫生质量实行领班、主管及部门经理三级责任制，也包括服务员前期的自查和事后上级的抽查。采取逐级检查制度是确保客房清洁卫生质量的有效方法。

1. 服务员自查

服务员在清洁整理完客房并交上级检查之前，应对客房的清洁卫生状况、设备是否完好、物品是否齐全和摆放是否标准等进行自我检查，检查完毕才能关灯、关门离房，并作记载。这是客房服务员日常客房清扫必须要做的程序。它的作用在于：

（1）加强员工的责任心和检查意识。

（2）提高客房的合格率。

（3）减少领班查房的工作量。

（4）增进工作环境的和谐与协调。

2. 领班普查

领班作为一个初级的管理者，其重要工作就是督促、检查员工的工作质量。领班普查是服务员自查之后的第一关，而且往往也是最后一关。在领班检查合格并报总台后，此房就为 OK 房，可以向客人出租，因此领班普查工作至关重要，是客房清洁卫生质量控制的关键。如领班查房时发现问题，要及时记录并开出返工单返工，直至达到质量标准；否则就会影响到饭店的声誉。客房部应加强对领班的监督职能，并重视事后检查工作，最好配备专职领班检查人员。

（1）领班查房的作用。

① 客房清洁质量控制的关键。

② 拾遗补漏。由于工作繁忙、身体疲惫和粗心等许多原因，再勤奋的员工也难免有疏漏之处，而领班的查房犹如加上了双保险。

③ 现场督促指导。对于业务尚不熟练的员工，领班的查房是一种帮助和指导，有利于员工提高业务能力。

④ 反馈信息。领班通过普查可以更多地了解到基层服务情况并反馈到上级主管，而饭店管理者又通过领班的普查来实现其多方位的控制和调节。

⑤ 执行上级的管理意图。领班普查的标准和要求是上级管理意图的具体表现。

⑥ 督促考察。领班的普查是促进服务员自觉工作的一种策动力，也是考核、评估员工的一项原始凭证。

（2）检查方法。

① 查房时应按环形路线循序渐进，发现问题及时记录和解决，应先检查急用房和特殊房。

② 注意对新员工进行跟踪检查。现场指导和纠正不熟练员工工作中出现的问题及正确的操作方法。

③ 领班查房时，对服务员清扫客房的漏项和错误，应及时开出返工单，令其返工，以保证清扫的质量。

（3）领班查房的数量。

领班查房数量，不同饭店有不同的规定。一个日班领班一般管理 6~10 名服务员，负责 60~80 间客房的区域，每天要对负责的全部客房进行检查并保证清洁质量符合要求，有的领班甚至负责 80~100 间客房的检查。鉴于领班的工作量较重（有的领班还要清扫一定量的客房），有些饭店只要求其对走客房、空房和贵宾房进行普查，而对住客房实施抽查。夜班领班的工作量一般为日班领班工作量的两倍。

3. 主管抽查

为了实施对领班的管理和便于日常工作的分配调节，许多饭店都设置了主管职位，主管不可能像领班一样对每间房都亲自检查，但为了了解当天客房清洁质量的好坏，必须对现有客房进行抽查，其数量一般为领班数量的 15%~20%。

（1）主管抽查的作用。

① 检查督促领班工作，建立楼层合格的骨干队伍。

② 保证客房部经理管理方案的执行。

③ 为客房部管理收集第一手的资料和信息。

（2）检查重点。

① 检查领班实际完成的查房数量和质量。

② 抽查领班查过的房间，以观察其是否贯彻了上级的管理意图。

③ 检查领班掌握检查标准和项目的宽严尺度是否恰当。

④ 对楼层公共区域的清洁、员工的劳动纪律、礼节礼貌、服务规范进行检查，以确保所辖区域的正常运转。

客房主管是客房清洁卫生任务的主要指挥者，要求必须检查 VIP 房、抽查长住房、OK 房、住客房和计划卫生的大清洁房，检查每一间维修房，使其尽快投入使用。因此，必须加强督查力度，确保客房清洁卫生的质量。

4. 经理抽查

客房的逐级检查制度应一级比一级严格，所以，经理的抽查要高标准、严要求，因而被象征地称为"白手套"式检查。经理的查房宜采取不定期、不定时进行，以保证检查的真实性。查房的重点是房间清洁整理的整体效果，员工的整体水平，了解自己的管理意图的执行情况，并特别注意对 VIP 房间的检查，同时客房部经理还应定期同饭店其他相关部门经理和人员对客房内的设施进行检查（如饭店的质检部门、房务总监和工程部经理等的查房）。由于经理抽查的次数和数量有限，有时会带有片面性和偶然性，因此，客房部还应建立领班查房周例会制度，充分了解员工服务质量的好坏、检查过程中存在的问题，以便及时改进。

除上述四级查房制度以外，还有总经理抽查、定期检查，邀请专家、同行以及住店客人检查，设置意见箱等，以求多层次、多渠道地掌握客房清洁卫生状况。

************************ **小　资　料**① ************************

百年老店——北京饭店有丰富的饭店管理经验，其管理尽可能做到数据化、科学化、制度化、标准化。在质量管理监检体系上，该饭店贯彻垂直领导、逐级负责的原则，实行质量检查考核双轨制，日常管理考核由部门负责，明确经理、主管、领班各级管理人员的职责，要求部门经理实行走动式管理，日抽检率 20%，主管 40%，领班 100%。

****

---

① 陈高钦 . 21 世纪朝阳产业 . 北京：中国经济出版社，2000：25

（二）客房检查的程序和标准

查房程序与整理客房的程序和标准基本一致。查房时应按顺时针或逆时针方向循序渐进，发现问题应及时记录、及时解决，以防耽搁和疏漏。客房检查的内容一般包括 4 个方面：清洁卫生质量、物品摆放、设备状况和整体效果。日常查房的具体项目内容和标准如下。

1. 房间

（1）房门：无指印、锁完好，安全指示图、请勿打扰牌及餐牌完好齐全，安全链，窥视镜、把手等完好。

（2）墙面和天花板：无蜘蛛网、斑迹，无油漆脱落和墙纸起翘等。

（3）护墙板、地脚线清洁完好。

（4）地毯：吸尘干净，无斑迹、烟迹。

（5）床：铺法正确，床罩干净，床下无垃圾，床垫按期翻转。

（6）硬家具：干净明亮，无刮伤痕迹，摆放位置正确。

（7）软家具：无尘无迹。

（8）抽屉：干净，使用灵活自如，把手完好无损。

（9）电话机：无尘无迹，指示牌清晰完好，话筒无异味，功能正常。

（10）镜子与画框：框架无尘，镜面明亮，摆放端正。

（11）灯具：灯泡清洁，功率正确，灯罩清洁，接缝面墙，使用正常。

（12）垃圾桶：状态完好而清洁，罩有塑料袋。

（13）电视机与音响：接收正常，清洁无迹，位置正确，频道应设在播出时间最长的一档，音量调到最低。

（14）壁柜：衣架的品种、数量正确且干净，门、橱底、橱壁和格架清洁完好。

（15）窗帘：干净完好无破损，挂法正确，操作自如，挂钩无脱落。

（16）玻璃窗：清洁明亮，窗台与窗框干净完好，开启轻松自如。

（17）空调：滤网清洁，工作正常，温控符合要求。

（18）小酒吧：清洁无异味，物品齐全。

（19）客房用品：数量、品种正确，无涂抹、褶皱，状态完好，摆放符合要求。

2. 卫生间

（1）门：正反面干净无划痕，把手洁亮，状态完好。

（2）墙面：清洁完好，无松动，破损。

（3）镜子：无破裂和水银发花，镜面干净无污迹。

（4）天花板：无尘无迹、无水漏或小水泡，完好无损。

（5）地面：清洁无污迹，无水迹、无毛发，接缝处完好无松动。

（6）浴缸：内外清洁，镀铬件干净明亮，皂缸干净，浴缸塞、淋浴器、排水阀和开关龙头等清洁完好、无滴漏，接缝干净无霉斑，浴帘干净完好，浴帘扣齐全，晾衣绳使用自如，冷热水水压正常。

（7）脸盆及梳妆台：干净、镀铬件明亮，水阀使用正常，无水迹、毛发，灯具完好。

（8）坐厕：里外均清洁，使用状态良好，无损坏，冲水流畅，开、关自如。

（9）抽风机：清洁，运转正常，噪音低，室内无异味。

（10）客用品：品种、数量齐全，状态完好，摆放符合规范。

3. 楼面走廊检查

（1）地毯：吸尘干净，无斑迹、烟痕、破损，地毯接缝处平整。

（2）墙面：干净无破损。

（3）照明及指示灯：使用正常，无尘迹。

（4）空调出风口：清洁无积灰。

（5）落地烟缸：位置摆放正确，清洁无污迹。

（6）消防器材：消防器材的安全指示灯正常完好，安全门开闭自如。

第二节　客房的日常清扫整理

一、客房清扫的一般原则

客房清扫又称做房，它包括3个方面的工作内容：清洁整理客房、更换补充物品、检查保养设施设备。作为一名客房服务员，就是要使饭店客房永远保持整齐、干净和舒适，并富有魅力。因此客房服务员应根据不同状态的房间，严格按照整理清洁的程序和标准进行清扫，以达到饭店规定的质量标准。

（一）从上到下的原则

擦拭衣柜和刷洗卫生间时，应采取从上到下的方法进行。

（二）由里到外的原则

地毯吸尘和擦拭卫生间地面时，采取由里到外的方法进行。

（三）环形清理的原则

家具物品的摆放是沿房间四壁环形布置的，因此，在清扫房间时，也应遵循按顺时针或逆时针方向进行清扫，以求高效省力和避免出现遗漏。

（四）干湿分开的原则

在擦拭不同家具设备及物品时，干湿抹布应严格区别使用。例如房间的镜子、灯罩、电视机屏幕、床头板等只能用干抹布擦拭，以避免用湿抹布污染墙面和发生危险。

（五）先卧室后卫生间的原则

对于住客房来讲，应先做卧室然后再做卫生间，以避免客人突然回来或有访客所带来的不便和尴尬。整理走客房可以先做卫生间，这样可以让弹簧床垫和毛毯等得到充分的透气，达到保养的目的。

（六）注意墙角卫生的原则

墙角是日常清扫工作容易疏忽的地方，也往往是易产生蜘蛛结网和尘土积存的地方，除了定期加强清扫外，平时日常清扫时也需要留意打扫，不要留下死角。

二、客房清洁整理的准备工作

为了给客人创造一个舒适安宁的生活或工作环境，保证客房清扫的质量和提高工作效率，在进行客房整理和清扫前，必须做好各项准备工作，了解进房前的具体要求。

（一）客房清扫前的准备工作

1. 签领客房钥匙和呼叫机，接受工作指令

客房服务员在清扫房间前，应领取客房钥匙和呼叫机，随后参加由主管（或领班）主持的工作例会，接受当天的工作任务和指令，领取《客房清扫日报表》。

2. 了解并分析房态

服务员开始工作前，须了解房间的状态，以决定清扫的顺序。

（1）常见的客房状态。

① 住客房（Occupied，OCC）：即客人正在使用的房间；

② 走客房（Check Out，C/O）：即表示客人已退房结账并离开的客房；

③ 长住房（Long Staying Guest，LSG）：长期由客人包租的房间，又称"长包房"；

④ 贵宾房（Very Important Person，VIP）：表示该房间住的宾客是饭店的重要客人；

⑤ 空房（Vacant，V）：表示该房前一天没有客人租用；

⑥ 维修房（Out of Order，OOO）：亦称病房，表示该房间因设施设备故障，暂不能租用；

⑦ 未清扫房（Vacant Dirty，VD）：表示该房是还没有来得及打扫的房间；

⑧ 外宿房（Sleep Out，S/O）：表示该房已被客人租用，但住客因事昨夜未归；

⑨ 请勿打扰房（Do Not Disturb，DND）：表示该房的客人因事不愿服务人员打扰；

⑩ 请即打扫房（Make Up Room，MUR）：表示该客房客人因会客或其他原因需要服务人员立即打扫房间；

⑪ 轻便行李房（Light Baggage，L/B）：表示住客行李很少的房间，为了防止逃账，客房部应及时通知总台；

⑫ 无行李房（No Baggage，N/B）：表示住客没有行李；

⑬ 加床房（Extra Bad，E/B）：表示该房有加床。

（2）不同房态的客房清扫程度不同。

① 简单清扫的房间：如空房，一般只进行通风、吸尘、抹灰和放掉水箱、水龙头里积存的陈水，检查房间物品和设备是否完好齐全便可。

② 一般清扫；如客人正在使用的房间，物品较多也不便挪位置，只需把房间收拾整齐干净就可以了。

③ 彻底清扫；如走客房，特别是长期滞留后退房的房间，要进行彻底清扫，以便重新接待新入住的客人。

3. 确定房间清扫的顺序

（1）淡季清洁顺序。

① 前台通知的客房。

② 请速打扫的房间。

③ 走客房。

④ VIP 房。

⑤ 住客房。

⑥ 空房。

（2）旺季清洁顺序。

① 前台通知的客房。

② 空房。

③ 走客房。

④ 请速打扫房。

⑤ VIP 房。

⑥ 住客房。

但客房的清扫顺序不是一成不变的，在既满足客人的特殊要求，又保证饭店客房的正常运转和充分利用的情况下，服务员可以根据开房的先后缓急，来决定当天的房间清扫顺序。

4. 准备好清洁设备用具

客房清洁用具准备得如何，直接影响到清扫的效率高低。客房常用的清洁设备和工具有：房务工作车、吸尘器、玻璃刮、地拖、抹布、清洁刷等。

房务工作车又称布草车，它是客房服务员整理、清扫房间的重要用具。房务工作车的准备工作（如表8-2所示），一般可在头天下班前的空余时间进行，也可以由夜班人员予以补充备齐，第二天进房清扫前，服务员还要进行一次检查，看用品是否齐全，以免影响工作效率。

表8-2　　　　　　　　　房务工作车的准备步骤和做法

步骤	做法和要点	备注
1. 擦拭工作车	1. 用半湿的毛巾里外擦拭一遍 2. 检查工作车有否破损	
2. 挂好布草袋和垃圾袋	对准车把上的挂钩，注意牢固地挂紧	二星级以下的饭店一般不设垃圾袋而用塑料桶代替
3. 将干净布草放在车架上	1. 床单放在布草车的最下格 2. "四巾"放在布草车的中格	"四巾"是指方巾、面巾、地巾和浴巾（分大浴巾、小浴巾——"五巾"）
4. 摆放房间用品	将客用消耗品整齐地摆放在布草车的顶架上	
5. 准备好清洁篮（桶）	1. 准备好工作手套 2. 准备好干湿抹布，百洁布、毛球、专用的抹地布和洗厕用的毛刷等 3. 准备好各种清洁剂和消毒剂	

5. 准备齐全需使用的清洁剂

6. 检查着装仪表

（二）清扫客房时应注意的事项

客房服务员在为客人提供服务的过程中，经常需要进入客人的房间。而客人一旦住进房间，该客房就应成为客人的私房，因此，任何工作人员都不得擅自进入其房间，而必须按一定的要求方可进入客人的房间。

1. 客房服务员不能随意进入客人的房间

每天的清扫整理，应安排在客人不在房间时进行；客人在房间时，必须征得客人的同意后才能进房，以不干扰客人为准。若客人不离房，则应征询客人的意见，是否另外安排时间进房清扫。

2. 养成进房前先思索的习惯

客人对客房的要求就是舒适、方便，是客人的家外之家，因而客人在房间是比较随意的，服务员要尽量替客人着想，揣摩客人的生活习惯，不要因清洁工作而打扰了客人的休息和起居，干扰了客人的私人生活，造成难堪的场面，引起客人对饭店的不满。因此，服务员要养成进房间前先思索的习惯，这个时候客人在做什么：睡觉？会客？洗澡？打电话？……

3. 注意客人的提示

在门外把手上挂有"请勿打扰"牌，或在锁中露出红色标志——表示已上双重锁（反锁标志），以及在房门一侧上方墙壁上亮着"请勿打扰"指示灯时，这表明客人在房内有事，不便他人进入，这时服务员不能敲门进房。如果到了下午2时，仍然挂着"请勿打扰"牌，未见客人离开房间，里面也无声音，这时服务员可打电话了解情况，但要注意礼貌用语，客人同意后方可进入房间做卫生。如果无人接电话，说明客人可能生病或发生其他事故，服务员应立即报告上级主管，及时采取措施，避免发生意外。

4. 养成敲门进房的习惯

服务员应注重自己的操作礼节，无论什么时候进客房都要先敲门或按门铃，待客人允许后再进入房间。服务员进房的程序及标准如下：

（1）不要靠门太近，站在距离房门约1米远的地方，以便客人能从窥视镜中看到房门外的人。

（2）敲门时，用食指或中指的指关节有节奏地轻敲三下（或按门铃），并报身份"Housekeeping"，不要用手拍门或用钥匙敲门，更不能用脚踢门（许多饭店开始取消用门铃呼叫的方式）。

（3）等候客人反应约5秒钟，如果客人无反应，则重复1~2次。

（4）如果仍无反应，将钥匙插入门锁内轻轻转动，用另一只手按住门锁手柄。不要用力过猛，因为客人可能仍在睡觉，或许门上挂有安全链。

（5）开门后应清楚通报"Housekeeping"，并观察房内情况。如果发现客人正在睡觉，则应马上退出，轻轻将门关上；如果发现客人在房间内，应首先向客人问好并道歉，同时表明自己的身份及来意，征求客人是否可以清洁房间。

（6）敲门后，房内客人有应声，则服务员应主动说"Housekeeping"，待客人允许后，方可进入客房清扫。

（7）进入房间后，还要留意卫生间的门是否关着，如果关着，则要敲门，证实无人后，方可把卫生间的门打开。

（8）在进行清扫工作时，必须把门敞开，以便工作，也便于通风，同时避免客人不必要的误会。

5. 清扫客房

清扫住客房时，除非工作需要，可稍加整理客人的东西（但不得随意地移动），服务员不得乱动客人的东西，不得以调节工作情绪为由，使用房内电视机、音响，也不能使用电话和卫生间等，更不能在房内休息。

6. 正确使用清洁用具

为了延长客房物品的使用寿命、降低成本费用，服务员不能用撤换下来的床上用品和毛巾作为擦洗的清洁用具，服务员必须使用饭店备用的专用清洁工具。

7. 不能随意打开客人的房间

客房属于客人的私有区域，未经住店客人的同意，任何服务员不得为他人（包括其亲属）打开宾客的房间。

8. 不许在客房更衣、吸烟、吃东西、看书报杂志及食用客人的食品、饮料

***********************　小　资　料①　***********************
吸尘器使用时的注意事项

吸尘器指吸灰尘之机器，而灰尘太多，造成吸力小的主要原因可能有以下几点：（1）吸尘器吸嘴或管道堵塞；（2）集尘腔内积尘太多，或滤尘袋潮湿使空气难以流通；（3）风道漏气或机身安装不严密，使风压下降，吸力不足。所以应经常检查吸嘴、管道、集尘腔，对吸刷嘴部至排气孔之间的器具或滤布罩也要经常清洗，放在阴凉处晾干后再用。

（1）不可吸铁钉、木块、螺丝及其他硬物，更不可吸湿物或呕吐物。

（2）使用中避免碰撞桌椅、墙壁。

（3）使用中听到马达转动声不正常时，须停止使用并作检查，若吸入硬物会造成扇叶破损。

（4）使用时电线勿穿过走廊，注意行走安全。

（5）用毕用手抓住插头拔掉电源，不可直接拉拽电线或在远处将插头

① 郭春敏. 酒店客房服务管理. 广州：南方日报出版社，2000：15

扯下。

（6）用毕将把柄直立，电线绕圈挂在把柄的挂钩上。

（7）打开盖子清理缠绕在滚轮上的毛发，清理周围的灰尘线头；隔日将滚轮拆下，用半湿抹布清理周围的灰尘。

（8）橡皮带损坏要更换，安装时要注意正确的方向。

（9）节假日及附近有挂 DND 之房间，要把房门关起来吸尘，以免妨碍其他客人休息。

****

三、客房清扫程序及标准

（一）走客房的清扫

对当天结账离店客人房间的清扫，就是走客房的清扫。其清扫程序主要是针对卧室和卫生间而言。

1. 卧室清扫

（1）卧室清扫"十字诀"。

① 开：开门、开灯、开空调、开窗帘、开玻璃窗；

② 清：清理烟灰缸、字纸篓和垃圾；

③ 撤：撤换用过的茶水具、玻璃杯、脏布件，如有客人用过的餐具、加床等也一并撤去。

④ 做：做床。

⑤ 擦：擦拭家具、设备及用品。

⑥ 查：查看家具用品有无损坏，配备物品有无遗失和短缺，客人有无遗留物，可边擦拭边检查。

⑦ 添：添补房间客用品。

⑧ 吸：地毯吸尘

⑨ 关（观）：观察房间清洁后的整体效果，是否有遗漏；关玻璃窗、关纱帘、关空调、关灯、关门。

⑩ 登：在"服务员工作日报表"上做好登记。

（2）清扫卧室的具体要求。

① 按规范敲门进房，并把"正在清洁"牌挂于门锁把手上。将房门完全打开，直至该客房清扫完毕。开门打扫卫生有以下几个方面的作用：

a. 表示正在清扫该客房；

b. 防止意外事故的发生；

c. 有利于房间的通风换气；

d. 便于服务员进出操作。

② 开灯，拉开窗帘，打开玻璃窗，确保室内光线充足，便于清洁。拉开窗帘时应检查帘子有否脱钩和损坏情况。必要时打开空调，以调节室内空气。

观察室内情况，主要是检查客人是否有遗留物品和房内设备用品有无丢失和损坏，以便及时上报。

③ 清理烟灰缸和垃圾。

a. 将烟缸里的烟灰倒入指定的垃圾桶内，在浴室内洗净，用布擦干、擦净。注意不要有未熄灭的烟头，也不能将烟头等脏物倒入马桶，以免堵塞马桶。

b. 收拾桌面和地面的果皮、纸屑等垃圾及尖硬物，将其放进垃圾桶或纸篓中。

c. 清理纸篓（垃圾桶），倒纸篓时，可先检查纸篓内有无有价值的东西，若有，则不要倒掉。清理纸篓时，应直接把垃圾袋取出，倒入清洁车的垃圾袋中，并在纸篓内套一新的塑料袋。在清理纸篓时，如发现有刮胡刀片或碎玻璃等锐利废弃物，应及时单独处理并注意安全。

④ 房内有加床时，应撤走加床并放在指定位置；房内如有用过的餐具，则撤走放于指定位置或通知有关人员拿走。

⑤ 撤走用过的茶水具、玻璃杯。

⑥ 撤走用过的床单和枕套，把脏布件放进工作车的布草袋内：

a. 在撤床单时，要抖动几次，确认里面无衣物或其他物品；

b. 若发现床单、床垫等有破损及受污染情况，应及时报损；

c. 不要把撤下的布件扔在地毯或楼层走道上；

d. 收去脏布件后带入相应数量的干净布件，放置在椅子上；

e. 撤床的程序如表8-3所示。

表8-3　　　　　　　　　　　撤床程序

主要步骤	注意事项
（1）揭下床罩或棉被	许多饭店在冬天使用丝棉被
（2）脱下枕头套	（1）注意枕套内有无遗留物品 （2）留意枕头有无污渍 （3）将枕头放在扶手椅上

191

续表

主要步骤	注意事项
（3）揭下毛毯	折叠好放在扶手椅上，禁止猛拉毛毯
（4）揭下床单	（1）从床垫与床架的夹缝中逐一拉出 （2）注意垫单是否清洁 （3）注意是否夹带客人的衣物及其他物品 （4）禁止强行拉扯床单
（5）撤走用过的床单、枕套	注意清点数量

　⑦ 做床。按照铺床的程序换上干净的床单、枕套。铺好的床应结实、平整、对称、挺括而美观。客房西式铺床操作程序如表 8-4 所示。

表 8-4　　　　　　　　　　西式铺床的步骤

主要步骤	注意事项
（1）将床拉离床头板	（1）弯腰下蹲，双手将床架稍抬高，慢慢拉出 （2）将床拉离床头板 50cm （3）注意将床垫拉正对齐
（2）铺垫单——第一张床单（甩单、包边、包角）	（1）床单正面向上，床单的中折线居床的正中位置 （2）床单两侧下垂对应相等 （3）四角式样，角度一致，均匀紧密 （4）四边紧密、无褶皱
（3）铺托单——第二张床单	（1）反面向上，中折线与垫单重叠 （2）托床头部多出床垫约 5cm
（4）铺毛毯	（1）将毛毯甩开平铺在托单上 （2）毛毯头部与床垫的距离为 25cm （3）毛毯的商标在床尾右下角，商标向上
（5）包边、包角	（1）将多出毛毯 30cm 的托单沿毛毯折上做被头 （2）两侧下垂部分和尾部多余部分掖入床垫内 （3）边角要平而紧，床面整齐、平坦、美观

主要步骤	注意事项
（6）装枕（装芯、定位、整形）	（1）将枕芯装入枕套，四角饱满，平整，枕芯不外露 （2）不要用力拍打枕头 （3）将枕头放在床头的正中，头部不露出床垫 （4）单人床枕套口避离床头柜，双人床枕套口互对
（4）铺床罩	（1）床罩头部与枕头平齐，尾部不落地，多余部分压在两个枕头下面 （2）注意床罩平整、美观
（8）将床复位	（1）弯腰用手或以腿部将床缓缓推进床头板下，不要用力过猛 （2）查看一遍床铺得是否整齐美观

⑧ 擦尘、检查设备。按顺时针环形路线依次把房间的家具、用品抹一遍，不漏擦。在除尘中注意需补充物品的数量，同时检查设备的好坏。注意家具的底部、边角位及墙脚线。

⑨ 按饭店规定的数量和摆放规格添补客房用品和宣传品。

a. 带进已消毒的茶水具、玻璃杯。

b. 补充客房用品。

⑩ 清洁卫生间。

⑪ 吸尘。由里到外吸净地毯、梳妆凳、沙发下、窗帘下、门后以及家具内的尘埃，同时拉好纱帘，关好玻璃窗。

⑫ 巡视检查。离房之前检查一遍，看是否有漏项和遗留物，家具摆放是否协调，物品补充是否齐全，窗帘是否到位等。发现漏项及时补做。关掉空调和灯，关门离房。

⑬ 登记客房清洁整理状况。每间房清扫完成后，根据工作日报表的要求，认真填写进出时间、布件、客房用品的使用和补充情况，以及损坏、维修项目和其他事项。

2. 卫生间清扫

卫生间是客人最易挑剔的地方，因为其中的不少设备用品都要与客人的皮肤直接接触，又是客人淋浴、梳妆的场所，必须严格按操作规程进行，使之达到规定的卫生标准。清洗前要打开抽风机，戴上手套。

（1）卫生间清扫"十字诀"。

① 开：开灯、开门、开换气扇。

② 冲：放水冲马桶，滴入清洁剂。

③ 收：收走客人用过的毛巾、洗刷用品，收拾垃圾。

④ 洗：清洁浴缸、墙面、脸盆和抽水马桶。

⑤ 擦：擦干卫生间所有设备和墙面，特别是金属器皿。

⑥ 消：对卫生间各部位进行有效消毒。

⑦ 添：添补卫生间的棉织品和消耗品。

⑧ 刷：刷洗卫生间地面。

⑨ 吸：用吸尘器对地面残留物进行吸尘。

⑩ 关（观）：观察和检查卫生间工作无误后关灯、关门。

（2）清扫卫生间的具体要求。

① 开灯并打开换气扇，将清洁桶带进卫生间。

② 放水冲净坐厕，然后在马桶内倒入规定数量的清洁剂以备以后清洁之用，但注意不要将清洁剂直接倒在釉面上而损伤釉面。

③ 收走客人用过的毛巾放入工作车布草袋内。

④ 收走卫生间用过的消耗品，清理垃圾。

⑤ 将烟灰倒入指定的垃圾桶内（烟缸的清理可与卧室烟缸一同进行）。

⑥ 清洁浴缸。

a. 将浴缸旋塞关闭，放少量热水和清洁剂，用百洁布或清洁刷从墙面到浴缸里外彻底洗刷并用水冲净，也可同时清洁浴帘。最后把墙面、浴缸、浴帘用干布擦干。

b. 用海绵块蘸少许中性清洁剂擦洗开关、龙头、浴帘杆、毛巾架等金属上的污垢，并用干布擦干擦亮，不要使用酸性清洁剂，以免"烧坏"电镀表层。

c. 注意清洁并擦干墙面与浴缸接缝处。

d. 注意清洁浴缸的外侧。

e. 留意对皂缸缝隙的清洁，必要时可使用牙刷刷净。

⑦ 清洁脸盆和化妆台（云台）。

a. 用百洁布蘸上清洁剂将台面、脸盆进行清洁，然后用清水冲净、擦干。

b. 用海绵块蘸少许中性清洁剂擦除脸盆不锈钢件的皂垢、水斑，擦干擦亮。

⑧ 注意将毛巾架、浴巾架、卫生间服务用品的托盘、吹风机、电话副机、卫生纸架等擦净，并检查是否完好。

⑨ 擦干镜面，在镜面上喷少许玻璃清洁剂，然后用干抹布擦净擦亮。

⑩ 清洁马桶。

a. 用马桶刷清洁坐厕内部并用水冲净，对其出水和进水孔进行清刷。

b. 用中性清洁剂清洁抽水马桶水箱、坐沿盖子的内外及外侧底座等（一般为定期清洁）。

c. 用专用的干抹布将马桶擦干并贴上消毒封条。卫生间的干、湿抹布应严格区分，禁止将毛巾作抹布使用。

⑪ 对卫生间各个部位消毒。

卫生间消毒工作是经常性的。客人一旦使用过卫生间，就必须对卫生间的物品用具进行消毒处理，特别是在细菌容易繁殖的季节，要对客房卫生间进行彻底消毒，以符合客房卫生的要求，但同时也要注意消毒过程中的安全工作。

⑫ 补充卫生间的用品，按规定摆放。

⑬ 把浴帘拉好，一般拉出 1/3 即可。

⑭ 清洁脸盆下的排水管和地漏。

⑮ 清洁地面，从里到外清洁净卫生间的地面。

⑯ 吸尘。卫生间地面擦干净以后，还应对地面进行吸尘，以确保地面上无毛发、小块硬物及残渣。

⑰ 最后环视卫生间和房间，检查是否有漏项和不符合规范的地方，然后带走所有清洁工具，将卫生间门半虚掩，关上浴室灯。

（3）清洁卫生间的注意事项。

① 清洁卫生间必须配备专用工具，不同项目使用不同的清洁工具和清洁剂，绝不能一块抹布抹到底。

② 清洁后的卫生间一定要做到：整洁干净、干燥、无异味、无毛发、无脏迹、无皂迹和水迹。

③ 对于浴缸的旋塞和脸盆活塞，要取出来清洁并安装好。

④ 为防止卫生间金属件因脏水溅污而产生锈斑，可在上面涂上一层薄蜡。

⑤ 为保证工作效率和质量，清洁卫生间时应配备合适的清洁工具和清洁用品，同时也要了解清洁剂和消毒剂的性能和使用方法，以确保清洁卫生的有效性。

********************** 小 资 料① **********************

浴室革命——丽晶酒店"二十一世纪卫生间"

对于酒店人士来说，标准客房之所以被称为"标准"，就是因为客房的布局和设施配置都已经基本定型，任何新的设计思想都只是在原来框架下的修修补补而已，难以有实质性的突破。但在新世纪来临之际，标准客房的布局也在悄悄地发生着变化，一场很可能预示着下个世纪酒店建筑新思维的"客房革命"正在酝酿和实施。这一切都是从香港丽晶酒店的"二十一世纪卫生间"开始的。在酒店的缔造者罗伯特·彭斯先生的主张下，靠近维多利亚港、拥有602间豪华客房的香港丽晶酒店抛弃了传统的设计思想，在客房卫生间上很是下了一番功夫。为此，他和设计师们考察、调研了欧洲、北美许多顶尖级豪华酒店，确立了以豪华和明敞为主要风格，将酒店建成为全亚洲酒店的楷模。

丽晶酒店的客房卫生间成为新设计的突破点，彭斯先生决定给这个最容易被人们忽视而又是生活中最关键的地方带来一个顶级豪华的意识。他把通常为12.8平方米的卫生间扩大为36.58平方米，卫生间里镶嵌以淡粉色大理石、落地玻璃镜面，大大提高了常规照明强度。传统的"三大件"也有很大改变，增设了淋浴池，特制了一批低位扶手以照顾残疾或行动不便的客人。抽水马桶上加设了预热坐垫，人们不会再有热屁股碰上冷板凳的尴尬。浴盆的面积硕大无比，可以在短短几秒钟内迅速灌满水，足以供两人同时使用，还有独特的按摩功能。卫生间里还增加了化妆镜、洗衣台、吹风机、体重自测仪等许多设施。最让人们欣赏不已的是可以直接在浴室里远眺维多利亚港的迷人景色。

丽晶的超级卫生间被人们誉为"二十一世纪卫生间"，出人意料地成为酒店最成功的"卖点"。

****

(二) 住客房的清扫

住客房的清扫程序与走客房大致相同，但由于住客房仍然是客人继续使用的房间，所以在清扫时有些方面要引起我们特别的注意。

1. 进入客人房间前先敲门或按门铃

房内无人方可直接进入；房内若有人应声，则应主动征求意见，得到允许后方可进房。

---

① 贺湘辉，徐文苑．饭店客房管理与服务．北京：清华大学出版社，2005：35

2. 如果客人暂不同意清理房间, 则将房号和客人要求清扫的时间写在工作表上

3. 客人不在房间时

(1) 将客人的文件、杂志、书报等稍加整理, 但不能弄错位置, 更不准翻看。

(2) 除放在纸篓内的东西外, 即使是放在地上的物品也只能替客人作简单的整理, 千万不要自行处理, 同时检查纸篓内是否有客人误丢的贵重物品。

(3) 客人的衣物如不整齐, 可挂到衣柜里或叠好放回原处。女宾住的房间则更要小心, 不要轻易动其衣物。

(4) 擦壁柜时, 只需做大面积卫生即可, 注意不要把客人的衣物弄乱弄脏。

(5) 擦拭行李架时, 只需擦去浮尘即可, 一般不挪动客人的行李。

(6) 女性用的化妆品, 可稍加整理, 但不要挪动位置, 更不能自行处理客人的化妆用品。

(7) 要特别留意不要随意触摸客人的照相机、计算机、笔记本、贵重的饰物及钱包等, 更不能偷拿。

(8) 房间如需更换热开水, 注意水温不得低于 90℃, 换进的水瓶注意要擦拭干净; 如使用电热瓶, 则应更换新水, 以免产生水垢。

(9) 服务员不得在房内休息, 更不能使用房内设施和用品。

(10) 清扫完毕, 将空调开至低档, 关闭所有的灯具, 关门离房。

4. 客人在房间里

客房清扫一般利用客人不在房时进行, 如果客人不离房, 则应注意:

(1) 礼貌地问好, 询问客人是否可以清洁房间。

(2) 操作要轻、程序要熟练, 不能与客人长谈。

(3) 若遇有来访客人, 应询问是否继续进行清洁工作。

(4) 清洁完毕, 向客人致歉, 并询问是否有其他吩咐, 然后向客人行礼, 退出房间, 轻轻地关上房门。

5. 客人中途回房

在清洁工作中, 遇到客人突然回房时, 要主动向客人打招呼问好, 征求意见是否继续打扫清洁, 如未获允许应立即离开, 待客人外出后再继续进行清扫。若客人同意, 应迅速地把房间清洁好, 离开时应礼貌地对客人说: "对不起, 打扰您了, 谢谢。" 退出房间时要轻轻关上房门。

6. 房间电话

房间电话是客人主要的通信工具，对客人来说是很重要的。为了尊重客人对房间的使用权和避免不必要的麻烦，服务员在清扫过程中，如果电话铃响起，是不应该接听的。

7. 损坏客人的东西

清扫住客房时应小心谨慎，客人的东西不应移动，特别是贵重和易碎物品，必要时应轻拿轻放，清扫完毕要放回原处。如果万一不小心损坏了客人的物品，应如实向主管汇报，并主动向客人赔礼道歉，如属贵重物品，应由主管陪同前往，并征求客人意见，若对方要求赔偿时，应根据具体情况，由客房部出面给予赔偿。

8. "请勿打扰"房的处理

（1）与总台查对，看客人是否前一天很晚才入住，或者是早晨才登记入住。前一天很晚或早上入住客人可能还在休息，不想被打扰。这样的房间应在当天迟些时候做特别的清扫安排。

（2）试着通过电话与客人联系。

（3）如无人接听，就亲自去客房。找一个员工同去，在需要时好协助。

（4）敲门并大声说"客房服务"。

（5）如无反应，查看房门是否已反锁。

（6）如未反锁，打开门，在进入前大声表明自己的身份。

① 如房内有人且无异常情况，则关门离房，保留门把手上的"请勿打扰"牌。

② 如发现房内有客人生病或失去知觉，则立即求助。

（7）如门已反锁，并且无法从连通门或推拉玻璃门进入客房，则立即通知当班的经理进行进一步调查，并采取应对措施。

9. 长住房的清扫

（1）注意客人物品的摆放习惯。

（2）照顾客人的生活习惯。

（3）勤检查家具设备是否完好无损。

（4）客房清洁应与客人有一个约定的时间。

（5）将客人的文件、书报等稍加整理，但不要移动位置，更不要翻看。

（6）除放在垃圾桶里的东西外，其他物品不能丢掉。

（三）空房的清扫

空房是客人离开饭店后已经清扫过但尚未出租的房间。空房的清扫较简单，一般不用吸尘，只需擦拭家具，检查各类用品是否齐全、设备是否完好即可，但必须每天进行清扫，以保持其良好的出租状态。

（1）每天进房开门、开窗、开空调，以通风换气。

（2）用抹布擦去家具、设备及物品上的浮尘。

（3）热水瓶的水每天都要换（许多高星级饭店现已使用电热水壶）。

（4）检查房间有无异常情况；检查卫生间里的"五巾"是否柔软、富有弹性，如已干燥不合要求，要在客人入住前及时更换。

（5）如果房间连续几天空房，则要吸尘，卫生间内的浴缸、洗脸盆和马桶的水要放流 1~2 分钟。

（6）调节温度，使房间保持适当的温度。

（四）午后小整理

房间午后小整理体现饭店的优质服务，让客人每次回房都有一个良好的印象。小整理服务的内容与夜床服务相似，主要整理客人午睡后的床铺，并对房间进行简单清洁，必要时补充一些茶叶、热水等。

小整理服务一般为 VIP 提供。是否需提供小整理服务，以及整理的次数等，各饭店应根据自身的等级、经营方针及房价的高低来确定。

（五）晚间房的整理

晚间房的整理，即"晚间服务"又称"做夜床"，只有在一定档次的饭店才向宾客提供此项服务，以保持饭店的等级标准和服务的规格。

1. 晚间服务的目的

晚间服务工作主要包括 3 个方面：即房间整理，开夜床，卫生间整理。其目的主要有 3 点。

① 做夜床以方便客人休息。

② 对房间进行整理，给客人创造一个舒适温馨的环境。

③ 表示对客人的欢迎和礼遇规格。

2. 晚间服务操作程序

晚间服务时间各饭店规定不同，一般在晚上 6~8 时之间。晚间服务应以不打扰客人为前提，可以在客人到餐厅用晚餐时进行，或按照服务台的要求进行。其程序如下：

（1）进房。

① 进房前要敲门或按门铃，并通报自己的身份和目的："夜床服务（Turn down service）"。

② 如果客人在房内，应先征询客人是否可以整理房间，客人同意后方可进入。如果客人不同意，要在报表上记录。对挂有"请勿打扰"牌的房间，不要打扰客人，可以从门下塞进一个"晚间服务卡"，待客人提出要求

时再及时替客人整理房间。

（2）房间整理。

① 拿报纸和热水瓶进房。将报纸整齐摆放于文具夹旁边，把热水瓶和用过的茶杯、水杯撤出，并给予补充。

② 将空调开到指定的刻度上。

③ 轻轻拉上窗帘。

④ 清理烟缸、桌面和倒垃圾，如有用膳餐具也一并撤出。

（3）开夜床。

为了方便客人休息，中班服务员必须对已经整理好的房间进行简单处理。

① 将床罩从床头拉下，整齐折叠好后放在规定的位置，如果因天气冷或客人需要，可把床罩整齐地搭在床尾部，便于客人使用。

② 将靠近床头一边的毛毯连同盖单向外折成45°角，以方便客人就寝。

③ 双床间住1人时，以床头柜为准，开靠近浴室的一张床，也可根据客人的习惯开床，不可以今天开这张床，明天又开另一张床，更不能两张床同时打开；双人床睡2人时，可左右两边都开，也可以同方向开；双床间住2人时，则各自开靠床头柜的一侧，也可以同方向开（如是异性，同时开靠床头柜的一侧；同性则同方向开）。

④ 开床时要注意床铺平整美观。枕头摆放整齐，发现床单有污点或破损时，要及时更换，如有睡衣应叠好置于枕上。

⑤ 根据饭店的等级和规定，在床头柜上放置鲜花、晚安卡、早餐牌或者小礼品等。

⑥ 如果房内有一次性拖鞋，则在开夜床折口处摆放好拖鞋或置于沙发旁。

⑦ 如有加床，则在此时打开整理好。

（4）卫生间的整理。

① 将客人使用过的"三缸"用布抹干净，如较脏则应重新擦洗。

② 将客人用过的毛巾、杯具更换，VIP用过的香皂要更换，并补充物品，按规格摆放整齐。

③ 将浴帘下端放入浴缸内，并拉出1/3，以示意客人淋浴时应将浴帘拉上并放于浴缸中，避免淋浴时水溅到地面。

④ 清倒垃圾、抹干地面，把地巾放在浴缸外侧的地面上。

⑤ 检查一遍卫生间，关灯，卫生间门应半掩。

（5）除夜灯和走廊灯外，关掉其他灯，关上房门。

（6）填写晚间服务登记报表。

3. 晚间服务要求

（1）晚间服务工作虽然是以方便客人为原则，但其服务的过程和时间容易打扰客人，影响客人的休息，所以晚间服务必须以不干扰客人为前提。因此服务人员要了解客人的行踪，尽量利用客人不在房时进行整理。

（2）晚间服务工作应考虑到客人的习俗，并非所有的客人都需要此项服务。

（3）是否进行晚间服务、是否按规定时间及程序来操作，可视房间使用状况而定。

（4）晚间服务需要额外花费人力物力，是否进行晚间服务、是否需要更换毛巾和杯具等客房用品，要充分考虑到饭店自身的档次和经营成本。

四、客房计划卫生

计划卫生即周期性的清洁保养工作。客房计划卫生是指在搞好客房日常清洁工作的基础上，拟订一个周期性清洁计划，采取定期循环的方式，对清洁卫生的死角或容易忽视的部位，及家具设备进行彻底的清扫和维护保养，以进一步保证客房的清洁保养质量，维持客房设施设备的良好状态。

（一）计划卫生的意义

1. 保证客房的清洁卫生质量

为了坚持清洁卫生的质量标准，使客人不仅对客房那些易接触部位的卫生感到满意，而且对客房的每一处卫生都放心，同时又不致造成人力浪费或时间的紧张，客房部必须通过定期对清洁卫生死角或容易忽视的部位进行彻底的清扫整理。

2. 维持客房设施设备的良好状况

不论客房楼层还是公共区域，有些家具设备不需要每天都进行清扫整理，但又必须定期进行清洁保养。例如，电冰箱除霜一般是半个月进行一次，每季度对地毯进行彻底清洗等，以维持客房设备家具的良好状态，保证客房的正常运转。

（二）计划卫生的分类

饭店计划卫生一般分为两类。

（1）除日常的清扫整理外，规定每天对某一部位或区域进行彻底的大扫除。例如，客房服务员负责 12 间客房的清扫，每天彻底大扫除一间，则 12 天即可完成他负责的所有客房的彻底清扫，也可以采取每天对几个房间的某一部位进行彻底清扫的办法。例如，对日常清扫不到的地方通过计划日程，每天或隔天彻底清扫一部分，经过若干天后，也可以完成全部分房间的大扫除。

（2）季节性大扫除或年度性大扫除。这种大扫除只能在淡季进行，清扫的内容不仅包括家具，还包括设备和床上用品。客房部应和前厅部、工程部取得联系，以便对某一楼层实行封房，以便维修人员利用此段时间对设备进行定期的检查和维修保养。

（三）计划卫生的管理

计划卫生涉及范围广，一般又以高空作业居多，因此客房部必须加强对计划卫生的管理。

1. 做好计划卫生的安排和检查记录

客房部拟订客房的计划卫生后，应做好计划卫生的落实和检查工作（如表8-5所示）。

表8-5 　　　　　　　客房计划卫生项目检查记分表　　　　　　房间

项　　　目	得　　分
门（面、框、锁眼、房号、把手、窥视镜、防火通道图）无积灰污渍	6
门吸无积灰	2
鞋篓、小酒篮无灰尘	6
过道顶板无灰尘	4
通风口无灰尘	6
冰箱柜内外无积尘和杂物	4
组合柜抽屉内外无积尘和杂物	6
电视机及转盘无积灰	4
窗玻璃、窗帘无灰尘污迹	4
垃圾桶内外无污垢、斑迹	4
茶具、茶叶缸底部无污垢、斑迹	6
家具缝、沙发缝内清洁无杂物	8
地毯边缘（含家具四周）无积灰	12
墙纸、地毯无斑迹	4
床下无灰尘、杂物	8
窗帘整齐、不脱钩，床脚无积尘	4
壁橱顶无积尘	2

卫生间

项　目	得　分
门（面、框、锁眼、把手）无积尘和污渍	6
皂碟无污迹	8
金属器（晾衣绳、龙头、开关）无污迹和水渍	12
马桶内外无污迹	12
水箱内部无泥沙，外部无斑迹	8
镜框除锈、上油	6
浴帘无污迹，边缘无破损	8
天花板无斑迹	6
取暖灯无斑迹	8
装饰板无斑迹	14
人体秤套无灰迹、斑迹	6
垃圾桶内外无污垢、斑迹	6

（1）将客房的周期性清洁卫生计划表贴在楼层工作间的告示栏内或门背后。楼层领班还可在服务员做房报告表上写上每天计划卫生的项目，以便督促服务员完成当天的计划卫生任务。

（2）服务员每完成一个项目或房间后，填上完成的日期和本人的签名。

（3）领班等根据此表予以检查，以保证质量。

（4）客房服务中心根据各楼层计划卫生的完成情况绘制柱形图，显示各楼层状况，以引起各楼层和客房部管理人员的重视。

2. 注意安全

客房的计划卫生中，有许多工作需要高空作业，如通风口、玻璃窗、天花板的清洁卫生等。因此，清扫天花板、墙角、通风口、窗帘盒或其他高处物体，要用脚手架或凳子；站在窗台上擦外层玻璃要系好安全带。总之，要处处注意安全，防止发生事故。

3. 准备好清洁工具和清洁剂

要做好客房的计划卫生，就要重视清洁工具及清洁剂的准备工作。如果这一环节没抓好，不仅会浪费清洁剂和降低工作效率，而且往往达不到预期的清洁、保养效果，甚至带来额外的麻烦。例如，给木质地板上蜡，本应用油性蜡，如误用水性地面蜡，不仅不美观，而且会给木质地板造成损坏。因此，根据计划卫生的内容，选择合适的清洁工具和清洁剂是搞好计划卫生的重要环节。

*********************** 小　资　料　 ***********************
某饭店客房部部分服务时限：
客人入住，上欢迎茶及水果（普通客人 10 分钟，VIP 3 分钟）。
擦鞋服务（10 分钟）。
加床服务（20 分钟）。
收洗客衣（3 分钟）。
客人要求收餐具（3 分钟）。
加撤烟缸（3 分钟）。
查房报账（3 分钟）。
客人贵重遗留物品上交（3 分钟）。
转交客人留言（客人回房后 2 分钟）。
VIP 出入小整理（5 分钟内开始清理）。
挂牌房打扫（5 分钟到达现场，标准房 20 分钟，套房 30 分钟）。
对顾客交办事宜，写交办单（2 分钟）。
为客人叫行李员（1 分钟）。
访客来访，上访客茶（5 分钟）。
与客人语言不通，与前台、营销联系（2 分钟）。
客人入住，填写信息表（10 分钟）。
帮客人开门（1 分钟）。
提供夜床服务（5 分钟）。
为楼层分发报纸（20 分钟）。
楼层出现火警通知保安（1 分钟）。
访客到楼层查询（1 分钟）。
客人参观房间联系前台、营销部（3 分钟）。
会议室恢复服务（30 分钟）。
通知西餐收取餐具（10 分钟）。
转交客人寄存行李（5 分钟）。

****

第三节 公共区域的清洁与质量控制

一、公共区域的概念与特点

公共区域（Public Area，PA），是指公众共有共享的活动区域。通常，人们习惯把饭店的公共区域分为室外与室内两部分。室外又称为外围，它包括外墙、花园、前后门广场及停车场等。室内又分为前台和后台。前台区域是指专供客人活动而设计的场所，如大厅（Lobby）、休息室（Lounge）、康乐中心（Entertainment Center）、餐厅（Dinning Room）、舞厅（Ball Room）、会议室（Meeting Room）、电梯（Elevator）、楼梯（Stair－Way）、公共洗手间（WC）等；后台区域即为饭店员工而划出的工作和生活区域，如员工更衣室（Staff Cloak Room）、员工餐厅（Staff Dinning Room）、员工活动室（Staff Amusement）、员工公寓（Staff Flat）、员工阅览室（Staff Reading Room）、员工通道（Staff Passage）、员工电梯等。

公共区域与客房清洁卫生相比，有其自身的特点：

（1）客流量大，对饭店声誉影响大。

（2）管辖范围广，工作内容繁杂琐碎。

（3）工作条件差，人员变动大，而专业性、技术性较强。

二、公共区域的业务范围

公共区域清洁卫生的业务范围，是根据饭店的档次、规模和其他情况而定的。有的饭店根据公共区域所在位置，分别划归相应的部门管理；有的饭店则将前台公共区域划归客房部或前厅部负责，而将后台公共区域划归行政后勤部管理。但最有效的做法是在客房部下设置一个公共区域组，专门负责除厨房以外的所有公共区域的清洁与保养。这样做不但可以节省人力、提高工作效率，还有助于统一控制和协调其清洁质量和标准。其主要业务如下：

（1）负责大厅、门厅、花园、楼梯、电梯及饭店周围的清洁保养工作。

（2）负责餐厅、咖啡厅、宴会厅、舞厅等营业场所的清洁保养工作。

（3）负责饭店公共洗手间的清洁工作。

（4）负责行政办公区域、员工通道、员工更衣室等员工使用区域的清洁卫生。

（5）负责饭店所有下水道、排水、排污等管道系统和垃圾箱的清疏工作。

（6）负责饭店卫生防疫、喷杀"六害"工作。

（7）负责饭店内外的绿化工作。

三、公共区域主要部位的清洁任务及要求

公共区域是客人活动频繁的场所，在进行清洁保养前，管理者应根据客人活动的时间规律，安排好不同区域的清洁保养时间，并以不影响客人正常活动为原则。日常清洁可在营业时或客人活动的间隙进行，保持其卫生，而彻底的清洁保养应在营业结束以后或基本上无客人活动时进行。

（一）大厅

大厅几乎没有休息的时间，所以需要得到 24 小时的清洁保养。通常大厅清洁工作有三个方面：倒烟缸、整理座位和除尘。如果厅内有水池，服务员还应用夹子清除池中的垃圾、杂物。在活动频繁的白天，服务员要能及时地、不易被人察觉地不断清除地面上的污迹和水迹。对于那些在营业高峰期间不便做的工作，往往安排在客人活动较少的夜晚或清晨进行，如吸尘、洗地、抛光打蜡、彻底清洁家具、地面除迹、设备维修等。

（二）餐厅、舞厅和多功能厅的清洁

餐厅营业时间长短不一，客房部要妥善处理各餐厅的清洁时间并主动与餐厅员工搞好配合。如营业时间有清洁需要，应及时予以处理，但许多饭店考虑到工作的方便和快捷，在营业时间内需要清洁时，由餐厅自行解决，客房部只是做好配合工作。对于餐厅的全面清洁保养一般在夜晚停业之后至次日开餐前进行，其工作主要有：

（1）清除餐椅上的食物碎屑及污迹；

（2）清洁桌椅腿、窗沿及通风口等；

（3）清洁咨询台、账台及电话机等；

（4）擦亮金属器件；

（5）地面吸尘或磨光；

（6）有计划地为家具、灯具等清洁打蜡；

（7）有计划地分批进行座椅和墙面的清洗。

舞厅和多功能厅的清洁任务和要求基本上与餐厅相同，只是舞厅常安排在上午清扫，而多功能厅的清扫往往在活动前后进行。

（三）洗手间的清洁

在一些高级饭店里，洗手间有专职服务员负责随时进行清洁和为客人放洗手水、递毛巾、开门等工作。饭店要根据自己的档次、客流量的大小和洗手间的设备状况确定一个清扫频率，以保证最基本的规格水准。一般的清扫

主要包括：对洗手间进行清洁消毒，保持干净、无异味；将香水、香皂、小方巾、鲜花等摆放整齐，并及时补充更换；擦干不锈钢或镀铬器具，使之光亮、无水迹；热情为客人递送香皂、小毛巾，定时喷洒香水等。全面的清洗工作主要是洗刷地面及地面打蜡、清除水箱水垢、洗刷墙壁等，这种工作一般在夜间或白天客人较少时进行。

（四）电梯的清洁

饭店的电梯有客用电梯、员工电梯和货运电梯等，对于客用电梯的清洁尤其重要，必须保持其清洁卫生。由于客用电梯使用频率高，白天只是对其进行清洁维护，让其保持干净整洁，晚间客人少时才能进行仔细清洁。电梯内的地毯容易脏，可采用更换星期地毯的办法来保持其干净无尘；电梯内的烟头、纸屑、杂物等，应随时清理干净；电梯的厢壁、镜面、按钮、电话机、栏杆及地面等应经常进行清洁和保养。

（五）垃圾的处理

饭店每天都生产许多垃圾，如果不能及时清理干净，会直接影响到饭店的环境。饭店的垃圾要集中堆放到垃圾箱，然后统一处理。要经常对垃圾喷洒药物，并加盖，以便杀死害虫和细菌，同时将垃圾运往垃圾处理场，减少垃圾的存放时间。

四、公共区域清洁卫生质量的控制

饭店公共区域卫生范围广泛，又是最容易影响饭店环境质量和形象与声誉的地方。为此，饭店客房部经理、公共卫生主管每天要坚持巡视检查，加强公共卫生的质量控制。

（一）定岗划片，包干负责

由于公共区域范围广，工作又繁杂，需要实行定岗划片、包干负责的方法，使每个员工每天需要完成的工作相对固定，每人都有明确的责任范围，各负其责，以达到卫生质量的控制与管理。

（二）制定计划卫生制度

为了保证卫生质量的稳定性，控制成本和合理地调配人力和物力，必须对公共区域的清洁保养工作采用计划卫生管理的办法，制定计划卫生制度。如公共区域的墙面、灯具、地毯的洗涤，地面的打蜡等，不能每天清扫，需制定一份详细的卫生计划，循环清洁。

（三）加强巡视检查

公共卫生检查应包括5个层次：服务员每天的自我检查；公共区域领班每天的全面检查；公共区域主管的重点检查；客房部经理的巡视检查；必要

时主管总经理或副总经理也要巡视抽查。各级在检查工作中发现问题，都应通过主管责任人逐级纠正，重新整理，保证质量。

第四节　清　洁　剂

一、清洁剂的种类及用途

清洁剂的基本类型不外乎三种：酸性清洁剂、中性清洁剂和碱性清洁剂。

（一）酸性清洁剂

酸性清洁剂的 pH 值在 1~6 之间，通常为液体，也有少数为粉状。酸具有一定的杀菌除臭功能，主要用于卫生间的清洁；它还能中和尿碱、水泥等顽固斑垢，因此，一些强酸清洁剂可用于计划卫生。其缺点是具有腐蚀性，且对使用者肌肤易造成伤害，所以在用量、用法上都要特别留意，但有些物体禁止使用酸性清洁剂，如地毯、石材、木器和金属器皿等。

（二）中性清洁剂

中性清洁剂的 pH 值等于 7，而在商业上则把 pH 值在 6~8 之间的清洁剂皆称为中性清洁剂。其配方温和，对物品腐蚀、伤害很小，有时还可起到保护被清洁物品的作用，因此在日常清洁卫生中被广泛运用。饭店广泛使用的多功能清洁剂即属此类。中性清洁剂有液体、粉状、膏状。中性清洁剂有一个缺点，即无法或很难去除积聚严重的污垢，其中最常用、最大量使用的为表面活性剂。

（三）碱性清洁剂

碱性清洁剂的 pH 值在 8~14 之间。碱性清洁剂对于清除油脂类污垢和酸性污垢有较好的效果。但是在使用前应稀释，用后应用清水漂清，否则时间长了会损坏被清洁物体的表面。碱性清洁剂既有液体、乳状，又有粉状、膏状。在碱性清洁剂中也可增加一些其他化合物，如漂白剂、泡沫稳定剂、香精等。

二、清洁剂的使用

为了有效地使用清洁剂，充分发挥其效能、减少浪费、提高清洁保养工作的安全性，应对饭店常用清洁剂进行严格的管理与控制。在使用过程中，应注意以下几点：

（1）一般清洁剂皆为浓缩液，使用前必须严格按照使用说明进行稀释。

若清洁剂溶液浓度高，既浪费清洁剂，又对被清洁物体有一定的损伤作用；若浓度过低，则达不到清洁效果，不能符合饭店清洁保养的要求，影响饭店服务质量。

（2）不能使用粉状清洁剂。因粉状清洁剂多由非常细小的颗粒组成，对被清洁物表面尤其是卫生洁具表面有一定摩擦作用，会损伤物体的表层；同时，粉状清洁剂在溶解过程中易沉淀，往往难以达到最佳的清洁效果。

（3）应根据被清洁物体不同的化学性质、用途及清洁保养要求选择合适的清洁剂，达到饭店清洁保养的标准。

（4）清洁剂在首次使用前，应先在小范围内进行试用，效果良好的才可以大范围使用。

（5）应做好清洁剂的分配控制工作，减少不必要的浪费。

（6）高压罐装清洁剂、挥发溶剂清洁剂及强酸、强碱清洁剂在使用中都应特别注意安全问题。前两种属易燃易爆物品，后两种对人体肌肤易造成伤害。在日常工作中服务员应掌握正确的使用方法，配备并使用相应的防护工具，严禁在工作区域吸烟等。

（7）任何清洁剂一次使用过度都会对被清洁物体产生不同程度的副作用，甚至是损伤，因此不能养成平日不清洁，万不得已时再用大量清洁剂清洗的坏习惯。这种坏习惯既费时费力，效果也不好，同时不能指望好的清洁剂对任何陈年污垢都非常有效。

（8）饭店应根据各自的资金状况选择适合的清洁剂。

（9）各饭店选择清洁剂时应以实际有效成分含量及质量为标准，不能以颜色深浅、泡沫多寡来衡量，最好要求卖方做示范，并且应考虑到环保要求。在资金允许的情况下，尽量选择对环境污染较小的清洁剂，如无磷清洁剂等。

目前饭店常用的清洁剂大致有以下几种。

1. 酸性清洁剂

（1）盐酸。盐酸主要用于清除基建时留下的污垢，如水泥、石灰等斑垢，效果明显。

（2）硫酸钠。硫酸钠能与尿碱起中和反应，可用于卫生间恭桶的清洁，但不能常用且必须少量，以防腐蚀物体表面。

（3）草酸。草酸的用途与盐酸、硫酸钠相同，只是清洁效果更强于硫酸钠，使用时要特别注意。

客房部可少量配备以上 3 种酸性清洁剂，主要用于清除顽固尘垢或计划卫生，但需妥善管理和使用。

（4）马桶清洁剂。马桶清洁剂呈酸性，但含合成抗酸剂，以增加安全系数，有特殊的洗涤除臭和杀菌功效，主要用于清洁卫生间马桶、洗手盆等用具。使用时应先按说明书稀释，且注意必须倒在马桶和便池内的清水中，不能直接倒在被清洁物表面，刷洗后须用清水冲净。

（5）消毒剂。消毒剂主要呈酸性，可作为卫生间的消毒剂，又可用于消毒杯具，但用后一定要用水漂净。"八四"消毒液即为其中比较好的一种。

2. 中性清洁剂

（1）多功能清洁剂。多功能清洁剂略呈碱性，含有表面活性剂。其性质温和，对物体表面很少有损伤，可起到防止家具生霉的功效，因此宜用于日常卫生，但不能用于洗涤地毯，因而对特殊污垢作用不大。

（2）地毯清洁剂。这是一种专门用于洗涤地毯的中性清洁剂，因含泡沫稳定剂的量有区别，可分为高泡和低泡两种。高泡用于干洗地毯，低泡一般用于湿洗地毯。

3. 碱性清洁剂

（1）玻璃清洁剂。玻璃清洁剂一般是呈中性或碱性，有桶装和高压喷罐装两种。前者类似多功能清洁剂，主要功能是除污斑，使用时不可用抹布蘸清洁剂直接擦拭，以免造成玻璃面发花。正确的使用方法是装在罐壶内对准脏迹喷一下，然后用干布立即擦拭即可光亮如新。后者内含挥发性溶剂、芳香剂等，可去除油垢，用后留有芳香味，同时在玻璃表面留下透明保护膜，更方便以后的清洁工作，省时省力，效果好，但价格较高。

（2）家具蜡。在日常客房清洁中，服务员只是用抹布对家具进行除尘，或用经稀释的多功能清洁剂去除家具表面的油污等，但长期使用多功能清洁剂会使家具表面失去光泽，因此还应定期使用家具蜡。家具蜡有乳状、喷雾型、膏状等几种，它具有清洁和上光双重功能，既可去除家具表面动物性和植物性污渍，又可形成透明保护膜，防静电、防霉。

（3）起蜡水。用于需要再次打蜡的大理石和花岗岩等石质地面，起蜡水碱性强，可将陈蜡及污垢浮起而达到去蜡功效。使用时应注意反复漂清地面后才能再次上蜡。

4. 上光剂

（1）擦铜水（省铜剂）。擦铜水多呈糊状，主要原理是氧化掉铜制品表面的铜锈而达到使铜制品清洁光亮的目的。应注意的是，擦铜水只能用于纯铜制品，不能用于镀铜的制品，否则会将镀层氧化掉。

（2）金属上光剂。金属上光剂含轻微腐蚀剂、脂肪酸、溶剂和水，主要用于纯金属制品，如水龙头、卷纸架、浴帘杆、毛巾架、门锁把手、扶手等，可起到除锈、除污、上光的功效。

（3）地面蜡。地面蜡有封蜡和面蜡之分。封蜡主要用于第一层底蜡，内含填充物，可堵塞地面表面层的细孔，起光滑作用；面蜡主要是打磨上光，增加地面光洁度和反光强度，使地面更为美观。地面蜡有水基蜡和油基蜡两种，水基蜡一般用于大理石等石质地面，油基蜡常用于木板地面。蜡的形态有固体、膏状、液体3种，比较常用的是后2种。

5. 溶剂类

溶剂为挥发性液体，主要用于去除怕水的被清洁物体的污渍。

（1）地毯除渍剂。专门用于清除地毯上的特殊污渍，对怕水的羊毛地毯尤为适用。

（2）牵尘剂（静电水）。用于浸泡尘推，增强其吸附灰尘的能力，对免水拖地面如大理石、木板地面进行日常清洁和维护，增强地面清洁保养的效果。

（3）杀虫剂。这里指喷罐装高效杀虫剂，如"必扑"、"雷达"等。使用杀虫剂非常方便，只需将杀虫剂均匀喷洒于虫类经过或藏匿之地，或直接喷向目标，然后将房间密闭片刻，即可杀死蚊、蝇、蟑螂等爬虫和飞虫。喷洒时，切勿喷向食物，通常喷洒一次有一定的有效期，期满后再次喷射，即能彻底消灭各种虫类。但对老鼠则应购买专门的灭鼠药或请专业公司或配合社区的灭鼠活动进行灭鼠。

（4）酒精（无水乙醇）。这里指的是药用酒精，主要用于电话的消毒。

（5）空气清新剂。空气清新剂一般为高压罐装，含有杀菌的化学成分和香料，具有杀菌、去异味、使空气芳香的作用。其品种很多，产品质量的差距很大，辨别质量优劣的最简单的方法就是看留香时间的长短，留香时间长则质量较好。

【案例评析】

一副假牙的命运

四川某涉外宾馆。一位香港客人坐在沙发上。服务员在做床和清理卫生工作。客人客气地说："小姐辛苦了，今天我不出去，您简单整理一下就行了。"服务员对客人抱以微笑。服务员做完客房，便来到卫生间进行清理。

在卫生间，服务员先擦洗浴缸和墙面。当清理到洗面盆时，她转身随手将洗面盆上一个杯子中的水倒入了马桶。然后清洁台面，放水冲洗马桶以后，再对马桶进行洗刷……打扫完卫生间，服务员退出了客房。

大约半小时后，香港客人发现卫生间洗面盆上茶杯中的一副假牙不见了，便匆忙找到服务员询问。

"小姐，你刚才整理卫生间时，看没看见茶杯中的假牙？"

"没有见到"服务员答道。

"那杯子里的水你倒哪里了？"客人忙问。

"可能倒进了马桶里。"服务员想了想说。

"我的上帝，你把我的假牙倒进了马桶！"

客人和服务员一起来到卫生间察看马桶，已经没有假牙的踪影。

客人来回踱步，急得汗淋淋的。服务员立于一旁，手足无措。

客人拿起电话，向大堂副理投诉。

大堂副理闻讯赶到。

"请你们看看我的牙齿，我真是有假牙的，在香港几经周转才装好的。"港客指着自己的嘴，急不可耐地申诉。

"会不会放在了别的地方？"大堂副理问。

"绝对不会，没有一点可能性，每晚睡觉前我都取下放在卫生间的水杯里，这是我多年的习惯。"港客口气坚决。

大堂副理从卫生间察看到卧室，没有发现客人的假牙。

"先生，这件事您看如何解决为妥？"大堂副理诚恳地问。

"我要我的假牙，你们要想方设法。"港客答道。

"我们充分相信先生的投诉，只是没有见到这副假牙之前，我们比较难以处理。请先生不要误解，我们没有不相信先生的意思……"大堂副理感到十分棘手。

"我的意思，你们把马桶挖开来，就可以证实。但我有言在先，进了马桶的假牙，我是不会再用的。"港客说道。

大堂副理考虑了一会儿，说："这样吧，我与有关部门商量一下，尽快给先生一个圆满的答复。"

大堂副理来到工程部，请求工程部派人挖开马桶。

工程部经理说："挖开马桶，瞎子点灯白费蜡。挖开之后找到了假牙，客人也不会再用。还有可能就是已经被水冲走，即使挖开也无法找到。"

大堂副理说："没有别的选择，我们谁也没有见到假牙，单凭客人一面之词，不足为据，就是赔偿也没有尺度。挖开马桶一来为了取证，二来也是向客人表示我们的诚意。"

工程部派出了两名工人，开始了拆除马桶的工作。港客快快不乐，坐在客房内等待。

212

大堂副理走进客房，对港客说："先生，这间客房的马桶拆卸之后重新安装，要等固定底座的水泥干，这样起码两天之后才能使用。因此，我们已经为先生安排好隔壁的房间。"

"那好嘛，遵从你的安排。"港客同意换房。

终于在拆卸下马桶之后找到了那副假牙。

失而复得的假牙使港客的诉说得到证实。大堂副理说："发生了这件不愉快的事情，我们非常抱歉。对于客人的东西，只能稍加整理，而不能随便移位，更不能想当然地丢弃。发生今天这样的事，责任全在我们，服务员没有严格按照规范操作，粗枝大叶，我们一定改进，并愿意全额赔偿。"

"没有了假牙我吃东西很不方便，但看在副理的面子上，我只有克服。你们的善后工作做得还是很认真的。"港客苦涩地笑着说。

大堂副理取出手帕将这副假牙包了起来，装进了自己的口袋，并说："这是一次教训，我们将把它作为今后对员工教育的实物教具，尽管它的代价太大了，但是也值得。"①

点评：客房服务中，清洁整理房间和清理垃圾是每天例行的工作，但是服务员要明确一点，所有服务工作都有其严格的服务操作程序和规范，所有程序和规范都是在总结了多年服务经验和进行科学测算基础上制定出来的。这些服务程序和规范，是保证服务质量和消除各种隐患的法规，必须严格遵守。在客房清扫过程中，服务员对属于客人的一切东西，只能是稍加整理，而不能随意挪动位置，更不能将客人的东西或客人用过的东西自作主张地进行处理，哪怕是空瓶、空纸盒，只要客人没有扔进垃圾袋中，就要谨慎对待，更不能随意扔掉或倒掉。假牙事件不仅会使饭店承受直接或间接的经济损失，更严重的是给客人的生活带来不便，使饭店的声誉蒙受损害。这种深刻的教训是应该认真吸取的。"细微之处见功夫"，养成细心负责的工作作风，认真按服务程序与规范去操作，才能保持饭店较高的服务水准，才能避免此类不愉快的事情发生。

【课堂讨论题】

1. 谈谈进房次数与高质量服务的关系？
2. 如何才能保证清扫房 OK？

---

① 转引自刘代泉．现代饭店客房管理．重庆：重庆大学出版社，2002：107

【复习思考题】

    1. 客房清扫前的准备工作有哪些?

    2. 谈谈客房清扫的要求,为什么?

    3. 客房清扫的方法有哪些?

    4. 晚间服务的内容有哪些? 其意义何在?

    5. 公共区域清洁卫生的特点是什么? 其业务范围有哪些?

    6. 清洁剂有哪些种类? 到饭店了解一下,饭店常用哪些清洁剂?

【实训题】

    到饭店考察一下,了解一个服务员要完成每天的客房清扫任务,究竟需要配备多少种类的工具和多少条抹布? 同时了解一下客房服务员每天大致的工作量 (清扫房间数)?

第 九 章
客 房 服 务

第一节 客房部对客服务模式

饭店客房的对客服务模式一般有两种：楼层服务台模式和客房服务中心模式。二者在客房部的岗位设置、人员配置及服务规程上都存在着很大的差异，饭店应根据自身的条件和特点，选择适宜的对客服务模式。随着现代饭店业的发展，很多高星级饭店针对一些重要的客源群体，推出了一些新的服务模式，商务楼层也随之出现。

一、楼层服务台

设置楼层服务台是我国饭店客房管理的一种传统对客服务模式。楼层服务台一般设在客房区域的每一楼层靠近电梯口的位置，后面设有供服务员使用的工作间。楼面配备专职的服务员值台,分早、中、晚三班制,提供 24 小时的对客服务,使客人感到有人情味和有亲切感。目前很多饭店将这种对客服务模式加以改善,使之成为一种特色而吸引客人。楼层服务台的主要职能有 3 点。

(一)为本楼层客人提供服务的基地

楼层值班员要负责组织本楼层的接待服务工作;根据房态安排工作定额及清扫程序;迎送客人;应客人要求,随时进房为客人提供服务;处理客人委托代办的事项及其他有关事宜。

(二)是客房部与饭店其他部门的联络中心

因对客服务工作的需要,楼层服务台须与总服务台、工程维修部、洗衣房、送餐部及安全部等部门保持联系,保证与这些部门的信息畅通,从而更好地为客人提供服务。

(三)是本楼层的安全服务中心

楼层设立服务台有利于随时掌握客人的动态,密切注意楼层动静,及时消除不安全因素并按规程做好对访客的接待工作,使客人有安全感。

客房部设立楼层服务台,提供面对面的对客服务有利于加强与客人的沟通,提高了服务的主动性和时效性;通过对客人动态的掌握,有利于保障客房的安全;能及时准确地了解房态,有利于客房销售。

但这种管理模式也存在不足之处:第一,劳动成本太高。在市场经济条件下,这对降低成本、提高经济效益是不利的。第二,客房服务质量难以控制。由于管理点分散,员工作业的独立性强,对客服务的随机性很大,使客房部对员工在岗状态的控制有一定难度。第三,有可能使客人产生拘束感。住店客人特别是西方客人十分重视自己的隐私权,希望饭店能提供一个自由、宽松的环境,设置楼层服务台后,使部分客人产生被"监控"的感觉。

二、客房服务中心

客房服务中心是世界上很多国家和地区的酒店所采用的一种对客服务模式。近年来,我国部分酒店也逐渐采用了这种对客服务模式。它将客房部各楼层的对客服务工作集中在一起,并与楼层工作间及饭店先进的通信联络设备共同构建了一个完善的对客服务网络系统。客房服务中心与客房部办公室相连,实行三班倒 24 小时的连续服务。住店客人可通过内线电话将需求告知客房服务中心,由它通知离客人房间最近的工作间的服务员,并迅速为客人提供服务。

饭店设立客房服务中心应具备的条件:楼层建筑结构比较简单,客房楼层应与其他区域分开;必须具有完善的保安措施;客房内提供的设施设备较为齐全,客人能自己动手满足其起居生活需要;饭店应配有先进的通信联络装置，保证信息畅通。

客房服务中心的主要职能有：

（一）信息处理

与客房部工作有关的信息都要经过客房服务中心的初步处理，以保证有关问题能及时得以解决、分拣和传递。

（二）对客服务

客房服务中心统一接收服务信息，通过电话机、寻呼系统等手段，向客房服务员发出工作指令。即使客房服务中心不能直接为客人提供有关服务，也可以通过调节手段与其他部门共同达到目的。

（三）出勤控制

客房员工上、下班都必须到客房服务中心签到或打卡，从而方便对员工进行考核和工作安排，有利于加强员工管理。

（四）钥匙管理

客房部所使用的工作钥匙都统一归客房服务中心管理，包括各个班次的钥匙发放、收回、登记、丢失、检查等工作。因此，客房服务中心要建立一套完善的钥匙登记制度。

（五）失物处理

整个饭店捡到遗失物品的登记造册、储存保管、招领送还等工作都由客房服务中心负责。

（六）档案保管

有关客房部所有的档案资料都由客房服务中心分类保存，并及时补充和更新整理。

饭店客房服务中心的设立，整合了客房部各种资源，使对客服务工作实行了集中化、专业化的管理，并为住店客人营造了一个宽松、安静、自由的环境。另外，楼层取消服务台，减少了人员配置，提高了工作效率，有效地降低了劳动成本。

当然，这种管理模式也有它的不足之处。主要表现在不利于客人与服务员之间的情感交流与沟通，对客服务往往缺乏预见性，缺少亲切感。由于楼层没有值台人员，增加了客房安全管理的难度，难免会让部分客人缺乏安全感。

三、商务楼层

商务楼层又称行政楼层。随着公务旅游活动的日益兴盛，公务旅游者已成为酒店极为重要的客源群体，全世界所有酒店的客房，公务旅游者占了53%。公务旅游者外出的主要目的是从事商务、会议等活动，他们经常在酒店办公、进行商务谈判、举办各种会议等。因此，商务客人在酒店中所需要的服务比一般的客人多得多，其消费也远大于一般的客人。为了满足商务客人的需求，很多酒店在客房的部分楼层集中设置面向高消费客人的豪华客房群。

商务楼层一般设在酒店客房楼的上半部分，设有专门的大厅（Executive Salon），供客人用餐、读报、休息和会客等。大厅入口处设有多功能服务台，由专职服务人员负责商务客人的入住登记、结账退房、信息咨询、侍从陪护（Escort）等服务业务。商务楼层还为客人提供出租办公用品、办公室、会议室及完整的商务设备，为客人收发传真、复制、影印资料文件等，并24小时提供服务。在商务客房内装有专线插座，客人在任何一个房间内都可以获得国际互联网的连接。

随着女性公务旅游者的增多，在酒店开辟专为女性商务者服务的女子商务楼层也逐渐发展起来。女性商务旅游者在选择酒店时首先考虑的是安全因素，其次是酒店的地理位置及设施设备。针对女性商务客人的需求特点，越来越多的酒店增加了一些新的服务项目。如雅戈尔富宫大酒店为给入住的女宾营造一个温馨的"家"，酒店在楼层专门辟出女宾区域，这在苏州地区还是首次。从女宾的安全和私密性考虑，该区域除增设一道门外，该区所有的服务人员包括工程维修人员、保安人员均为女性，酒店男性员工一律不得入内，即使男宾来访，也只能在旁边会客室接待。女宾房从色彩、装饰品到家具、布草等均充分考虑了女性的特点。在物品配备上，房内除了常规配置外还增配了女性卫生用品、护肤用品、女性杂志和其他女性用品，使女宾能处处感受到酒店像家一般温馨。

********************** 小 资 料① **********************
　　北京银龙苑宾馆推出"一个电话号码"服务项目。它是将原来客房部的"服务中心"和总机的功能进行有机结合，客人在宾馆的任何内部电话旁，通过拨打电话号码"666"，就能得到他所需要的各种帮助和服务，而对客人的全部服务则经过"对客服务中心"这个"总调度室"下达到各个相关部门来完成。

****

第二节　客房服务的内容

客房服务是饭店服务工作的重要组成部分。它不仅为住客提供24小时

① 根据北京银龙苑宾馆服务指南整编。

的全日服务，而且在很大程度上体现了饭店的服务水平和服务质量。客房服务主要分为清洁卫生服务和客房接待服务两部分。客房接待服务主要是围绕客人来、住、离这三大环节开展工作的。

一、客人抵店时的客房服务工作

（一）客人抵店前的准备工作

做好准备工作是客房楼层优质服务的前奏。准备工作做好了，才能为整个楼层接待工作的顺利进行奠定良好的基础，并有针对性地为客人提供服务，极大地提高客人的满意度。

1. 了解客情

客人抵店前，要根据总台传来的接待通知单，详细地了解本楼层客人的情况。

2. 布置整理房间

根据掌握的客情，按接待规格和标准备齐客房用品。布置房间时要尊重客人的宗教信仰或风俗习惯；仔细检查客房的设施、设备是否完好，调节好房间的温度。如果客人晚间到达，须提前做好开夜床服务。

3. 准备迎接客人

服务员做好上述工作后，提前准备好托盘、茶水、香巾，整理仪容仪表，调节好心情，准备客人的到来。

（二）客人到达时的迎接

客人到店时的迎接工作是客房楼层优质服务的开始，做好此项工作要求服务员热情有礼、善于把握时机，服务迅速。

1. 电梯迎宾

客人步出电梯，服务员应微笑问候。无行李员引领时，服务员应问清房号，请客人出示房卡，视需要帮助客人提拿行李并引领入房。

2. 引领进房

为客人引路应走在客人的侧前方，距离客人二至三步引导前行。转弯或上下楼梯时要及时侧转身体，面向客人，同时伸手示意行进的方向。到达房间门口应严格按照进房程序打开房门，礼让客人先进房。

3. 介绍服务

进房后视其情况简明扼要地介绍客房设施设备的使用方法及饭店服务项目，礼貌询问客人是否需要其他服务。向客人道别后，应面向客人后退三步再转身走出房间，轻轻把门关上。

4. 茶水服务

客人进房后，服务员应视需要送香巾、茶水，使客人产生亲切感。采用客房服务中心管理模式的酒店，一般不提供这项服务。

5. 值班记录

服务员回到服务台或工作间后，要填好值班日志。

二、客人住店期间的客房服务工作

客人住店期间的客房服务工作是客房优质服务的主要内容。其目的主要是满足客人的生活、工作需要，为客人提供一个舒适、快捷、便利的环境。

（一）洗衣服务

洗衣服务分干洗、湿洗、熨烫三种，时间上分普洗和快洗。普通洗衣服务一般为上午交洗，晚上送回；下午交洗，次日送回。快洗一般不超过 4 小时，但要加收 50％的加急费。

客人将要洗的衣物和填好的洗衣单放进洗衣袋。洗衣单一式三联，采用无碳复写，第一联和第二联送到前厅收款处（一联作为记账凭证，一联在客人结账时交给客人），第三联供洗衣房留底。洗衣单必须由客人填写，如客人要求服务员代填，代填后的洗衣单须由客人过目签名。

客房服务员一般在早上 10：30 以前，检查自己今日将整理的房间，查看有无送洗的客衣，以便收取。收到客人送洗的衣物后，首先要核对洗衣单上的项目，如客人的姓名及房号；收洗日期及时间；送洗的数量及种类；送洗单上客人的特别要求等。其次，检查送洗衣物，如衣物口袋是否留有物品；纽扣有无脱落；衣物有无污点、破损或褪色现象等。若有此类情形，务必请客人在洗衣单上注明并签字。最后，填写收洗客衣登记表。

洗烫好的衣物，可以由洗衣房收发员或客房服务员依客人所选择的衣物送回方式（折叠与吊挂）送进客房。若为折叠的方式，送回的衣物应用塑料袋或篮子装好，放在床上。若为衣架吊挂的衣物，则挂进衣柜内，打开衣柜门，使客人回来一看便知。对于有"请勿打扰"标志的客房，可将洗衣通知单从门缝塞进房内，通知客人衣物已洗烫好，并请客人在洗衣账单上签字。

（二）饮料服务

房间小酒吧（Mini-bar）是一项方便客人的服务设施，按规定的品种和数量配备酒、软饮料以及果仁、朱古力等食品。通常软饮料放置于冰箱内，酒摆放于酒吧柜内。柜面上放有酒单及配套的酒杯、调酒棒、开瓶器等用品。酒单上列出了各项酒水食品的储存品种、数量、单价及小酒吧的管理说明，请客人食用后如实填写并签名。

　　每天上午打扫房间时，服务员必须清点小酒吧内酒水食品的消耗量，并与客人填写的酒单进行认真地核对。如有客人未填写的，则由清点的服务员依消费内容为客人登记入账。酒单一式四联，第一联与补充酒水一起送入房间，第二联和第三联交结账处作为发票和记账凭证，第四联做楼层补充酒水、食品的凭证。服务员清查完酒水后，必须及时按标准配额补齐并做好有关的酒水补充记录。

　　每日全部楼层的饮料消耗账目由夜班服务员完成。夜间 0：00，夜班服务员从前台收银处取回当天所有饮料账目的回单，与早、晚领班填写的"饮料消耗表"核对，并按楼层分类装订。若回单与"消耗表"相符，则将此数据登记在"饮料消耗总账簿"上；若有疑问则另做记录，交由秘书核对，楼层主管负责查清原因。

　　每周日，由领班对楼层饮料柜进行盘点，做出一周饮料消耗表，交由楼层主管核对。每月底由服务员对房内小酒吧、领班对楼层饮料柜内的饮料、食品进行检查，如有接近保存期限的，立即与仓库更换。

　　凡酒店都存在酒水走单这类问题，服务员应在客人退房的第一时间查房，如是团队客人，应提前半小时将该团队所有客房内的小酒吧核查一遍，开好饮料账单（如表 9-1 所示）送到前台，尽量把酒水走单率降至 3% 以下；因工作过失造成走单，由该服务员负责。

表 9-1 　　　　　　　　　　客房小酒吧账单

MINI-BAR CHARGE VOUCHER

亲爱的贵宾：

希望您能尽情享用房内小酒吧的饮品。

客房部服务员将每日核对您所饮用的饮品数量，并把清单送到会计部转入您的账目内。如您需要其他特别饮品服务，请拨内线电话 6666。

为了能准确地计算您的账目，请您在结账离店时，将此单带到收款处。谢谢！

Dear Guest：

Please feel free to enjoy the facility of your Mini-bar provided for your convenience.

Your room attendant will collect this voucher daily from your Mimi-bar and take it down to the Front Office Cashier for billing to your account. If you require any additional service. Please call Room Service on Exit. 6666.

Should you have some drinks on the day of your departure, please hand in your last voucher to the Front Office Cashier at check out time. Thank you.

房号　　　　　　　　　　　　　　　　日期

Room No.　　　　　　　　　　　　　　Date

221

续表

品类 Items	点存 Inventory	耗量 Consumed	单价 Price	小计 Sub. Total
金牌马爹利 Martell VSOP	1		35.00	
人头马特级 Club de Remy Martin	1		45.00	
威士忌 Whisky	1		35.00	
健尼路金酒 Greenall Gin	1		45.00	
皇冠伏特加 Smirnoff Vodka	1		25.00	
黑方．红方 Black Label Red Label	1		38.00	
青岛啤酒 QingDao Beer	2		15.00	
可口可乐 Coca Cola	2		8.00	
粒粒橙 Snappy-orange Juice	2		8.00	
椰子汁 Coconut Juice	2		8.00	
果茶 Fruit Tea	2		6.00	
矿泉水 Mineral Water	2		6.00	

合计　　TOTAL

10%服务费 10%SERVICE CHARGE

总计 GRAND TOTAL

（三）托婴服务

托婴服务是应住客要求帮助因事外出的住客照看婴幼儿童的一种有偿服务。长期住宿和度假型饭店都特别设有保育人员，对于大多数饭店而言，饭店并不配备专职人员从事此项服务，保育员一般是由店内员工临时来担任的。

托婴服务责任重大，除对保育人员有严格的要求外，要求此项服务的客人还须提前3小时与客房服务中心联系，并填写《托婴服务申请表》（如表9-2所示），以便了解小孩的特点及家长的要求。托婴服务一般以3小时为收费起点，超过3小时的，按小时增收费用。

表9-2 婴儿看护申请表

客人姓名 Guest's Name：_____ 房号 Room No. _____

日期 Date_____ 婴儿年龄 Baby Age_____

尊敬的宾客

应您的要求，我们安排了保姆服务，具体事项如下：

姓名：_____

时间：由____时____分至____时____分

Dear Guest：

As requested by you, we have arranged for BABY-SITTING from _____ to _____.

请您在所需要的项目上打"√"，Tick（√）the appropriate.

早餐	是	否
Breakfast	Yes	No
午餐	是	否
Lunch	Yes	No
晚餐	是	否
Dinner	Yes	No

托婴服务的最初3小时，按_____收费。

所有费用都在前台收银处直接结算，酒店将不承担因看护疏忽造成的事故而引起的任何赔偿。

Kindly note that there is a minimum charge of_____for the first 3 hours of baby sitting. A Fee of_____is charged for each additional hour.

All payment should be made directly at the Hotel Cashier. Under no circumstances shall the Hotel be liable to compensate the guest for any accident negligence caused by the baby sitting no Purpose.

申请人愿意接受以上全部条款。

I fully accept the above terms and conditions.

经理签名 客人签名

Signature Signature

HOUSEKEEPER_____ GUEST_____

注：一式三联，客人一联，前台收银一联，客房部留存一联。

保育员一般上岗前 15 分钟由当班主管陪同前往客房,向客人介绍。在看护小孩时务必小心谨慎,要注意小孩的安全及饮食起居,不得把小孩带离规定的地点,不得随便给东西小孩吃。照看工作完成后,一定要通知当班主管。

（四）物品租借服务

客房内提供的物品只能满足客人的基本需要,因一些特殊原因,客人可能会要求租借一些其他物品,如熨斗、熨衣架、婴儿床等。客房部应备有这些物品,并在《服务指南》中明示,以满足客人的需求。

租借物品应请客人在《租借物品登记表》上签名,登记表上要注明有关租借物品的注意事项。服务员在交接班时,应将租借物品服务情况列为交接班的内容。注意收回租借物品,对于过了租借时间仍未归还的物品,服务员要主动询问,但要注意表达方式。如客人因使用不当而造成损坏,应根据物品的损坏程度进行赔偿。

（五）擦鞋服务

为了给客人提供更为周到的服务,一些饭店免费为客人提供人工擦鞋服务。客房内均配有鞋篮,客人只须将要擦的鞋放进鞋篮,用电话通知或晚间放在客房门口,由服务员取回工作间擦拭。

在擦拭皮鞋之前,应用纸条写好房号放入鞋内。服务员应分辨清楚鞋油的颜色并规范擦鞋,尽量在客人回来之前把鞋放于房间适当的位置。对于电话要求的客人,要及时提供服务,切忌在服务台附近帮客人擦皮鞋。

（六）访客接待服务

楼层服务员做好来访客人的接待服务,不仅有助于提高客人的满意程度,还可以加强楼层的安全工作,防止不法分子混入饭店伺机作案。访客服务应做好以下几个方面的工作。

（1）有来访客人时,要征得被访客人的同意,方可引见客人。

（2）主动询问住客是否需要提供服务,如提供茶水、增加座椅等。

（3）会客后根据情况主动询问客人是否需要清洁服务。

（4）如果住客不在房间,不能擅自打开房门让访客在客人房间等候,而应请来访客人留言或到饭店公共区域等候。

（5）对于超过饭店规定访问时间的访客（一般为 23：00 后）,可先用电话联络来提醒客人。

（6）访客来访期间,服务员应对楼层多加关注并做好访客进离店的时间记录。

（七）会议服务

饭店楼层一般都设有各种类型的会议室，同时提供会议设施及相应的服务，以满足客人的需求。

1. 常见的会议类型及会场布置

（1）小型会议。如讲座、座谈会、学术研讨会等。

会议室的布置要根据会议的性质、内容、规格和人数来确定。通常采用"O"形布置、"N"形或"M"形布置、"T"形布置和授课形布置（如图9-1所示）等几种形式。

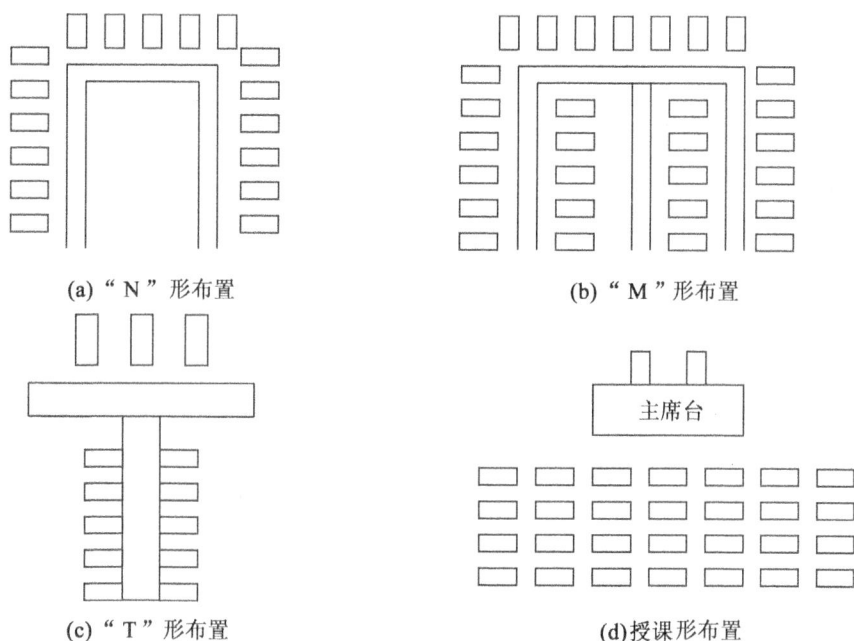

(a)"N"形布置　　　　(b)"M"形布置

(c)"T"形布置　　　　(d)授课形布置

图9-1　常见会议室的布置

（2）会见。会见有时也称为接见或拜见。凡身份较高的人士会见身份较低的客人，称之为接见，反之称为拜会。会见就其内容来说，分为礼节性、政治性和事务性会见。礼节性会见一般时间较短，政治性会见的保密性较强。会见会场可根据与会人数的多少布置成马蹄形或凹字形，在主人和主宾的沙发后应摆放扶手椅，供翻译员和记录员就座（如图9-2所示）。

（3）会谈。会谈是双方或多方就共同关心的问题进行商谈的一种形式。

会场一般配备长条桌和扶手椅，桌面上铺台呢或白色台布，宾主的座位

225

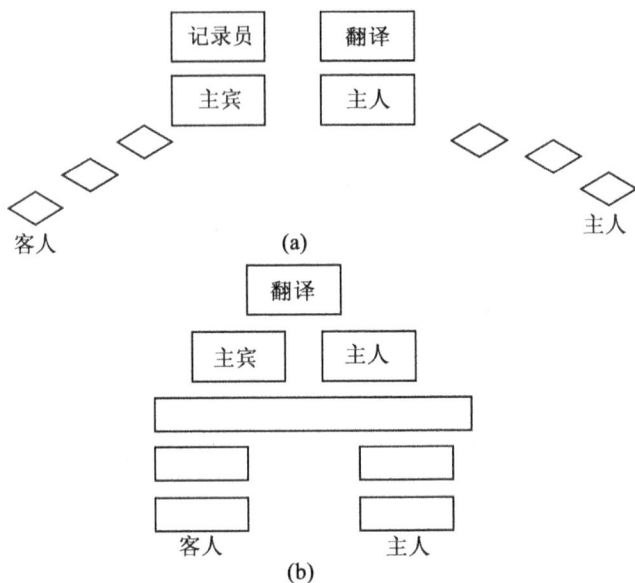

图 9-2　常见会见厅的布置

要居中相对摆放，座位两侧的空档应比其他座位要略宽一些。多边会谈宜采用圆桌或方桌。若会谈桌呈横一字摆放，主人座位应背向正门；若呈竖一字摆放，则应以进门方向为准，客人座位放于右侧，主人座位放于左侧。翻译员位置在主人和主宾右侧，记录员一般在会谈桌后侧另行布置桌椅。

（4）签字仪式。签字仪式是双方或多方就某项具体事务达成一致时，各方首席代表代表本方在文件上签字的一种仪式。

签字厅的正面应挂有屏风挂画作为照相背景，画前将两张长条桌并排摆放，桌面铺绿色台呢。在签字台后面，摆设两把高靠背扶手椅，两椅相距1.5米，在椅子背后1.2米处，根据人数多少摆放梯式照相脚架，两侧摆放常青树或散尾葵。两个座位前摆上待签文本，右上方放置文具。如是国际间的活动，还应在桌子中间摆放挂有两国国旗的旗架。签字厅两侧可布置少量沙发供休息时使用（如图9-3所示）。

2. 会场服务

（1）开会前半小时，服务员应在会议桌上摆好茶具、饮料及文具，是否放置烟灰缸应征求会务组的意见。

（2）客人到达后，服务员要主动问候并为客人倒水沏茶。是否送小方

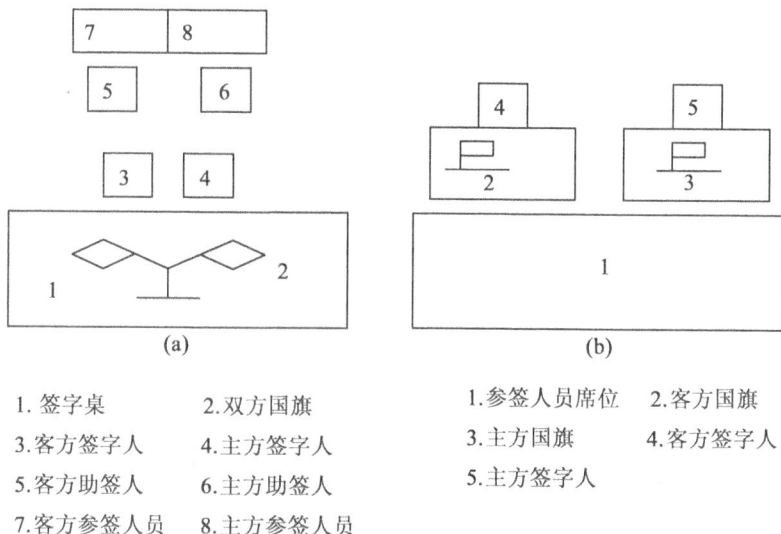

1. 签字桌　　　　　2. 双方国旗
3. 客方签字人　　　4. 主方签字人
5. 客方助签人　　　6. 主方助签人
7. 客方参签人员　　8. 主方参签人员

1. 参签人员席位　　2. 客方国旗
3. 主方国旗　　　　4. 客方签字人
5. 主方签字人

图 9-3　签字会议室布置

巾则根据会议组织者的要求、会议档次或到会者人数而定。

（3）会议中间定期续水或补充饮料，更换烟灰缸。注意更茶续水不宜过于频繁，动作要轻。

（4）如是重要会谈，服务员应尽量少进出打扰。若属保密会议，客人表示不需要服务时，也要在会场外留人值班。

（5）如是签字仪式，当签字双方到达会场时，首先要为签字人员拉椅让座。仪式开始后，两名服务员要手托放有香槟酒杯的托盘站在距签字桌 2m 处。签字结束双方握手交换文本时，服务员迅速上前撤走椅子，上酒祝贺。一定要注意掌握好撤椅和上酒的时机。

（6）开会时，楼层应保持安静；同时，服务员应配合保安人员做好安全服务工作。

（八）其他服务

客房部除了上述对客服务项目外，还要协助饭店其他部门做好对客服务工作。

1. 送餐服务

送餐服务主要由饭店餐饮部设立的"客房餐饮服务部"（Room Service）负责提供，客房服务员只是做一些辅助性工作。日常送餐楼层服务台班要做好记录。用过的餐具要及时通知送餐部收回。夜班服务员对客人挂出的餐牌要及时通知送餐部收取。

2. 行李服务

在旅行团抵达或离店时，楼层服务员必须保证行李在楼层摆放安全。若遇行李员不在，应主动帮助客人提取行李，送至房间。遇有散客走房，应上前征询客人是否需要行李服务并及时通知行李组。

3. 私人管家服务

为了满足饭店部分高档客源的需求，有些高档饭店挑选一批形象佳、业务工作能力强、综合素质高的员工，担任管"家"服务员。当客人需要私人管家服务时，可以从中挑选自己满意的服务员为自己服务。

私人管家服务又叫贴身侍从服务（Butler Service），所担当的角色既是服务员又是私人秘书，对客人的一切需求给予 24 小时的关注，包括客房的整理；订送餐服务；代订飞机、车船票；安排车辆接送；商务文秘服务；导游服务；翻译服务等项目。客人还可以根据自己的需要定制管家服务项目及所需服务的时间，饭店将根据客人定制的服务项目多少及服务时间长短收取不同的额外服务费。

三、客人离店时的对客服务工作

客人离店时的服务是楼层对客服务的最后一个环节，这一环节能否做好，直接关系到客人对饭店的整体印象。

（一）离店前的准备工作

服务员要掌握客人离店的准确时间；检查委托代办事项；核对客人在楼层的消费账单；询问客人离店前还需要哪些服务；提醒客人检查自己的行李物品，同时主动向客人征求意见。

（二）送别客人

客房服务员要协助行李员搬运客人行李，将客人送到电梯口，代为按下电梯按钮并以敬语向客人道别，待电梯门关后方可离开。对老弱病残客人，要专人护送。

（三）善后工作

1. 及时检查客房内物品

待客人离开楼层后，服务员要迅速进房检查。如有遗留物品，要立即通知总台转交客人；如发现小酒吧的食品饮料有新耗损、客房设备用品有损坏和丢失，要立即通知总台收银处请客人付账或赔偿。

2. 认真处理客人遗留事项，做好客人离房记录，组织人员整理清洁房间

3. 客人遗留物品的处理

（1）在饭店范围内，员工无论在任何地方捡到遗失物品，都必须尽快交到保安部或客房服务中心。

（2）接到捡获物品后，客房服务中心须填写遗留物品登记表，登记表一式两份，一份交捡获者，一份连同遗留物品一起存放。之后，遗留物品要记录在遗留物品登记簿上（Lost and found log book），填写日期、捡获地点、物品名称、捡获人姓名及所属部门等详细情况。

（3）遗留物品存放时，要将贵重物品和一般物品分开存放。贵重物品交客房部经理保存，一般物品由服务中心按月分类锁进储存柜内。

（4）贵重物品（价值超过90元人民币的物品）由客房部经理通过入住登记表了解客人单位或住址，写信通知客人认领。客人认领时，须重复一次报失物品的内容、遗失地点，由客房部核准后如数交还客人，并请客人在Log book上签名。

（5）贵重物品保存期为半年，一般物品保存期为3个月。如无人认领，由客房部经理上报有关部门处理。

（6）对员工捡到物品不上交者，一律严肃处理。

第三节 客房优质服务

饭店是客人的"家外之家"，而客人住店期间大部分时间又都是在客房度过的，要使客人有宾至如归之感，客房工作人员应按标准工作，按规范服务，并在此基础上根据客人的不同需求，提供灵活的服务，使客人在物质上和心理上得到最高的享受。

一、优质服务的含义

服务产品是无形的，其质量的优劣最终由客人进行评价，而客人评价的标准是看服务产品能否满足其需求，而客人的需求又是千差万别的。

优质服务是酒店经营成功的关键。在现代酒店管理中，优质服务不再是简单的标准化，而是以标准化为基础，提供以人为本的个性化服务，最大限度地满足客人的正当需求。随着服务对象的成熟、饭店市场竞争的升级，需要有一种新的、更加适应饭店发展需要的服务模式来代替传统的标准化服务模式。客房服务管理将从"标准化"走向"定制化"。

标准化服务过分注重服务内容和形式的"标准化"，即酒店生产什么，客人消费什么，以一种模式面对所有客人。虽然服务标准化、规范化制定的起点是从客人的需求出发，但是这种需求往往只是一般客人的共性需求，以此为基础的服务很难真正让客人满意。

定制化服务就是根据需求生产产品，即客人需要什么就提供什么。定制化服务是建立在现代化企业的人本管理理论的基础上，是一种真正以客人为中心，并充分挖掘员工潜能的新型服务形式。这种服务形式要求员工既要掌握客人共性的、基本的、静态的和显性的需求，又要分析客人个性的、特殊的、动态的和隐性的需求。定制化服务其实质是个性化，其核心是人性化，其结果是极致化。如果说服务的标准化、规范化是保障酒店服务质量的基础，那么个性化服务就是饭店服务质量的灵魂，而优质服务正是标准化与个性化的统一。

要真正做到优质服务，饭店员工必须要有高度的责任心和强烈的服务意识，用心读懂客人的心理，善于观察思考，有预见性地发现客人的个性需求，积极行动，使服务不仅满足了客人的期望，还要超过客人的期望，让宾客得到最大限度的满足。

二、客人类型与服务方法

酒店的客人来自不同的国家和地区，由于他们的身份地位、宗教信仰、文化修养、兴趣爱好、生活习惯、社会背景以及外出目的等各不相同，因而对酒店的服务要求既有共性又有个性。酒店服务人员要了解他们的个性特点，提供针对性的服务。

（一）贵宾接待

贵宾（VIP）因身份特殊，饭店会在对其接待礼仪和服务规格上区别于普通客人（如表9-3所示）。

表9-3　　　　　　　　　　　　　VIP 接待规格

等级规格	迎送规格	房内用品配备规格	餐饮规格	安全保卫规格
A 等	总经理率饭店管理人员及部分员工在大厅门口列队迎送客人	1. 房内摆放盆花、插花和瓶花 2. 赠送饭店纪念品、工艺品 3. 每天放一篮四色水果和四种小糕饼及水果刀叉等物品 4. 房内放总经理亲笔签名的致敬卡及名片 5. 每天放两种以上报纸	1. 客人抵店第一餐由总经理引领进餐厅 2. 使用专门贵宾餐厅 3. 每餐开出专用菜单 4. 高级服务员专人服务 5. 厨房设专人烹制菜点	1. 事先预留车位 2. 饭店四周有警卫巡视 3. 为客人设专用电梯 4. 楼梯、公共区域设固定岗位

续表

等级规格	迎送规格	房内用品配备规格	餐饮规格	安全保卫规格
B等	总经理、大堂副理在大厅门口迎送客人	1. 房内摆放插花和瓶花 2. 每天摆放一篮两色水果、两种糕点及水果刀叉等物品 3. 摆放总经理欢迎信及名片 4. 每天摆放两种报纸 5. 赠送饭店特别纪念品	1. 客人抵店第一餐由总经理或副总经理引领 2. 使用专门贵宾餐厅 3. 中级服务员专人服务 4. 每餐开出专用菜单	1. 事先预留车位 2. 视情况设专用电梯 3. 视情况设安全岗
C等	视情况总经理或副总经理、大堂副理在大厅门口迎送客人	1. 房内摆放鲜花和瓶花 2. 每天放一篮两色水果及水果刀叉等 3. 摆放总经理欢迎信及名片 4. 每天放一两种报纸 5. 做夜床时赠送一枝鲜花或一块巧克力	1. 客人抵店第一餐由总经理或大堂副理引领 2. 有专门的厅或餐厅留座 3. 每餐开出专用菜单或根据总经理要求而定	

贵宾的身份和知名度较高，店外的社会活动多，店内的会客活动多，因而经常会出现一些即时需要，要求饭店尽快做出反应。特别重要的贵宾对安全和保密工作要求很高。

贵宾服务在客房接待服务工作中包括贵宾抵店前的准备工作、抵达后的迎接和服务、离店的欢送三个环节。

1. 贵宾抵店前的准备工作

（1）客房部接到贵宾接待通知单后，要详细了解客情及接待规格和标准，预先制定接待方案，以便做好针对性服务。

（2）调动最有力的业务能手，一班到底。

（3）服务员要彻底清扫房间，认真检查房间的设施设备。按接待规格配备好客房物品。贵宾等级不同，相应客房内的物品配备也不同。通常在客房内应摆放有总经理签名的欢迎信、鲜花、水果等。

（4）对清扫布置完毕的贵宾房，需经领班、主管、前厅部经理或大堂副理、客房部经理等按接待规格标准实施层层严格检查，符合标准后封闭客房。在必要的情况下，有时还可以将一个楼层或区域进行封闭，到完成接待任务时再解除。

2. 抵达后的迎接和服务

（1）贵宾在饭店有关人员的陪同下抵达楼面时，服务员必须在电梯口迎接问候，根据情况进行适当引领，及时为客人提供茶水等服务，视情况向客人介绍客房设施及服务项目。

（2）贵宾享有在房间办理登记入住的特权，由总台负责办理。

（3）客人住店期间，客房部应选派有经验、责任心强的服务员为客人提供优质高效的服务。对特别重要的贵宾，应提供专人服务，随叫随到，注意如没有客人的吩咐，不允许宾客在房间时进房进行小整理和做一些服务性的工作。

（4）在接待服务中，服务员要能用姓名或职务尊称客人，主动问候。要善于通过观察捕捉服务信息，把握服务时机，及时为客人提供服务。

（5）要配合保安部做好安全工作，以确保贵宾的安全。

3. 贵宾离店送行

楼层服务员接到贵宾离店通知单后，应主动向客人表示问候，征求客人意见，询问有无需要帮助的事宜。客人离开楼层时，应向客人道别并为客人按下电梯按钮，等电梯门关闭并运行到下一楼层后方可离开。

客人离店后，要及时做好客史档案，为下一次接待积累经验。

（二）商务客人

商务客人是饭店的主要客源之一。这类客人多以散客为主，由于出行率高，喜欢选择熟悉的饭店和曾住过的房间。他们对价格不太敏感，但对饭店的设施设备、服务项目、服务质量、娱乐健身设施等都有较高的要求，并希望得到更多的尊重。

针对商务客人的需求特点，许多中高档酒店都开设了商务楼层，提供针对性服务：派专人负责办理客人的入住、离店手续；配备完善的商务中心；客房内设置有语言信箱、传真机、专线插座，大办公桌上备有常用的文具用品；提供便利的交通服务；选派素质高、业务精、外语好的服务员为商务客人提供高质高效的服务。

（三）观光旅游者

这类客人以游览观光为外出的主要目的，其活动一般有组织、有计划，日程安排紧凑，活动时间统一。他们对房间的价格比较敏感，对房间内的设施设备要求不高，但对饭店的服务质量及娱乐设施有较高要求，委托服务较多。

这类客人一般以团体为主，分配的房间要集中；协助行李员做好行李的分发工作；对团体成员一视同仁，公平对待；根据他们的作息时间，要注意做好早晚服务工作；委托服务要主动热情，保质保量；主动介绍当地的风景名胜、地方风味、土特产品等。

（四）华侨、港澳台同胞

这类客人是我国旅游市场的重要客源，出行目的一般为商务活动、观光旅游、探亲访友和个人事务。他们对祖国的建设成就和家乡的一切事物感兴趣，希望回国后在各方面能得到一视同仁的待遇，在情感上找到"回家"的感觉。

服务员要主动亲切地为客人服务，在生活上多关心他们，特别是老年客人更要多方关照；做好问询、会客、留言服务；热情地帮助客人寻找失散多年的亲友；向客人多介绍家乡的发展变化、名胜古迹、土特产品及特效中药等。

（五）老弱病残客人

住客中会有一些老、弱、病、残的客人，他们往往行动不便、生活自理能力差、比较难以沟通交流，需要得到特别的关爱和帮助。

对年老体弱者，服务时要细心周到，要有耐心地倾听和讲解，尽量满足他们的合理要求，要特别注意他们的安全。对病残客人要根据情况提供必要的帮助；同时，要防止言行不当而伤害客人的自尊心。

（六）蜜月旅游者

越来越多的新婚夫妇会选择外出旅行欢度蜜月，这样不但能观赏优美的自然风光、名胜古迹，又能得到一次难忘的经历。他们希望能拥有一个安静、浪漫的客房，能得到别人的关注与祝福。

应向这类客人出售安静、明亮的大床间客房；在房间内贴上大红喜字、摆放鲜花，向新婚客人赠送礼品；见面要祝福客人；客人白天外出时抓紧时间打扫房间，客人回房后要少进房打扰。

（七）长住客人

在饭店入住时间超过一个月的客人称长住客人。他们大多为国内和国外的公司、商社或长驻机构在饭店长期包租客房作为办事处，也有外国公司雇员携带家属长期居住的。为了方便客人，饭店往往会根据客人的要求，对房间设施的摆设和安装做一些调整，有的饭店还设立了公寓楼层。

长住客人工作繁忙，清理房间的时间要与客人协商，尽量安排在客人的非工作时间；清扫时对客人的文件物品要特别注意，不能随便翻动丢弃；对于客人的生活用品，应清扫后原样放回；日常服务中要注意检查有无安全隐患，随时提醒客人要注意安全；对客人要以诚相待，融洽相处。

********************** **小　资　料** **********************

一天下午，客房服务员小范在为一对刚刚入住的年轻夫妇送水时了解到，这是一对新婚夫妇，他们准备第二天乘飞机到外市度蜜月，小范知道这一情况后，马上通知了客房办公室。当客人外出用晚餐时，客房部在客人的房内贴上大红喜字，写字台摆上一束鲜花，开夜床时，在两位客人的枕边各放一枝红玫瑰，同时夜床采取全开放式，方便客人入睡。

当客人返回房间看到这一切时，又惊喜又感动，对饭店提供的服务非常满意，临别时在留言簿上写下这样几句话：你们饭店的服务真诚、热情，让我们在这里度过了一个难忘的夜晚。

这一案例说明，客人入住酒店不再仅仅满足于物质需求，而是希望在酒店的经历能充满愉快和幸福，特别是让其感到意外惊喜的体验。

****

第四节　客房服务质量管理

服务质量是饭店经营管理的生命线，而客房服务质量是饭店服务质量的重要组成部分，是衡量饭店服务质量的重要标志。其质量的优劣与否直接影响客人对饭店的感知度和对饭店的选择。

一、客房服务质量

客房服务质量就是以设施设备和有形产品为依托，使客房服务活动能达到规定的效果，并能满足客人物质需求和精神需求的综合。客房服务质量主要由以下4个方面构成。

（1）客房环境质量：客房的装修要精致典雅，富有特色；装饰布置要画龙点睛；物品的摆放要整齐有序；客房的采光、照明、通风、湿度、温度要适宜，应为客人提供一个整洁、舒适、安静、安全的客房。

234

（2）设施设备质量：客房家具、电器设备、卫生间设备、防火防盗设施等要完整配套、方便使用。

（3）客房用品质量：客房用品在数量上要满足客人的需求，在质量上要符合其功能性和物有所值的要求，在摆放上要方便客人使用。

（4）劳务质量：是指客房服务人员对客人提供服务本身的质量。它包括服务态度、服务技巧、服务方式、服务效率、服务语言、礼仪礼貌、安全保卫、清洁卫生等方面。

客人是通过视觉感受和亲身体会来评价一个酒店的整体服务质量的。客房环境、设施设备、客房用品的质量是有形的，是客房整体服务质量的基础，劳务质量是无形的，两者有机结合，便构成了客房服务质量，而服务人员以有形产品为基础提供的令客人满意的服务是饭店生存与发展的核心。

********************* 小　资　料 ***********************

香港半岛酒店是一家拥有 340 间客房的饭店。当客人到达房间时，服务员马上会送上一杯中国茶。当客人外出返回房间时，就会发现房间已被整理一新，床单干净整洁，没有放进衣柜的皮鞋，服务员已主动擦净上油。一有下雨的迹象，雨衣就会送到客房备用。此外，客人可以要求入住无烟房间，这类房间的气味进行过特别处理。

****

二、衡量对客服务质量的标准

服务质量一般是指客人在接受服务过程中所获得的感受和满意的程度，因为客人的消费过程既是一个认知过程，也是一个情感体验的过程，客人的满意度越高，服务质量就越好。所以，对服务质量的评价是由客人的主观感受来决定的。客房产品要提高客人感觉中的服务质量，必须使客人在以下几个方面获得满意的感受。

（一）"宾至如归"之感

宾至如归（a home from home）就是使入住饭店的客人感到像回家一样。家，自然离不开客房及房间的设施设备和客房用品等"硬件"设施。为了营造"家"的氛围，很多饭店打破了传统的设计模式，对客房进行了独特的设计，将人性、空间、美学融为一体，既方便使用，又能使客人在温馨的环境中得到视觉享受，使客房更家庭化、更具有亲和力。另外，家还包括一层更深的含义，就是一个家庭成员所感受到的亲切、温暖和富有人情味。

（二）便捷感

饭店提供的客房产品不仅要满足客人的生活需要，同时还要满足客人的工作需求。快节奏的现代生活使客人无论探亲旅游，还是会议经商，都希望饭店提供的客房产品既方便实用又高效快捷、准确规范。如温特莱饭店推出的金钥匙服务中心，综合了原有的前台订房中心、客史档案中心、客房服务中心、总台问询等业务，客人只要拨打"11"这个号码，无论什么需要都可以在最短的时间内得到满意的答复，为客人提供了最大限度的便利。

（三）安全感

安全，是客人选择饭店的关键因素。客人入住客房，希望有一个良好的安全环境，饭店应配有完备的安全设施设备和保安措施，使客人的人身和财产安全、设施设备的使用安全、电话网络安全、商务信息安全等都能得到保障。同时在服务过程中还要考虑到客人的心理安全，尊重客人对房间的使用权、保障客人的合法权益、保守客人的隐私和秘密，使客人对客房产品产生信任感。

（四）满足个性需求，得到超值享受

饭店虽然有一整套完整的服务程序，但在具体操作时要考虑到客人的特殊情况或个别需求，灵活处理。对于饭店企业来说，消费者对服务质量的评价很大程度上取决于其个性需求是否得到重视和满足。

一方面饭店在设计客房产品时要进行市场调研和需求分析，推出能满足不同个性需求的客房产品。如喜达屋集团的"天堂之床"；希尔顿集团的"睡得香客房"、"健身客房"、"精神放松客房"；雅高集团的"高科技好客房"、"嗅觉识别客房"等，新概念的客房层出不穷。

另一方面客房一线员工在对客服务过程中要善于观察，真诚地关心客人，想客人所想，急客人所急，提供针对性的优质服务，使服务不仅仅是满足客人的期望，而是要超过客人的期望。因为当客人的感知超出期望时，就会认为服务质量很高；当期望与感知一致时，仅仅处于满意状态；当没有达到期望时，客人就会表现出不满甚至愤怒。

三、加强服务质量的途径

（一）强化员工的服务质量意识

客房服务员是客房对客服务的直接执行者，因此，在服务质量管理中要把对服务员的培训列入管理工作的重要内容。一方面要加强员工对服务质量的认识，使员工意识到服务质量是饭店的生存之本；另一方面饭店应将服务质量标准化、服务方法规范化、服务过程程序化，并对员工进行质量标准知识教育和质量技能的培训，使员工在理解的基础上全面掌握、熟知这些标准。在具体工作中自觉地遵照执行。

（二）建立严密的服务质量管理规章制度

在客房建立起完善的日检、周检、月检质量管理检查体系。由客房部经理负责，对客房区域内各项工作质量进行逐级检查、督促、监控，及时将监察结果记录在"饭店质量监察表"上，开出不合格项报告，分析原因，采取措施整改，并跟踪检查。与此同时加强服务质量的岗位责任制，使客房服务质量落实到岗位和个人，形成事事有人管、人人有专责、办事有标准、工作有检查的良性循环。

（三）坚持标准化管理与个性化服务的有机结合

饭店提供的服务产品是人对人的服务，而客房服务又具有较强的随机性和复杂性，因此客房服务不能仅仅停留在提供规范化、标准化的共性服务产品上，而应根据客人超越共性的个性化需求，提供以规范化、标准化为基础的个性化服务。

（四）坚持以预防为主的原则

饭店产品的特点之一是生产与消费的同步性。作为饭店产品的重要组成部分，要提高客房服务质量必须坚持以预防为主的原则，未雨绸缪，防患于未然。著名的"质量否定公式"：100−1＝0说明，客房服务是由多个不同内容的具体服务所构成的，在服务过程中，只要一个环节出了问题，就会影响客人对整体服务的认识，甚至会导致客人对整个服务质量的否定。美国管理研究权威汤姆·彼得斯教授在其《追求卓越》一书中指出，顾客的感受就是事实，顾客的成见是很难改变的，也许他们落后于现实，也许饭店正提供着前所未有的优质服务，但顾客仍可能判定该饭店是劣质服务。

（五）做好客房各服务环节的质量控制

客房服务主要围绕着客人的入、住、离三个环节进行，为了使客人得到一次完美的住店经历，必须对事前、事中、事后三个环节的服务质量进行严格的控制管理。

事前管理就是做好客人入住前的准备工作，加强事前的过程设计，解决好影响过程的人、设施、方法、环境等方面的问题，消除质量事故发生的隐患；事中管理就是客人住店期间，以接待服务规范和服务标准为基础，加强对客服务过程的质量控制。因为服务质量形成于过程中，而服务过程中的情况又是千变万化的，发生了质量事故应立即采取纠正措施并加以改善；事后管理就是做好客人的离店工作，征求客人意见，并对服务质量进行科学的评价，提出改进意见。

237

（六）建立服务质量信息反馈系统

客房部应通过各个渠道尽可能地搜集有关客房服务质量的信息，定期写出分析报告，找出服务上的不足，制定改进措施，促使服务质量不断提高。客房服务质量信息主要来自于客人，如客人意见卡、客人投诉处理、拜访客人、客人离店后的反馈信件等。另外，还可通过员工、同行业人士以及饭店内部的相关资料等途径获取相关信息。

【案例评析】

一天，一位归国老华侨在女儿的陪同下住进了饭店，这位老华侨的女儿在察看房间设备后对客房服务员说："老人希望回家乡定居，我要提前回家安排一下，可老人家年岁大了，行动不方便怎么办？卫生间地面滑怎么办？"楼层服务员根据老人家属提出的要求，又征求了老人的意见，将卫生间地面铺上胶垫，并摆放了一张木椅。另外，按老人的习惯，专门为他配备了冲凉用的塑料桶和盆。为了解决老人行动不便的问题，每次老人外出前，客房部都会与行李部联系，为老人准备一辆轮椅。为使老人吃好，送餐组领班和厨师长特地到房间走访，询问老人饮食的喜好及忌讳，在膳食安排上，做到既符合老人的口味，又达到一定的营养要求，还经常调配菜肴花样。连续2个月的酷暑高温，客房服务员以亲切周到、细致入微的服务，使老人安然度过盛夏。在老人女儿来北京接他离店回家乡安度晚年之际，老人万分激动，特地备好纸墨，为服务员题写："月是故乡明，家乡人情浓"的一副对联，表达了他海外漂泊一生的坎坷，以及返回故土所享受的殷勤、周到、细致的服务。①

评析：优质服务是基于标准化服务基础之上，为客人提供具有个人特点的差异性服务，并能让接受服务的客人有一种自豪感、满足感，把被动服务变为主动服务，从而提高了客房的服务质量，赢得了客人的忠诚。

（1）本案例中，客房服务员根据客人的特点，从共性中找出个性，想客人所想，急客人所急，帮助客人解决了一个个难题，并将服务工作做在客人提出要求之前，使海外游客真正找到"回家"的感觉。

（2）为客人提供优质服务需要全饭店各个部门、各岗位员工的共同努力和相互配合。

---

① 侣海岩．饭店与物业服务案例解析．北京：旅游教育出版社，2003：85。

【课堂讨论题】

　　1. 通过对比分析，说一说客房主要两种对客服务模式的利弊。

　　2. 在对客服务过程中，如何使你的服务成为优质服务？

【复习思考题】

　　1. 对客接待主要有哪些服务项目？

　　2. 什么是优质服务？在服务中怎样才能做到优质服务？

　　3. 客房服务质量由哪些方面构成？如何加强客房服务质量的管理？

【实训题】

　　在客房模拟室将对客服务的主要内容进行模拟训练。注意将个性化服务融入对客服务中。

第 十 章
客房部的设备用品管理

第一节　客房部预算

预算就是管理者对计划工作所将产生的收入与支出以及最终损益的估算。预算是管理人员用来控制和指导经营活动，特别是选择、采购、控制设备用品的依据。制定部门预算是各部门经理的基本职责之一。客房部经理通过制定部门预算，可以有效地控制客房部各项成本、费用，以最少的投入，产生最佳的经济效果。

一、制定客房部预算的主要依据

客房部预算是客房部经理根据饭店总经理及饭店预算领导小组的工作指令和具体要求，在广泛征求客房部各级主管、领班及广大员工意见的基础上制定的部门预算。部门预算一旦被饭店最高管理人员批准，它们就将在一年中或一段时间内对客房部的经营起指导作用。

制定客房部预算的主要依据。

（一）在预算期内的客房出租率

预算期内的客房出租率，直接决定着客房部各项费用的高低，它是制定客房部预算的重要依据。

（二）客房直接费用消耗的历史资料

客房直接费用是指客房部在经营过程中直接消耗的物资用品和人员工资等。直接费用消耗的历史资料，为客房部做出较准确预算提供了依据。

（三）客房部各类日常工作记录

客房部物品的消耗、贮存，设备的维修保养的记录等都是制定客房部的重要参考依据。

（四）预算期内物价及劳动力成本水平

二、客房部预算的主要内容

客房部的预算内容以直接费用为主，它包括人事成本和部门营业费用两个主要部分。人事成本包括员工的工资及福利开支。饭店人事部根据客房部编制和工资福利标准，编制出人事成本预算指标，作为客房部员工工资和福利开支的标准。客房部根据这一标准，严格控制人员编制，从而节省人事成本开支。

部门营业费用预算主要以部门直接消耗的物资用品为主。由客房部根据业务活动需要，拟定费用消耗量，分类提出预算，由饭店财务部做好审查。

客房部直接费用预算所包含的主要内容，如表 10-1 所示。

表 10-1 2004 年客房部预算总表 单位：元

项 目	上年实际	上年预算	本年预算	备注（原因）
第一优先项目：				预计今年出租率上升9%；补齐缺编10名员工
工资	338 400	340 000	430 560	增加物价上涨因素（按15%计）
工作服	16 920	17 000	26 000	增加员工：今年需发皮鞋每人一双（70元/双）

项　目	上年实际	上年预算	本年预算	备注（原因）
医药费	25 560	23 560	27 960	240 元/人·年×104 人+3 000 元重病超支保险费
床单			57 600	补充两套 30 元/床，急需补，否则会影响周转
洗衣房洗涤剂	36 000	35 000	45 000	业务量增加，洗涤剂价调 15%（已接到通知）
客房、PA 洗涤用品	15 000	18 000	9 600	部分改用国产产品替代合资、进口产品
客房易耗品	245 000	230 000	226 000	去年还有一部分 3.3 元/间×240 间×82%出租率×365 天×95%消耗率
维修保养费	70 000	75 000	38 000	去年增加烘干机一台 4 万元
第二优先项目：				
清扫工具等	9 000	15 000	11 000	考虑上涨因素
临时工工资	12 000	10 000	6 000	去年人手不足用的多，今年旺季用些临时工（5~10 月）
差旅、培训费	4 800	5 000	4 500	去年批量实习，今年少数骨干学习培训
邮电通信费	2 100	2 000	2 100	
第三优先项目：				
办公用品及印刷品	4 000	5 000	3 000	有些报表已够用
员工生日及生病等	2 700	3 000	2 800	每个员工生日及病假达三天者的探望

续表

项 目	上年实际	上年预算	本年预算	备注 （原因）
奖金	293 280	280 000	330 000	增加员工，业务增加，争取增长 10%
劳保用品	16 920	18 000	18 720	101 人×15 元/人·月×12 个月
累计			1 238 840	

说明：第一优先项目中，床单须在旺季之前（三月底之前）解决；工作服中夏季服装及皮鞋在 5 月份前解决，冬季服装在 9 月底前解决。

需资金壹佰贰拾叁万捌仟捌佰肆拾元，当否，请审批。

　　此致

呈：总经理室

客房部

三、预算的控制

客房部为做好预算的控制，应该对预算的有关项目按月进行分解。如表 10-2 所示，每月核算出各项目的实际消耗额，计算出营业费用率，并和预算标准及其费用率比较，和上月、上年同期比较。这样，通过费用核算，就将客房部费用预算和实际消耗控制结合起来，使客房部的费用消耗不超过事先预算的标准。如果发生较大差异，客房管理人员应及时召集有关人员分析原因，采取相应措施及时解决。

表 10-2　　　　　　　　　　　　**月度预算表**

项目	一月		二月		三月		……		十二月	
	本年	去年	本年	去年	本年	去年	本年	去年	本年	去年
工资										
客房用品										
清洁用品										
⋮										

第二节　客房部清洁设备的管理

一、清洁设备的种类

客房部所用的清洁设备种类很多。从广义上讲，是指从事清洁工作时所使用的任何器具，既有手工操作的简单工具，也有电机驱动的机器设备。客房部经理应该制定客房部所用清洁设备和工具的标准，并应把这些标准体现到采购计划中去。

（一）一般清洁用具

一般清洁用具。主要指手工操作和不需要电动机驱动的清洁设备。常用的有抹布、畚箕、扫尘拖、湿拖把、拖布拧干器、拖地车、清洁桶、玻璃清洁器、客房工作车（如图 10-1 所示）等。虽然这些物品看起来非常简单，但仍然大有学问，客房管理者需要认真了解。

图 10-1　客房工作车

************************** 小　资　料 **************************

客房工作车，又称客房服务车或"布草车"。每个楼层或每个客房段都必须配备一辆客房工作车。客房工作车一般有 3 层，用于放置干净布巾，清扫用具、各种清洁剂以及客房用品和客房低值易耗品。高质量的工作车一端有 2 个固定轮，另一端有 2 个方向轮，车边框上包有橡胶条，用以保护墙壁和门。工作车装满物品以后，虽然重约 200 千克，但移动非常灵活。

****

（二）机器清扫设备

1. 吸尘器

吸尘器是饭店日常清扫中不可缺少的清洁工具，主要用于地板、地毯、墙面、软面家具的吸尘。饭店常用的吸尘器有：直立式、吸力式、混合式、背负式、干湿两用式等。

2. 地板机

地板机又称打磨机或擦洗机。常见的有单刷机、双刷机及三刷机，这种机器具有打磨木地板、抛光地板、清洗地毯等多种用途。

3. 洗地毯机

洗地毯机的种类很多，最常见的有以下2种。

（1）干泡洗地毯机。干泡洗地毯机有滚刷式和转刷式两种。其工作原理是将清洁剂按比例兑好倒入干泡机内，干泡机打泡后喷射在地毯上。机器底部擦盘随即擦洗地毯，使清洁剂渗透到地毯根部，与地毯里的尘埃结成晶体。十几分钟后用吸尘器将结晶体吸去，地毯便洗干净了。此方法适用于任何比较脏的地毯的清洁。

（2）干粉洗地毯机。其工作原理是将粉状地毯清洁剂均匀地撒在地毯上，然后用压粉机将清洁粉压入地毯绒毛里，40~50分钟以后，用吸尘器把粘满脏物的干粉吸掉。此方法适用于小面积的、一般脏度的地毯的清洁。

4. 高压喷水机

高压喷水机一般用于垃圾房、外墙、停车场、游泳池等处的冲洗。

5. 吸水机

吸水机主要用于地板、地毯吸水，还可与洗地毯机配套使用。

二、清洁设备的选择

清洁设备的选择是否得当，对于客房部的清洁保养能力和效果具有不可忽视的制约作用。饭店应根据自己的规模、档次、清洁保养要求和成本预算等，进行综合分析，然后做出购买清洁设备或转让承包的决策。一旦需要购买，客房部管理人员必须参与其间，对将要购买的设备做如下分析。

（一）安全性

所购设备必须装有防止事故发生的各种装置，如具有绝缘性，有相应级数的过滤装置，有缓冲防撞装置等。

（二）方便性

清洁设备操作要简单明了，易于员工掌握。具有一定的机动性，可清洁卫生死角，并能最大限度地减少员工的体力消耗。

（三）使用寿命和保养要求

清洁设备设计上应便于清洁保养，应备有易坏配件，应坚固耐用。设计上应允许有偶尔使用不当的现象。电动机功率应足以适应工作负荷，可连续运转并有超负荷保护装置。

（四）动力源

电压是否相符？所购设备是否可用于室外清扫？如果可以，在选择设备时还应考虑用电是否方便，以确定是否选用带蓄电池或燃油机的设备。

（五）噪音控制

由于清洁设备电机设计和传动方式等原因，其噪音量有所不同。作为客房部使用就应尽量选择低噪音设备。

（六）单一功能与多功能

单一功能的清洁设备具有耐用和返修率低的优点，其缺点是会增加存放空间和资金占用。多功能清洁设备其优缺点则相反。

（七）尺寸和型号

选择什么尺寸和型号的清洁设备将较大地影响到工作效率和机动性，甚至有关设备的保护。在房间可选用吸力式吸尘器；在会议室、走廊则可选用大吸尘器（宽约76cm）。

（八）价格对比与商家信誉

价格比较不仅要看购买时的价格，还包括售后服务的价格和零部件修配的可靠性等。质量上乘的产品往往来自一流的厂商，所以在购买前应对他们的信誉做充分的了解。另外，清洁设备的试用、使用前的培训也是选择设备时应考虑的因素。

三、清洁设备的管理

清洁设备一旦划归客房部管理和使用，客房部应建立设备档案，将设备按进货时的发票编号分类注册，记下品种、规格、型号、数量、价值、分配到哪个部门、哪个班组，这是做好客房清洁设备管理的基础。

（一）清洁设备的分类编号

清洁设备的分类编号是建立设备档案的第一步工作。它没有统一的规定和要求，饭店常采用的是三节编码法，即第一节号码表示设备的种类，第二节号码表示设备所在位置，第三节号码表示设备的组内序号，例如，客房的吸尘器可写成"B_4—2—18"，其中："B"表示电器类；"4"表示吸尘器；"2"表示客房部门的某一具体位置；"18"表示设备组内编号。

（二）清洁设备档案（如表 10-3 所示）

表 10-3　　　　　　　　　　清洁设备档案

项　　目	购买日期	供应商	价　　格

型号：＿＿＿＿＿＿＿＿

编号：＿＿＿＿＿＿＿　　　　　　　　电压：＿＿＿＿＿＿＿

电流：＿＿＿＿＿＿＿　　　　　　　　电频：＿＿＿＿＿＿

出外维修：＿＿＿＿＿＿＿

日　　期	价　　格	修理方式
⋮		

清洁设备档案应按要求逐项填写，其作用有：说明设备的使用寿命；强调对设备进行保养的重要性；指示使用者何时计划购买新的设备；确定该种商标的设备是否适用。

（三）清洁设备的保养

清洁设备的保养可实行包干责任制，实行谁使用谁保养的办法。这对延长设备的使用寿命，控制客房经营的成本费用具有重要意义。

对客房清洁设备的保养要做好以下工作：

（1）所有使用人员都必须了解和掌握清洁设备的操作要求，并严格按操作要求使用。

（2）所有清洁设备在使用后都应进行全面的清洁和必要的养护。

（3）设备使用前后都应检查其完好状况，发现问题要及时处理。

（4）要有良好的设备存放条件，并按要求摆放，不能随便停放在走廊或其他空地。

（5）所有需要出门维修的设备，即使从客房拿到工程部，也必须记录，应建立保养卡片（如表 10-4 所示）。

表 10-4 保养卡片

维修卡 No	维修附卡（2）No	维修附卡（1）No
日期 _____	物件名称	物件名称
物件名称	收件部门（人）	收件部门（人）
取自　　　收归	收件日期	收件日期
需维修内容	送修部门（人）	送修部门（人）
_____	送至	送至
_____	备注	送修日期
_____		备注
_____		
_____		
_____		

第三节　客房设备的管理

一、客房设备的配备

客房部设备主要有两大类，即清洁设备和客房设备。客房设备主要包括以下内容。

（一）家具设备

客房家具可分为实用性家具和陈设性家具两大类。客房使用的家具以实用性家具为主，如床、床头架、写字桌、软座椅、沙发、小圆桌、行李架、衣柜等。

*********************** 小　资　料 ***********************

客房家具的配备应注意以下几点：

（1）家具表面应使用高密度，阻燃材料或涂料，座椅扶手以木质为佳，写字台椅子应有软靠背以使客人坐着舒适。

（2）供写字的台面面积最小应不低于 $0.6m^2$，梳妆台镜应能照出全身。

（3）供客人放东西的抽屉或格架面积最小应不低于每人 $0.7m^2$。

（4）行李柜表面应贴有可更换的软毯面，以防止损伤家具表面。

（5）床头柜上不仅应设计有电器控制面板，而且最好设计成斜面状，以便客人使用。

****

（二）照明设备

客房照明设备主要是指客房过道灯、顶灯、吊灯、落地灯、台灯、地灯、床头灯等。客房各种灯具既是照明设备，也是客房的装饰品。客房灯具的设计和选用要注意：灯具的色调、款式要与室内的墙面、窗帘、床罩等相协调，与客房的建筑、家具的式样相统一。

（三）电器设备

客房电器设备包括空调、音响、电视、电冰箱、电话、传真机等。

（四）卫生设备

客房卫生设备主要包括：洗脸盆、浴缸、恭桶等卫生洁具。

（五）装饰用品

客房装饰用品所包含的内容多而杂，具有很强的实用价值，主要包括窗帘、沙发套、椅套、花边垫布、靠垫等。

*********************** 小　资　料 ***********************

饭店客房一般配备两道窗帘，内层配制质地较薄的纱窗帘，外层配制质地较厚不透明的窗帘，纱窗帘的主要作用是调和光线、美化房间，一般不拉开，以便客人可透过柔和光线眺望窗外的自然景色。外窗帘则白天拉开，傍晚开灯时再关闭，使客人休息、睡眠不受窗外光线的干扰。外窗帘一般按季节更换，入冬时挂深色的厚窗帘，春末时挂上浅色的薄窗帘。

****

二、客房设备的选择原则

无论是新饭店开业之前还是客房设备更新改造之时，作为客房部管理者都应参与其中，提出客房设备的采购和更新改造计划。

客房设备选择的基本原则如下。

（一）协调性

1. 客房设备与饭店档次相协调

饭店购置的客房设备应该同饭店的档次相适应，应该在同类级别饭店中设备性能较为先进、质量较为优秀，高档次饭店购买低档次设备或低档次饭店购买高档次设备，都是不可取的。

2. 客房设备与客房相协调

设备的大小、造型、色彩格调等必须与客房的建筑面积、风格等相协调。协调美观的客房环境，会使客人感觉轻松、舒适。

（二）方便性

由于客房设备是直接提供给客人使用的，所以应选择使用方便、不易损坏的设备，同时还要考虑其清洁、保养和维修是否方便。

（三）节能性

节能性是指能源利用性能。客房设备的选择要考虑节能效果，要选择那些能源利用率高、效率高、消耗量低的客房设备。

（四）安全性

安全性是指客房设备的安全可靠性。如家具、装饰用品的防火阻燃性，冷热水龙头的标志，浴缸及卫生间地面的防滑，电器设备的自我保护装置等。

（五）经济性

客房的设备选择在注意以上原则的同时，还应该考虑设备的总体价格，设备的使用寿命，设备售后服务的便利程度和价格等。

三、客房设备的管理

（一）客房设备管理的任务

客房设备管理的任务，就是保证客房经营活动有一个良好的物质技术基础。具体来说，有以下几个方面。

1. 编制客房设备用品采购计划

客房部各业务部门要根据实际工作需要，及时做好要求增加设备用品的计划，报请饭店财务及采购部购买所需的各种设备用品，以保证客房经营活动的正常进行。

2. 制定客房设备管理制度

客房设备管理制度主要包括：客房设备的采购制度；客房设备的分级归口管理制度；设备管理岗位责任制；设备使用、维修、保养制度等各项规章制度。

3. 搞好客房设备日常管理和使用

客房部在日常的管理中要随时掌握客房设备的使用状况，要加强客房设备的维护保养，保证客房在用设备始终处于良好状态。

4. 对现有设备进行更新和改造

客房设备在客房经营过程中，随着时间的推移逐渐老化，客房部在做好客房设备的日常维修和保养工作、充分发挥设备潜力、延长设备使用寿命的同时，还要有计划地做好设备的更新改造以适应市场发展的需要，适应客人消费的需要。

（二）客房设备管理方法

客房设备的管理是客房管理的重要内容之一，客房部要做好种类繁多的客房设备的管理，必须采用科学合理的方法。

1. 核定客房设备的需要量，编制采购计划

客房部要根据实际工作的需要，根据客房的等级、标准和客房数量，核实应配设备的品种、数量和质量，编制采购计划，报饭店主管部门审批购买。值得注意的是，客房设备的购买必须以需要为原则。

2. 做好设备的审查、领用和登记编号工作

由采购部购回的设备是否符合客房实际工作的需要，客房部管理人员必须严格审查；同时，设立设备管理员，具体负责设备用品的分配、领用和保管工作。客房部应建立客房设备档案、设备卡片，并与饭店设备部门、财务部门的设备档案相一致，以便核对、控制。以后设备发生修理、变动、损坏等都应在档案卡片及财务账册上做好登记，设备的使用状况也要做好记录，以便设备部门全面掌握设备的使用情况。

3. 分级归口管理

客房设备的日常管理和使用是由客房管理系统各部门、各班组共同完成的。各部门、各班组既有使用这些设备的权利，也有管好这些设备的义务。因此，必须实行分级归口管理，分级就是根据客房部门的管理制度，分清这些设备是由部门、班组或个人中的哪一级负责管理；归口是按业务性质，将客房设备归其使用部门管理，分级归口管理使客房设备管理有专门的班组和个人负责，从而使客房设备的管理落到实处。

4. 做好客房设备的补充和更新改造工作

客房设备在使用过程中的物质磨损和精神损耗是不可抗拒的。为了保持并扩大对客源市场的吸引力，确保饭店的规格、档次，饭店必须有计划地对客房设备进行更新改造，并对一些设备用品实行强制性淘汰。

四、客房主要设备的保养

（一）常用家具设备的保养

1. 床的保养

在床垫上加铺一床薄褥子。其主要作用是在床单和床垫间形成缓冲层，增加舒适度，同时也可保护床垫不受污染。褥子的大小应与床垫尺寸一样，其四角应用松紧带固定在床垫上，否则容易滑动而影响员工操作。

要定期翻转床垫。根据床垫的使用情况，定期前后、上下翻转床垫，翻转过的床垫可延长 50% 的使用寿命。为了便于检查床垫是否适时翻转过，可以在床垫的角上贴上表示月份的标签，每次翻转都做记载。在日常的工作中管理人员只要检查一下床垫标签就可知道床垫何时翻转过。

注意床垫防潮，如果是走客房，客房服务员应注意让床垫多透气。

2. 木质家具的保养

由于木质家具有容易变形、腐蚀、易燃、质地结构不均匀等特点，所以在日常的木质家具保养中要注意防潮、防水、防热、防虫蛀，同时还要注意移动家具时要轻搬轻放。

(二) 客房主要电器设备的保养

1. 电视机

电视机是客房必备电器设备之一，星级饭店的客房均配有不同规格的彩色电视机。为了延长电视机的使用寿命、方便住店客人的使用，电视机的保养应注意：避免阳光直射；防潮湿；防灰尘；注意保护电源线不受损伤，搬动电视机时不要碰撞；日常保养若需清洁剂，要使用中性清洁剂，切勿使用稀释液或挥发性汽油、香蕉水等溶剂，以免电视机外壳失去光泽。

2. 电冰箱

三星级以上饭店通常在客房内安放有电冰箱。电冰箱的保养应注意以下几点：

(1) 电冰箱要放在干燥、通风、阴凉的地方，要远离热源，避免阳光直射。其背面和侧面要与墙保持 10cm 以上的距离，以保证空气流通，并使电冰箱能够更好地散热。

(2) 搬动电冰箱时要防止剧烈的震动，要保持箱体直立，如需倾斜，其倾斜度不得超过 45°。

(3) 电冰箱内存放的食品、饮料不易过多，也不能把热食品和热开水放入冰箱。

(4) 电冰箱要经常保持清洁。清洁时，可用柔软干布蘸上中性清洁剂擦拭，然后用干布擦净。切不可用酸性清洁剂、稀释剂、热水清洗电冰箱；否则，会使塑料部件变形、变质。

3. 空调

饭店常使用的空调有中央空调系统和房间空调器两种。房间空调器又可分为窗式空调和分体式空调。饭店客房主要使用中央空调系统或分体壁挂式空调。客房空调的保养要点如下：

(1) 壁挂式空调机的滤尘器每两周清扫一次。

（2）空调在使用过程中如发出异常声音，应关闭电源，通知工程部检查，修理后方可使用。

（3）中央空调室内进风过滤网，每隔2~3个月清洗一次，以保证通风流畅。

（三）卫生设备的保养

客房卫生设备主要指卫生间洁具及其配套设施，其保养要点如下：清洁卫生洁具、配件必须用专门的清洁剂，而不要使用去污粉清洁；操作时，先用专门清洁剂擦拭，然后用清水洗净，最后用干抹布擦干，只有这样才能保证洁具配件光亮如新。

第四节　客房用品的管理

客房用品又称日常客用品，包括一次性消耗品及多次性消耗品。一次性消耗品是指供客人一次性使用消耗或用做馈赠客人而供应的用品，如牙具、香皂、针线包、洗发香波、信封、明信片等，也称客房供应品。多次性消耗品是指可供多批客人使用，但不能带走的客房用品，如烟缸、茶具、房间布巾、卫生间"五巾"等，也称客房备品。客房用品品种多，使用频率高，实用性强，消耗量大。虽然这些物品单件价值不大，但它们总计起来就会影响客房部的成本。因此，做好对客用品的控制是客房成本控制的重要环节。

一、客房用品的选择

客房用品的选择应遵循以下4项原则。

（一）实用

客用品是为方便住店客人生活而提供的，因此，必须符合方便、实用的原则，所提供的客房用品不仅是客人所真正需要的，同时还要方便客人使用。

（二）美观

无论饭店档次高低，客房用品要具有观赏性，避免给客人以粗糙、贬值之感。

（三）适度

客房用品的质量和种类必须与酒店的档次相适应，而不是质量越高、种类越多越好。

（四）价廉

客房用品的选择除了要实用、美观、适度以外，还要在保证质量的前提下，应选择价格较低的客用品，以降低成本费用。

********************* 小 资 料 *********************

选择客房用品时应注意以下几点：

（1）毛毯宜选用素色，以便员工操作，提高工作效率。

（2）烟灰缸宜选用三眼直壁且最好是圆形的，以方便清洗和布置。

（3）擦鞋布宜选用口袋形，以方便客人使用。

（4）针线包应备有红、白、黑等五种颜色的涤纶线，针的号数不宜过小。

（5）服务指南除了内容齐全外，其摆放最好采用阶梯式、长短式，使服务内容一目了然。

（6）较浓缩的洗发香波、沐浴香波不要用玻璃瓶或硬塑料瓶盛装，因较难倒出，客人使用既不方便又造成浪费。

（7）火柴划着后不应有烟尘飘浮。

（8）香皂应香味纯正、皂体细腻，色泽宜选择纯白或浅黄、浅绿等颜色，遇水不软不开裂，不成结晶体。

****

二、客房用品的配备标准

客房用品配备标准是实施客用品管理的重要措施之一，应将其列成书面材料以供日常发放、检查及培训之用。客用品的配备标准通常包括以下 4 项。

（一）各类客房的配备标准

不管饭店客房种类有多少，每一类客房的客房用品配备数量和布置方法都应该是一样的。饭店应以书面材料和图片的形式表现出来，它不仅是标准化管理的需要，而且也是客用品控制管理的基础。

（二）工作车配备标准

工作车上的配备标准往往以一个班次的耗用量为基准。每家饭店都有自己的配备标准，它同样需要用文字和图片形式表现出来。

（三）楼层小库房储备标准

楼层小库房往往需要备有一周的用品。每种客用品的具体储备数量应张贴在小库房的门后或墙上，以供领班盘点和领料之用。

（四）中心库房储备标准

客房部应设立一个客房用品中心库房，其储备量可满足客房一个月以上的需求。

三、客房用品的日常管理方法

（一）领班对客用品的管理

（1）负责楼层小库房客用品的发放与保管。

（2）通过工作报告表控制管辖员工客用品的消耗量。

（3）现场督导员工，减少客用品的浪费和损坏。

（4）每天汇总本楼层消耗客用品的数量，向客房部汇报（如表10-5所示）。

表10-5　　　　　　　　　每日房间卫生用品耗量表

楼层　　　段　　　日期

项目								总数
洗发水								
沐浴液								
护肤液								
⋮								

（5）每周日根据楼层的存量和一周的消耗量开出领料单（如表10-6所示），交中心库房领取货物之后，此单留在中心库房，以便于统计。

表10-6　　　　　　　　　日常消耗品申领单

楼层：_____　　　　日期：_____

项目	申领数	实发数	项目	申领数	实发数
普通信笺			大香皂		
航空信笺			小香皂		
普通信封			卫生纸		

续表

项目	申领数	实发数	项目	申领数	实发数
航空信封			面巾纸		
明信片			水杯		
门后指示图			烟灰缸		
便笺纸			火柴		
⋮			⋮		

（6）每月底配合中心库房的物品领发员盘点各类用品。

（二）中心库房对客用品的管理

1. 每月统计

由中心库房领发员或客房中心文员根据各楼层领班填写的每日房间卫生用品耗量表（如表10-5所示）进行汇总，填写"每日楼层消耗品汇总表"（如表10-7所示）。

表10-7　　　　　　　　**每日楼层耗品汇总表**

发放员＿＿＿＿＿＿＿＿　　　　　　　　　　　日期＿＿＿＿＿＿＿＿

项目＼楼层	卷纸	洗发液	沐浴液	擦鞋纸	圆珠笔	小铅笔	明信片	箱贴	梳子	牙具	针线包	香皂
4层												
5层												
6层												
⋮												
合计												
金额												

备注＿＿＿＿＿＿＿＿＿　　　　　　　　　当日做房数＿＿＿＿＿＿＿

2. 定期分析

一般情况下，中心库房或客房中心每月对各楼层客用品的耗用情况做一次定期分析，其方法如下。

（1）根据每日楼层消耗品汇总表制定月度各楼层耗量汇总表（如表10-8所示）。

表10-8　　　　　　　　楼层日常消耗月度用量汇总分析表

楼层	开房数（间·天）	香皂		卫生纸		圆珠笔		购物袋		品名		品名		品名	
		总耗量（块）	平均量/块（间·天）	总耗量（卷）	平均量/卷（间·天）	总耗量（支）	平均量/支（间·天）	总耗量（个）	平均量/个（间·天）	总耗量	平均量	总耗量	平均量	总耗量	平均量
总计															

（2）结合住客率及上月情况，制作每月客房用品及物资消耗分析对照表（如表10-9所示）。通过计算，即可得出各楼层当月每天每间客房的平均消耗费用。将此结果同饭店规定的当月每日每间客房平均消耗费用进行比较，节约的给予奖励，超过的则按比例赔偿。

表10-9　　　　　　　　每月物资消耗分析对照表

品名	单位	单价（元）	上月消耗	金额（元）	本月消耗	金额（元）	与上月相比	
							增（%）	减（%）
圆珠笔	支	0.24						
夹纸笔	支	0.05						
开瓶扳手	个	0.30						
垃圾袋	个	0.02						
针线包	个	0.15						
擦鞋纸	张	0.01						

品名	单位	单价（元）	上月消耗	金额（元）	本月消耗	金额（元）	与上月相比 增（%）	减（%）
杯垫	个	0.01						
行李牌	块	0.12						
意见书	张	0.15						
维修单	张	0.10						
⋮	⋮	⋮						
合　计								

上月住客率（%）	本月住客率（%）	与上月相比 增（%）	减（%）	上　　月 每间房消耗额	本　　月 每间房消耗额

制表人_____   时间_____

（三）建立管理制度

客用品种类多，使用分散，管理难度大。为了加强管理，客房部应制定相应的制度和措施来控制客用品的流失，其具体内容包括以下几个方面。

（1）楼层员工上班不能带包上楼层，不能串岗，饭店其他部门员工及外来人员不能随意上楼层。

（2）员工上下班必须走员工通道，并主动向值班保安人员展示自己的衣物包。

（3）制定客用品损失、浪费过失记录制度。对个别员工随便乱拿、乱用，损坏客房用品，不按规定操作，要填写过失单。

（4）制定客用品损失、浪费赔偿制度。个别员工若将饭店客用品据为己有或随意送人，造成损失浪费者，一经发现，要按物品价格赔偿，并处以罚款，严重者给予警告直至开除。

（5）加强对服务人员的职业道德教育和纪律教育。客房部除了制定必要制度和措施来控制客用品的流失以外；同时，也要为员工创造不使用客房用品的必要条件，如更衣室和员工浴室应配备员工挂衣架、手纸和香皂等。

第五节　布件的管理

布件又称为布草、布巾或棉织品。做好布件的控制和管理，是饭店客房管理的主要任务之一。

一、布件房

布件房又称布草房或制服与棉织品房，布件房是客房部管辖的一个部门，主要负责饭店布件的管理工作。其具体工作内容如下。

（1）负责客房、餐饮部布件的收发、分类。

（2）负责饭店员工制服的收发。

（3）定期盘点、修补更新布件，保证前台营业的需要。

（4）与洗衣房协调，搞好布件的送洗、清点和验收。

二、布件的分类和选择

（一）布件的分类

按照用途来划分，饭店的常用布件可分为4大类。

（1）床上布件：床单、枕套等。

（2）卫生间布件：方巾、面巾、浴巾、地巾等。

（3）餐厅布件：台布、餐巾等。

（4）装饰布件：窗帘、椅套、裙边等。

（二）床上布件的选择

床上布件主要指床单和枕套。大多数饭店选用的床上布件一般为白色的棉、涤纶混纺床单与枕套，而不是全棉的。

1. 床上布件的质量要求

床单、枕套的质量主要取决于以下因素。

（1）纤维质量。纤维长，纺出的纱均匀、光滑、强度好，织物漂亮、细腻、平滑、舒适度好；纤维短，纺成的织物就会针脚不匀、手感粗糙。

（2）纱的捻度。纱纺得紧一些，则织物不易起毛，强度也比较好。

（3）织物密度。密度高而经纬分布均匀的织物比较耐用，用做床单的织物密度一般为288×244根/$10cm^2$，高级的可超过400×400根/$10cm^2$。

（4）制作工艺。卷边要宽窄均匀，针脚线要直而密，一般要达到12~15针/寸。枕套的接缝必须牢固，接缝处留足接缝边料，要能耐反复装拆枕

259

芯的拉扯。

一般饭店为什么使用白色混纺床单?

（1）混纺织物比全棉织物更耐用（混纺布巾比全棉布巾耐用4倍）。

（2）混纺织物缩水率小，而棉织物缩水率大（棉织物平均缩水率为12%，混纺织物平均缩水率为5%）。

（3）混纺织物吸水率比全棉少15%~50%，晾干快。

（4）白色床单洗后不掉色，所以存放时也不需要进行额外的分类处理，可减少工作量。

（5）混纺织物抗皱挺括。

2. 床单、枕套的尺寸

床单和枕套的规格尺寸主要依据床及枕芯的大小而定；同时，它也受到床单质地和饭店铺床的标准等因素的影响。

（1）床单尺寸。

①可按下列公式计算（不含缩水率，单位：cm）

床单长度 = 床垫长度 + 床垫厚度×2 + 15×2

床单宽度 = 床垫宽度 + 床垫厚度×2 + 15×2

例如：单人床垫规格为（190cm×100cm×16cm），则与之配套的床单的规程应为：

长度 = （190+2×16+30）cm = 252cm

宽度 = （100+2×16+30）cm = 162cm

②为了简便易记，无论饭店使用何种规格的床，所用床单只在床的长宽基础上各加60cm（不含缩水率）即可。例如，双人床规格为（150×200）cm，其床单应为（210×260）cm。

（2）枕套尺寸。

通常，枕套的宽度要比枕芯多出2~5cm，长度要多出20~33cm，以便包住枕芯并可将多余的长度反折进枕套里，这是许多饭店使用的一种枕套。其实还有另一种枕套，长、宽都比枕芯多出2~5cm，其开口处包住枕芯的那部分在枕套内侧。床上布件参考尺寸如表10-10所示。

表 10-10 床上布件尺寸

类 别	参考尺寸	单 位	计算方法
单人床单 （床垫：100×190）	160×250	cm	在床的长宽基础上各加60cm（不含缩水率）
双人床单 （床垫：150×200）	210×260	cm	同上
大号床单 （床垫：165×205）	225×265	cm	同上
特大号床单 （床垫：180×210）	240×270	cm	同上
普通枕套 （枕：45×65）	50×85	cm	在枕芯的宽基础上加5cm，长基础上加20cm
大号枕套 （枕：50×75）	55×95	cm	（不含缩水率）

*********************** **小 资 料** *********************

什么样的枕头是好枕头？是软枕头？还是硬枕头？是羽绒枕芯？还是合成纤维枕芯？一般高档饭店使用羽绒枕芯，但羽绒枕芯价格昂贵，有的客人使用羽绒枕芯过敏。现在许多饭店采用合成纤维枕芯，合成纤维枕芯成本低，可以洗涤，与羽绒枕芯相比，对合成纤维枕芯过敏的人较少。如果饭店使用合成纤维枕芯，请别忘了要备少量的羽绒或其他填充物的枕芯以方便少数的过敏客人。一个好枕头应该具有弹性，填塞均匀，没有硬块，并且轻盈。

****

（三）卫生间布件的选择

卫生间布件是指卫生间的"四巾"或"五巾"，它们基本上属毛圈织物，故统称为毛巾。越是高档卫生间，毛巾就越厚，质量越好。

1. 卫生间毛巾的质量要求

卫生间毛巾质量主要取决于以下因素：

（1）毛圈数量和长度。毛圈应为 100% 的棉，毛圈多且长，柔软性就好，吸水性就强，但毛圈太长易被钩坏，3mm 左右较合适。割绒毛巾柔软度强于圈绒，但成本高于圈绒。

（2）织物密度。毛巾类织物是由地经纱、纬纱和毛经纱组成。地经纱和纬纱织成布基。为了使毛巾更耐用和最大限度地减少毛巾的缩水率和防止毛巾变形，地经纱应用涤纶线。毛经纱与纬纱交织成毛圈，纬线越密则毛圈抽丝的可能性就越小。毛经纱和纬纱必须为 100% 的棉，以利于吸水。

（3）毛巾边。毛巾边应牢固平整，每根纬纱都必须能包住边部的经纱，否则边部很容易磨损、起毛。

（4）缝制工艺。要查看折边、缝线、线距是否符合要求。

2. 毛巾尺寸

参照饭店星级评定标准的有关要求，客房卫生间毛巾的尺寸如表 10-11 所示。

表 10-11　　　　　　　　　　卫生间毛巾尺寸

类　别	尺寸（cm）	重量（g）	饭店档次
大浴巾	120×60	400	一、二星级
	130×70	500	三星级
	140×80	600	四、五星级
小浴巾	100×34	125	无明确规定
面巾	55×30	110	一、二星级
	60×30	120	三星级
	70×35	140	四、五星级
地巾	65×35	280	一、二星级
	70×40	320	三星级
	75×45	350	四、五星级
方巾	30×30	45	三星级
	30×30	55	四、五星级
浴袍	大、中、小号		

三、布件的管理和控制

（一）客房布件储备标准

客房布件的储备标准 3~5 套不等。这里的"套"是指按饭店制定的布置标准把所有客房都布置齐全，其需要布件的量就称之为一套。决定客房布件套数多少的主要因素有：营业状况，洗衣房运转状况、部门预算、饭店档次等。一般饭店配备 3 套：一套在客房使用；一套在洗衣房洗涤；另一套在布件房备用。但如果饭店档次高或者部门预算不是很紧的情况下，更现实一点的需要量则是 5 套：一套在客房内使用；一套在楼层储存室或工作车上；一套在中心布件房；一套已经脏了正送往洗衣房；另一套则正在洗衣房的处理之中。

（二）布件的发放

（1）送洗和领取布件应相同。不管是楼层或餐厅，送来多少脏布巾应填表列明，洗衣房收到脏布巾并予以核对后签字认可，即可去布件房领到相同品种和数量的干净布件。

布件房和客房各楼层班组布件交换程序为：客房各楼层班组按消耗定额配备布件品种及数量，并保留必要的周转需要量。送回洗衣房的脏布巾由洗衣房员工清点，并填写楼层棉织品申领单（如表 10-12 所示）

表 10-12　　　　　　　　楼层棉织品申请单

日　期		楼　层	
项　　目	送洗布件数	洗衣房签收数	布件房实发数
小床单			
枕套			
大浴巾			
⋮			
申领人	收件人		发件人

（2）如果布件房发放布件有短缺，由布件房员工填写欠单（如表 10-13 所示）或在申领单上注明并签字，以此作为归还凭据。

表 10-13   布件欠单

布件换洗表编号 _____

部门_____   日期_____

发至_____   发货人_____

　　　　　　餐饮部员工　　　　　　客房部员工

项　目	色　泽	尺　寸	缺　数	已　发
⋮				

收件人   上午/下午

餐饮员工   日期   时间

（3）如果使用者需要超额领用，应填写借物申请，并经有关人员批准。

（三）布件的贮存与保养

1. 布件的贮存

（1）库房条件。不管是楼层库房，还是客房中心库房存放布件，必须具备下列条件：通风良好，相对湿度不大于 50%；温度不超过 20℃；备有足够的，提存方便的棉织品架；备有必要的消防设施。

（2）布件存放。布件存放要做到：客房、餐厅布巾要分类存放，并用检签注明，以保证准确发放各种布件，同时便于盘点和查库；暂时不用的布件要贴好标签放在布件架上封好，以防止积尘、变色；报废布件要贴好标签放在布巾架上，并注明"报废布巾"。

2. 布件保养

（1）备用布件不宜库存太多，因为存放时间过长会使布件质量下降。

（2）不论是备用布件，还是在用布件都必须遵循"先进先出"的使用原则。

（3）刚从洗衣房送来的布草，最好在货架上搁置一两天再用，这样可延长布件的使用寿命。

（4）从洗衣房送来的布件在上架时要仔细检查布件是否 100%干透，没有熨干的要送回洗衣房重新处理。

（5）新布件购回后，必须洗涤后再储备或投入使用。

（四）布件的报废及再利用

为了保持饭店的规格和服务水准，棉织品在使用到一定时间或使用到一定程度后就必须淘汰，饭店应根据本饭店的具体情况确定棉织品的更新周期或定出更新标准。

为了分散工作量，布件房员工根据饭店所定的更新标准，对已达到更新

264

标准的棉织品进行剔除。许多饭店把反复洗涤仍有污迹的、色差比较大的、破损的布巾或单独存放或缝纫一条彩色线，以示区分。报废布件一般要由布件房的主管核对，客房部经理审批并填写报废单（如表 10-14 所示），然后根据具体情况改成枕套、婴儿床单、抹布等。

表 10-14　　　　　　　　　　　　　**布件报废单**

品　格		规格		申报人		批准人	
报废原因	数　　量			处　理　意　见			
无法除迹							
无法修补							
年限已到							
其　　他							
合　　计				年　　月　　日			

（五）布件的盘点

布件盘点需定期进行，通常有一个月、三个月、半年和年终盘点。年终盘点须有财务人员参加，其余盘点由客房部自己组织。通过盘点可以控制布件的丢失和报废数量，同时为下一年布巾的预算做准备。

客房布件盘点程序如下。

（1）预先通知客房部及有关部门。

（2）在同一个时间内，对所有布巾进行清点，包括楼层库房中的、工作车上的、洗衣房及中心库房的布巾。

（3）将清点结果填写在盘点统计分析表上（如表 10-15 所示）。

表 10-15　　　　　　　　　　　**布件盘点统计分析表**

部门　　　　　　　　　盘点日期　　　　　　　　　　制表人

品名	额定数	客房		楼层布件房		洗衣房		中心布件房		盘点总数	报废数	补充数	差额总数	备注
		定额	实盘	定额	实盘	定额	实盘	定额	实盘					

（4）盘点过后的布巾应与预算定额标准进行比较，发现问题及时采取措施予以解决。

四、制服的管理

制服体现着饭店的企业文化和经营风格，穿着既合身又舒适的制服，服务于宾客之间，不仅能给服务员带来好心情，又能增加自信心，更重要的是可以给往来于饭店之间的宾客留下良好的印象，展现了酒店员工的风采。

（一）制服的发放

1. 新员工制服发放

布件房员工按人事部发给的"制服申领单"向员工发放制服。

在员工领取制服之前，必须填写制服卡片（如表 10-16 所示），试穿制服合适以后，布件房员工在制服号码标签上填上员工部门及员工号码，将其中一套制服连同领带（领花）等发给员工，另一套由布件房保存，以便更换。

表 10-16   员工制服卡片

名字_____   员工号码_____

部门职位_____   职务_____

日期	服装式样	数量	签字	归还日期	由谁接收	其他

须知   日期

对发放给我的制服，我应负责，无论何种原因，改变职务或离开饭店时，我将如数交回所有制服。

我同意，制服如有遗失或非正常损坏，需修补时赔偿费从本人工资中扣除。

我深知，这些制服是饭店的财产，绝不允许带出饭店。

员工签名

2. 员工调换部门后的制服发放

如果员工更换部门或提职，须持人事部"制服申领单"到布件房先交回原来部门的制服，再领取将要担任岗位的制服。领带（领花）等装饰物，随制服的变化而变化。

3. 离职人员制服管理

凡离职人员制服一律由布件房根据"离职人员通知"将制服收回。销售人员制服因其款式面料自行选定，如其离店，饭店可根据制服时间的长短进行收费。如某饭店规定对穿用不到半年（含半年）的制服收取100%费用，穿用半年至1年（含1年）的制服收取70%的费用，穿用1~2年（含2年）的制服收取50%，穿用2年以上的制服收取20%的费用。

（二）制服的日常换洗

为保证员工上岗着装的需要，饭店每位员工一般配备2套以上制服。员工每天上班前或下班以后通过布件房专用窗口，将脏制服交给布件房换取干净制服。制服管理员将员工更换的脏衣检查、登记、分类，并根据工服上的号码，工服种类、件数填写洗衣单，洗衣单一般分为三联：一联存根，二、三联随工服交洗衣房，工服洗净送回后，布件房员工根据洗衣单验收，对熨烫、洗涤质量有问题的工服，再送回洗衣房回烫或回洗；对有破损和掉扣子的工服由布件房缝纫工修补；对洗衣房未能及时送回的工服应做好记录，并查明原因。

（三）制服的存放

布件房将洗净的工服按照部门、工服的种类分别挂在不同的制服架上，或把折叠存放的工服放在相应架子上，并按照员工的号码依次排列，也可按员工姓氏的第一个大写字母排列，以方便存取，提高工作效率。工服存放必须注意将洗涤频率较高的工服，如厨师制服，放在最易拿取的地方；将洗涤频率不是很高的毛料工服，可悬挂在高处，既干燥又不易受污染。

（四）制服的更新、补充

1. 建立工服消耗记录卡

对各部门的员工制服做好消耗记录，定期汇总，因破损、丢失而补发的制服，要按部门登记入账，定期将账单交财务部。

2. 制服的更新、补充

对于因洗涤、磨损等自然原因造成的更新，要按有关规定和程序，办理有关更新手续，对于损坏，丢失等原因而需要补充的，由主管部门查明原因，由员工填写"制服申领单"，经部门经理签字后，由布件房负责报销和补充新制服。

【案例评析】

我要新毛巾

一位台湾客人入住宁波市某酒店，行李员帮他把行李送进客房刚刚退

267

出，服务员小汤已提着一瓶开水走进房间。她面带微笑，把水瓶轻轻放到茶几上，主动询问客人："先生，您有什么事需要我做吗？"台湾客人说："小姐，请给我上一条毛巾。""好的。"小汤满口答应。一会儿，她便用盘子端着一条干净的折叠着的毛巾来到客人面前，用夹子夹住毛巾递给客人说："先生，请用。"没想到客人却不高兴，责备道："我不要旧的，我要没有用过的新毛巾！"小汤心里一愣，却不动声色，即对客人表示："对不起，我给您拿错了。"说完便出去换了一条新毛巾来。客人这才满意。台湾客人泡上一杯茶——由于他喜欢喝浓茶，就用两袋茶叶泡一杯茶，并打开闭路电视，一边喝茶，一边看电视。茶冲过几次后，味道变淡了，他就把剩下的两袋茶叶另泡一杯。当他觉得茶味又不够浓时，发现茶叶已没有了。于是，客人打电话给楼层服务台，请服务员再送一些茶叶来。小汤很快就拿了几包同样的茶叶送给客人。没想到他大为不满："我不要这种绿茶，我要喝浓一点的红茶！"小汤很感委屈，但她丝毫没有流露。再次向客人道歉说："对不起，我又给您拿错了。"接着又去换了几包红茶来送给客人。此刻，客人也因两次对服务员发火而感到太过分了，连声向小汤道谢："小姐，谢谢你，谢谢你！"脸上露出一丝愧疚的神色。①

点评： 本例中客人显然是错了，因为他既没有说清楚要用新毛巾，也没有明确交代要换红茶，故小汤对客人的服务并没有错。小汤主动向客人认"错"，说明她对"客人永远是对的"这句饭店服务的座右铭有着正确的认识，值得称赞。无论是新旧毛巾之别，还是红绿茶之分，客人一次又一次地无端指责，这对小汤确实是非常不公的，而小汤却能自觉地承受委屈，用自己的委屈换取客人的满意。这正是服务员应努力达到的一种高尚的境界。国内有些饭店在服务员中颁发"委屈奖"。这对鼓励员工为饭店整体利益承受委屈是有一定作用的。当然，饭店在房间为客人配备低值易耗品时，应考虑到顾客的不同需求，根据物品价值原则，尽可能为客人提供较全的生活用品，使客人能自己动手满足其起居的生活需求。例如，现在有不少饭店在房间内配备了红茶和绿茶两种茶叶以及电热水壶，同时注意客人的特殊需求，这样就能为客人提供更加满意的服务。

【课堂讨论题】

1. 作为客房部经理应如何节省部门预算？
2. 怎样做好客房用品的管理工作？

---

① 范运铭. 客房服务与管理案例析. 北京：旅游教育出版社，2000：23

【复习思考题】

1. 制定客房部预算的主要依据是什么？
2. 怎样进行客房布巾的盘点工作？
3. 在选择客房清洁设备时应掌握哪些标准？
4. 客房设备管理的主要任务是什么？如何做好客房设备的管理？
5. 简述客房布巾的交换程序。
6. 怎样做好员工制服的管理工作？

【实训题】

考察一家高星级饭店，了解客房部对客房用品控制的具体方法。

第十一章
客房安全管理

第一节 客房安全管理概述

旅游活动需要旅游安全，而客房安全是客人住宿活动的必然要求，其安全系数的高低直接影响到客人对饭店的选择，因为客房是客人停留时间最长并存放财物的场所，因此，客房安全工作成了整个饭店安全工作的重要组成部分。

一、客房安全的含义

客房安全是一个全方位的概念，它不仅仅是指入住饭店的客人安全，还包括饭店的员工安全及整个饭店的安全。

（一）客人安全

根据国际旅馆业的惯例，旅客一经住宿登记，饭店就要正式对旅客的安全承担责任。第一，保护客人的人身和财产安全，这是客房安全的首要工作；第二，保证客人的心理安全，即客人入住客房后对环境、设施和服务的信任感；第三，保障客人的合法权益。客人入住客房后，该客房就成为客人的私人场所，饭店的任何人员，在没有特殊情况下，都不得随便进入该客房，饭店员工有责任为客人保守秘密和隐私。

（二）员工安全

客房安全不仅仅指客人的安全，还包括员工的生命、财产安全和员工的职业安全。饭店应为员工提供一个健康的工作环境，制定安全操作程序，定期为员工检查身体。

（三）客房安全

客房安全指饭店以及客房楼层本身的安全，主要指客房区域应处于没有危险的状态并对潜在危险因素的排除。

二、饭店安全设施的配备

为了防止盗窃、火灾、意外事故等突发性事件的发生，饭店应配备先进完善的安全技术装备安装在饭店及楼层中的一些重要场所和部位，并加强科学管理。

1. 闭路电视监控系统

闭路电视监控系统是现代酒店普遍选用、非常重要的安全设施之一。一般电视监控系统均由前端设备、传输系统和终端设备组成。摄像头主要安置在大堂、客用电梯、楼层过道、公共娱乐场所、贵重物品存放地等场所，在监控室内就可以对饭店的一些重要部位进行监控，发现可疑人物或异常情况能及时采取措施。有些饭店甚至已与公安机关的监控系统联网。

2. 安全报警系统

安全报警系统是饭店在一些关键部位安装的各种类型的报警器联结而成的安全网络系统，其目的在于防火、防盗等。常用的报警器主要有被动红外报警器、主动红外报警器、超声波报警器、手动报警器等，一般安装在前台、消防通道、贵重物品存放处等一些关键部位。安全报警系统不仅要同饭店的安全部相连，还可以同饭店所在社区的公安派出所相连。

3. 消防监控系统

普通的防火系统一般由火灾报警器（烟感器、热感器、手动报警器）、灭火设施（消防给水系统、化学灭火器材）和防火设施（防火墙、防护门、排烟系统）组成，是饭店必备的安全设施。

在现代化大型酒店中，电脑化防火设施的应用为现代酒店的防火安全带来了较大的保障，并逐渐成为酒店最基本而必要的安全设施之一。电脑化防火系统在硬件设施中具有核心地位的是"中央控制板"，它可以和火灾侦测与控制装置直接联网，从而发挥中央控制功能。联网的装置包括：热度侦测器；烟雾侦测器；紧急电话警报系统；消防栓用水控制系统；消防用水流量表；空调电扇系统；加热控制系统；电梯隔离控制系统；地方消防队直接联网系统等。

中央控制板的具体功能如下：

（1）火灾警报响起时，当地的消防队会接到自动的报警并知道出事地点；酒店各楼层的扩音器会启动发出火灾警报，每间客房的电话会自动响起，事先安装好的紧急指示录音带也会自动播放；所有烟雾可以通过的门窗均由电磁开关装置予以自动关闭；电梯自动停运；步行楼梯间的铁门自动关闭以阻截火焰烟雾的窜升；空调及加热电扇自动停止；各个通风管道会将建筑物内的烟雾自动抽出室外；热度及烟雾侦测器受到自动监测；消防水喷射系统受到自动监测。

（2）电脑作业员从中央控制板上获知出事地点并发出紧急通知。

（3）值班经理根据中央控制板提供的资料决定是否需要人员疏散。

4. 电脑门锁系统

为了保证客人的财产与人身安全，防止饭店钥匙的盗窃、遗失和复制，越来越多的饭店对门锁采用电脑化的管理系统。这种门锁分为磁卡型、IC卡型、感应卡型，它包容了精密的制作技术、计算机技术、微电子技术和现代信息技术，是目前安全性和智能化程度最高的门锁之一。

电脑门锁具有分级管理功能（分为管理卡、开门卡）、反锁功能（当门反锁时，插入应急卡，即可开锁）、取消功能（可以取消或终止各种门卡的权限）、通道功能（可使门锁处于常开常闭状态）、欠压报警功能、报警功能（当门未关好时，门锁发出报警信号）、记忆功能（可将门锁内最新的开锁记录取出阅读）、应急开锁功能（当发生故障时，可采用机械钥匙开锁）、套房功能（可满足多种开门权限要求）和公共门功能。

********************** 小 资 料 **********************

酒店"一卡通"管理系统是将酒店管理系统与智能卡电子门禁系统结合起来，组成一个有机的整体，利用智能卡保密性强、数据存储量大的特点，将入住开房、递交押金、娱乐消费、结账收银、员工食堂的功能集成到一张智能卡上，使宾客持卡在酒店内真正"畅通无阻"，宾客在各消费点无需时时支付现金，大大提高了在各消费点及总台结账的效率，同时根据卡上的信息，可以准确判断客人是否为贵宾、客人的打折幅度，无需客人出示其他消费卡，使饭店处处显示现代化气息。

****

5. 通信联络系统

通信联络系统是指以安全监控中心为指挥枢纽，即通过电话、传呼机、对讲机等通信器材而形成的联络网络。这个网络系统能使饭店在遇到紧急情况时具有快速的反应能力，对保障饭店的安全起着十分重要的作用。

三、客房安全设施的配备

（一）消防设施

客房内的消防设施用品主要有：烟感报警器（当室内烟雾达到一定程度时自动鸣叫报警）、自动喷淋灭火装置（当室内温度达到一定程度时，堵在喷头出水口的水银球受热膨胀炸裂，水便喷到溅水盘上形成均匀洒水）、安全告示手册、安全通道出口示意图、"请勿在床上吸烟"的中英文标志。

除了客房内的消防设施外，楼面通道也要设置报警装置、消防栓及灭火器，两侧要有安全门和安全楼梯，较长的通道中间要设防火隔离门、抽气机和通气装置。

（二）防盗设施

门是防盗的关键部位，门上应装有警眼、防盗锁、自动关门装置、安全链等。对楼层、阳台较低的客房要装配安全装置。在通往客房的主要通道要安装闭路电视监控系统。房间内设置客人自用的小型保险箱，采用电脑系统确保安全。

（三）客房生活安全设施

在采购客房内所有电器及家具时要充分考虑其安全性，设施设备的安装要确保安全。客房的装饰装修材料应具有阻燃性。地毯要铺平整、电线不要露在明处、卫生间要有防漏、防滑措施，浴缸侧墙上拉手要安装牢固等。平时要对客房设施进行细心的检查和及时维修。另外，客房设施设备的配置还要考虑残疾人的入住要求，这类房间称之为无障碍客房。

第二节 防 火

火灾始终是威胁饭店业的一个重大隐患，它不仅直接威胁店内人员的生命，毁坏饭店的财产和建筑，而且还会破坏饭店的声誉，特别是客房部的客房区域，由于一般饭店的楼层高、规模大、人员多，扑救和疏散都十分困难。因此防火工作是客房安全工作的头等大事，饭店和客房部必须制定一套完整的预防措施和处理程序，防止火灾的发生。

一、火灾种类

（一）A 级火灾（一般火灾）

纸张、纤维、木材等可燃性物质着火燃烧的火灾为 A 级火灾，其特征是燃尽成灰。适用于这种火灾的灭火器上有白底 A 字标记。

（二）B 级火灾（油类火灾）

油漆、酒精、汽油、液化气（L. P. G）等可燃烧液体或气体着火时的火灾，燃烧后不留灰烬。适用于此类火灾的灭火器上有黄底 B 字标记。

（三）C 级火灾（电气火灾）

电动机、开关柜、电缆、电器等着火燃烧时的火灾。适用于此类火灾的灭火器上有蓝底 C 字标记。

二、客房服务工作中的防火措施

（1）适时向客人进行防火宣传。如在客房内醒目位置放置安全须知手册，床头柜上放有"请勿在床上吸烟"告示牌，通道及电梯口放置烟灰桶等。

（2）对酒醉客人的房间要多关心注意，防止出现火警或其他伤害事故。

（3）日常清扫时，注意不能将未熄灭的烟头倒入垃圾袋或吸入吸尘器。

（4）房内禁止使用电炉、电暖器等电器，发现客人使用要立刻阻止。对长住客人在房间使用自备的电器设备要做到心中有数，防止超负荷用电。

（5）清扫时要注意检查房间内的电器、电线和插头等，如发现有短路、漏电、线头脱落等现象，应及时采取措施并保修。

（6）严禁工作人员不按安全操作程序作业。如在客房内明火作业、使用化学涂料等易燃物品时没有采取防火措施、在非指定的区域内吸烟等。

（7）应定期清扫楼梯和电梯底部等地积聚的垃圾，以减少起火因素。

（8）所有员工都要牢记太平门、灭火器和消防栓的位置，并熟练掌握灭火器的使用方法。

（9）当发现火情时，服务人员应做到"两知三会"，即知道火警电话、知道着火部位、会报火警、会使用灭火器、会扑灭初始火。

（10）配合保安部定期检查防火、灭火装置及用具，制定客房部各岗位服务人员在防火、灭火中的任务和职责。

三、发生火灾时的应急处理

楼层一旦发生火灾，或其他区域发出火警信号和疏散信号，客房员工要以高度的责任心，沉着冷静，按饭店和客房部制定的消防和疏散计划迅速采取行动，保证客人的生命安全和饭店财产安全，尽量减少损失。

（一）报警

一旦发现火情，要查明火源的准确位置以及燃烧物，在火势较小并能及时扑灭的情况下，尽量不要惊扰太多的客人。如火情比较严重，要立即向有关部门报警。报警时一定要镇定，口齿清楚地说出火警发生的正确位置、火情和自己的姓名，报警后应立即投入早期救火工作。

（二）火灾初期的救火行动

（1）救火时应沉着冷静，正确判断火灾现场的状况后迅速行动。

（2）救火时应以较低的姿势接近着火处，利用可能动用的消防器材和设施，从四周开展灭火作业。

（3）如果是电器引起的火灾，首先应切断电源，利用灭火器（有蓝底C字标记）灭火。

（4）如果是油类火灾，应用粉末灭火器、沙子、土块等灭火。

（5）如果是可燃气体引起的火灾，应立即关闭气源阀门，利用灭火器（有黄底B字标记）灭火。

（6）除一般火灾（A级火灾）外，以上三种情况都严禁用水灭火。

*********************** **小　资　料** ***********************

问：灭火的方法很多，下面哪些为常用的灭火方法？

A. 冷却法　　B. 窒息法　　C. 化学法　　D. 隔离法

答案：A、B、C、D

****

（三）组织疏散

消防中心确认已发生火灾且火情较为严重时，全饭店应鸣铃报警，并发出疏散信号。疏散信号表明饭店某处已发生火灾，要求客人和全体员工立即撤离饭店，赶到集合地点列队点名。饭店工作人员一定要有组织、有步骤地疏散客人。

（1）向客人发出通报。客房部的服务员要注意通知房间的每一位客人，确认房内无人时，要把房间所有的门都关上，以阻止火势的蔓延并在房门上做上标记，表示此房已检查无客人。只有确认该楼层的客人已全部撤离，服务员才能撤离。

（2）迅速打开安全门、安全梯，保证安全通道畅通。

（3）切断电源，关闭电梯。组织人员撤离时应要求每个人用湿毛巾捂住嘴部，并使身体以较低的姿势离开火场。

（4）通知客人走最近的安全通道，在疏散通道口或拐弯处安排疏导人员，手持应急灯和手电筒为客人照明引路，提醒客人有关注意事项。

（5）在没有起火的楼层派专人值守，防止无关人员趁机行窃等不法行为的发生。

（6）饭店所有人员撤离饭店后，应当立即到事先指定的安全地带集中。前厅和客房部负责清点客人人数，各部门按当日的考勤记录查点员工人数。如有下落不明的人或还未撤离的人员立即通知消防队。

（7）协助消防人员灭火，力争将饭店财产损失减小到最低限度。

**********************小　资　料①**********************

由"国际饭店安全协会"主办的《世界饭店安全》杂志对近年来世界各地饭店火灾的原因及部位进行了统计分析。饭店火灾原因统计：吸烟占40.7%；电器着火占22.8%；纵火占0.8%；厨房烹调占19.2%；机械故障占6.2%；其他占10.3%。饭店火灾部位统计：客房占37.6%；楼层走道占31.2%；厨房占17.2%；其他服务场所占8.1%；电机房占5.2%；仓库占0.7%。

****

第三节　防　　盗

盗窃是发生在饭店内最普遍、最常见的犯罪行为之一，它不但造成客人和饭店的财产损失，也影响到饭店的声誉和客源，在饭店发生的各类案件中所占的比例相当高。饭店中的盗窃现象一般有以下4种类型：外部偷盗、内部偷盗、内外勾结、旅客自盗。为了保障客人、饭店和员工的财产不受损失，客房部必须严格执行各项安全规定，预防各种盗窃事故的发生。

---

① 国家旅游局人事劳动教育司编. 饭店安全与消防管理. 北京：旅游教育出版社，1999：155

一、预防盗窃事故的措施

（一）健全客房部员工的管理制度

（1）饭店在录用新员工时，要严格把关，对他们提供的申请材料进行验证，防止不良分子混入饭店员工队伍。

（2）对员工进行职业道德教育，提高他们的素质和道德水准，树立诚实可信的职业风范。

（3）实行严格的奖惩制度，一旦发现员工有偷窃行为，要严肃处理，毫不留情。

（4）加强对客房服务员操作安全的管理。如进房清扫时应将工作车停放在房门口并在门把手挂上"正在清扫"牌，开门清扫；要清扫一间开启一间，清扫完毕后一定要锁好房门并做好记录，在房间清扫时，如有客人进入，应礼貌地查看客人的房卡或钥匙牌与房号是否相符等。

（5）严格履行领用和保管物品的手续。

（6）严禁在工作时间会客、串岗或擅自离岗。

（7）制定有效的员工识别法。服务员上班时必须穿本工种的工作服，佩戴好自己的工作牌，下班后不能在客房区域逗留。

（8）设立员工通道，制定饭店员工出入饭店大门及携带物品的规定。

（二）加强对客人的管理

（1）制定科学、具体的客人须知，使客人了解住店期间应尽的义务和注意事项。

（2）切实做好验证工作和制定客人领用钥匙的规定。

（3）制定对访客服务的管理制度。明确规定接待来访客人的程序、手续和来访客人离店时间，如来访者因事需在客房留宿，则必须按规定到前台办理入住手续。

（4）加强巡视检查，严格控制无关人员进入楼层，发现可疑或异常情况应及时处理。

（5）客人离店时，要及时检查房间，如发现丢失或损坏的客房物品应及时报告主管，并与总台取得联系。

（三）加强对客房钥匙的管理

采用机械门锁的饭店，其钥匙的管理形式一般分三种：前台问讯处收发；设楼层服务台，由客房服务员收发；楼层值班服务员直接为客人开门。目前，很多星级饭店一般采用的是电子门锁系统。磁卡钥匙由总台制作发放，客人自己随身携带。

无论采用哪种管理形式，都应加强对客房钥匙的管理。

（1）客房钥匙要专柜存放、专人管理。客房工作人员领取、交还钥匙必须办理严格的登记手续。有些使用电子门锁系统的酒店还在每班次结束以后，修改门锁密码，这样下班以后员工就不可能再进入房间，从而更好地避免物品遗失现象的发生。

（2）服务员工作时钥匙要随身携带，如暂时离开饭店，钥匙须先交回客房部。严禁工作人员将客房钥匙携出店外。

（3）严禁随便使用工作钥匙为不明身份的客人开启房门，更不能转交他人使用或保管。

（4）如果其他部门员工因工作需要进房，客房服务员必须陪同进房，直到该员工完成工作方可关门离开。

（5）发现客房门外锁孔内留有钥匙，应立刻告知客人，如客人不在，要妥善为客人保管。

（6）如客人声称钥匙丢失，要求服务员打开房门时，服务员要及时与前台联系，对客人的身份进行核实。如果有人坚持或威胁服务员立即开门，要及时向上级汇报。

（7）使用机械门锁的饭店，在客人退房离店时，要及时收回房间钥匙，发现钥匙丢失，要迅速查明原因并通知保安部，保安部要采取24小时内更换锁芯的措施。

（8）楼层工作钥匙丢失，要及时向上级汇报，以便采取相应的安全措施。丢失钥匙的员工，必须接受保安部门的调查。

*********************** 小 资 料 ***********************

一天，某饭店的客房服务中心接到客人电话，请服务员马上送一杯茶到5013房间。当服务员端着茶水到5013房间门口正要按门铃时，突然身后传来客人的声音："对不起，我不小心将门锁上了。"服务员说："没关系，我帮您开。"接着服务员用工作钥匙打开了房间门。不久，保安部就接到客人电话，5013房间被盗。

分析提示：电脑门锁系统的使用，大大增加了饭店的安全系数，使犯罪分子无从下手。但狡猾的犯罪分子以住客的身份入住饭店，寻找作案机会。他们通过打电话的方式得知5013房间无人后，利用客房服务中心管理的漏洞及服务人员的疏忽大意，导演了上述的一幕，最终得手。

****

二、失窃事故的处理

客人在住店期间向饭店反映财物丢失情况，称为报失，一般由饭店处理；客人的财物被盗或被骗，可直接向公安机关报告，称为报案。无论是报失或报案，饭店的有关人员都应积极协助客人或公安机关调查失窃原因，寻找线索，尽快破案。

（1）接到客人投诉在房间内有财物损失时，要认真听取客人反映的情况，不得做任何猜测或结论性的判断，以免增加今后调查工作的难度或使饭店处于被动。

（2）封锁现场，保留各项证物。

（3）将所了解的情况及时报告值班经理和保安部，会同有关人员立即到客人房内。

（4）将详细情形记录下来，如丢失财物经过、物品名称、数量、来源及用途等。

（5）尽量帮助客人回忆丢失物品的前后经过，如有无放错地方等。在征得客人同意后帮助查找，切勿擅自进房查找，以免产生不必要的后果。

（6）安全室调出监控系统的录像带，便于进一步调查。在此过程中，有关员工应采取积极协助的态度，绝不能有意隐瞒自己的失职行为。如果涉及内部员工，在未掌握确凿证据之前，管理人员不可妄下结论，也不可盲目相信客人的陈述，要坚持内紧外松的原则，细心查找和寻访。

（7）遗失物品确定无法寻获而顾客坚持报警处理时，应立即报告值班总经理，经同意后向公安机关报案。

（8）做好失窃案件的发案和侦破工作的材料整理并存档。

第四节　工伤事故的预防

客房部员工工作期间的人身安全也是客房安全工作的重要内容。工伤事故中只有2%是由于自然灾害或一些不可避免的特殊情况而引发的，其余98%的事故是完全可以避免的，至少在理论上是可以的。有关研究表明，通过正确的培训、严格的监督以及员工本人的自觉意识，至少93%的事故可以免除。

一、客房员工工作中对工伤事故的预防

据统计，发生所有事故中有78%是因为员工警惕性不高，甚至对于一

些相当明显的征兆也未能及时发现，为了减少员工因为粗心大意而引发不必要的伤害，工作中员工必须注意以下方面。

（1）熟悉本岗位职责和客房安全守则。

（2）工作时必须正确着装，包括穿着合适的工作服、清洁时所需的保护手套、口罩等，以确保安全。

（3）员工长发必须整齐束在脑后，不应佩戴任何悬垂首饰或手链，避免首饰被勾住或卷入机器。

（4）熟悉各种设备的正确使用方法，不得为炫耀或省事而违规操作。

（5）在公共区域放置的工作车、吸尘器、洗地机等设备，必须靠边停放，正确卷起电线，防止路人被绊倒。

（6）及时报告有故障、有破损、有危险、有事故隐患以及不完整的设施设备或用品。

（7）在高处作业时应使用梯架，不得以浴盆、大便器、椅子等为梯具攀高。使用梯架时必须有两名员工共同完成，一人梯上作业，一人扶住梯子。

（8）工作时避免用手探试眼睛看不到的地方，如针头、刀片、钉子及碎玻璃等物很容易陷落在一些隐蔽的地方。轻关轻开房门，关门时要握着门把手而不要扶着门框边缘。

（9）清洁公共区域地面后，必须使用"地面潮湿，小心滑倒"的指示牌，否则会给客人和员工带来潜在的危险。

（10）员工运载物品不得堆放过高，运载时必须使用袋子、篮子或手推车。

二、客房部对工伤事故的预防措施

为了有效地预防客房工作中的工伤事故，客房部可以采取下列措施。

（一）制定安全操作规程

客房部要根据客房工作的内容和特点，制定一套安全操作规程，对需要服务员在工作中遵守的规定、要求及方法进行说明。

（二）对服务员进行培训

客房部要根据安全操作规程及各项工作的程序规范对服务员进行技术培训，如日常化学药品的安全操作培训、血液病毒与生物危害培训等，使服务员养成安全规范操作的良好习惯，掌握安全规范操作的技能。同时，通过培训，使员工明确事故发生时应当采取的行动。

（三）加强监督检查

客房部要加强检查，消除可能导致工伤事故的一切隐患，在工作时进行监督指导，确保服务员安全操作。

（四）配备劳保用品

配备必要的劳保用品，可以避免和减少发生工伤事故的可能性，如工作服、工作鞋、手套、口罩等。劳保用品要根据员工的岗位和职责来配发，注重实效。

第五节　其他特殊事件的处理

一、客人的伤病处理

客人住店期间，身体可能会偶感不适或突发疾病或意外受伤，客房服务员可以通过平时的细心观察获取信息。得知客人生病或发生意外时，应及时汇报处理。

（一）一般性疾病

客人住店期间可能偶感风寒或其他小恙，服务员发现后可询问情况，帮助客人请驻店医生。平时多关心客人，提醒客人按时服药。

（二）突发性疾病

突发性疾病主要指心脑血管、肠胃疾病、食品中毒等。服务员发现后要立即请医生，同时报告管理人员，绝不能自作主张救治病人。如客人要求服务员帮助购药服用，应婉言拒绝，劝客人立即到医院或请医生到饭店治疗，以免误诊。

（三）传染性疾病

如果发现患的是传染性疾病，必须立即向饭店总经理汇报，由饭店根据疫情向卫生防疫部门汇报。饭店对患者使用过的用具用品及房间、卫生间要进行严格消毒。接触过患者的服务员在规定的时间内要定期体检，以防止疾病扩散。

（四）意外事故

意外事故主要指客人住店期间发生摔伤、砸伤或烫伤等意外事故。如发生此类情况，一方面饭店要进行积极地救治，另一方面要迅速为客人安排去附近的医院治疗，必要时还应保留现场。事故发生后，饭店要组织有关人员调查事故发生的原因，分清责任，与客人协商解决的办法。

二、客人酒醉处理

饭店经常发生客人饮酒过量现象，酒醉或神志不清的客人往往处于不能自控状态，当服务员处理此类情况时要格外谨慎。

（1）对醉酒较轻的客人，应尽量说服客人回房间休息。

（2）对醉酒较重或神志不清的客人，应立即通知保安部并协助保安人员将客人送回房间。

（3）将酒醉客人房间内的火柴取出，并将垃圾桶置于床头，提醒客人呕吐在桶内。

（4）对酒醉客人的房间要注意观察，防止客人在失去理智时破坏房间设备或因吸烟引起火灾。

（5）酒醉客人如再要酒，应婉言拒绝；如有服务叫唤，应避免单独前往。

三、保密房的防范处理

饭店里经常会有客人要求将其住设置为保密房，为了充分尊重客人的隐私权，饭店一般都会同意。但保密房的设置，也会让一些不法分子有机可乘，如赌博、嫖娼、绑架勒索等。为了能更好地保护客人正当的隐私要求，使饭店能有良好的经营环境，应制定以下预防处理措施。

（1）当接到有客人要将房间设置为保密房时，应通知保安部、前台、总机及客房服务中心。

（2）保安部、前台、总机、客房服务中心每天应将保密房的情况落实到每个当班人员。如有人询问有关保密房的信息，应婉转拒绝，不得将客人情况外泄。

（3）保安中控及楼层服务员应密切注意监控各保密房进出人员的情况，如进出人数、外貌特征等，并详细记录。

（4）服务员进房服务时，应仔细观察房内情况，如有异常及存在不安全因素，应立即通知保安部。

（5）如开房 24 小时仍不让服务员进房服务，服务员应立即报告保安部，保安部可派人定岗进行监控。如超过 24 小时，房内无任何动静，可通过打电话、敲门询问，如没有回音，保安、服务员可开门进行查看。如客人始终不出房门，也不让任何服务员进入，这时可将房内的水、电、空调暂时关闭，保安员以维修人员的身份进入查看，如客人还不让进，必要时报请饭店领导同意后，请公安机关协助查房。

（6）在处理各类保密房引发的安全事故时，应尽量避免影响所在楼层的其他客人。在无法确认住客的行为是否违法时，不可随意惊动；如遇有重大的暴力事件，应保护住客及员工的生命安全。

四、死亡事件处理

住客死亡是指客人住店期间因病、意外事故、自杀或其他原因不明的死亡。住客死亡多发生在客房，服务员对楼层的异常情况要多留心并及时报告管理人员。如客人情绪低落，连日沉默不语；客房长时间挂"请勿打扰"牌；房内有异常动静；访客离去后不见客人出来且房内久无动静等。一旦发现客人在房间内死亡，应做如下处理。

（1）保持冷静，不能大喊大叫，应设法避免引起恐慌，立即将门双锁以维持现场，切不可移动尸体或任何物品。

（2）立即通知客房部经理、总经理和保安部，由保安部报告公安机关并派人保护现场，等候调查。

（3）调查验尸后，如属于正常死亡，经警方出具证明，由饭店通知死者家属并协助处理后事；如认定属于非正常死亡，饭店应积极协助调查。

（4）有关工作人员要密切配合公安机关调查取证，尽可能详细地提供线索，同时也要注意保密：一方面是基于尊重客人的考虑，饭店从业人员对客人的任何事故，都有保密的责任；另一方面，如果事故扩散出去，不仅使其他客人产生恐慌，影响饭店声誉，也会给侦破工作造成困难。

（5）发生事故的客房事后应加以严格消毒，客用品报请销毁。

（6）整体事件处理后，应由客房部记录并将所有经过及处理的结果报告总经理。

五、停电事故的处理

饭店发生停电事故的可能性较大，会给客人和饭店带来较大麻烦，如正在使用的电脑系统、楼层的安全防范等。因此，饭店须有相应的应急措施，如采取双路进电或自备紧急供电装置，保证在停电后能立即自行启动供电。客房部还应制定相应的安全计划保证停电时楼层的安全。

（1）预知停电时，可用书面通知方式告知住店客人，以便客人做好准备。

（2）停电后，客房工作人员应平静地留守在各自的岗位上。

（3）向客人说明是停电事故，饭店正在采取紧急措施恢复供电，以免引起恐慌。

（4）如在夜间停电，应用应急灯照亮公共场所，帮助滞留在走廊及电梯中的客人转移到安全的地方。

（5）停电期间，注意安全检查，加强客房楼道的巡视，防止有人趁机行窃和破坏，防止客人因燃点蜡烛而引起火灾。

【案例评析】

一天上午，刚刚参加工作不久的客房服务员小张开始对 1012 号房进行清扫。小张将客房工作车停放在房间门口，然后按清扫程序整理房间。在清扫卫生间时，一位西装革履的青年男子推开工作车进入房间，小张慌忙抬头问好，青年男子面露不悦地说："怎么还没做完？快一点，过一会儿我还有朋友来访呢。"小张本来是想向客人索要房卡核实身份的，可看到客人不满意，害怕被训斥，便打消了这个念头。青年男子进房间一两分钟后，就拿了一只公文包离开，临走时还敦促小张动作快一点。

中午时分，外出返回房间的日本客人突然发现自己的公文包不见了，里面有支票、信用卡、现金等大宗财物。因是涉外案件，饭店有关方面立即报告了当地公安局涉外分局，紧张的调查之后，却没有发现有价值的线索，案子一度陷入困境。

一段时间后，这名青年男子又出现在另一家饭店，并用同样的手段进行欺诈时，被有经验的服务员一眼识破，当场抓获。

点评：饭店正在成为不法分子的犯罪目标，而冒名顶替是不法分子在饭店作案的惯用伎俩。这些人对饭店相当了解，可以非常老到地冒充客人。服务员只要提高警惕，严格按规章制度办事，罪犯的骗局是完全可以防范的。

（1）检查房卡、钥匙，核实客人身份是客房服务员的工作职责，也是为了保证客人在饭店的人身和财产安全。而服务员小张未按规定确认进房者的身份，直接导致了犯罪分子冒充客人进房行窃。

（2）客房服务员应对该楼层的客情有充分的了解。客人本是日本人，应该讲日语，而犯罪分子讲的是汉语，遗憾的是服务员对客人的情况一无所知。

（3）作为配有摄像监控系统的星级饭店，应对入店的可疑人士进行跟踪监控。该男子从饭店正门进入，曾在楼层长时间徘徊观察，得手后又原路返回，均未引起有关人员的注意。

（4）客人的安全意识有待提高。饭店在"住客须知"中明示，贵重物品应存放于前台或放在客房的保险箱中。如客人疏忽大意，一旦发生意外，一切都悔之晚矣。

【课堂讨论题】

1. 讲一讲你对客房安全的理解。
2. 想一想，在客房还会发生哪些特殊事件？

【复习思考题】

1. 饭店主要配备了哪些安全设施？
2. 客房部应如何做好防盗工作？
3. 如何做好对伤、病客人的服务工作？

【实训题】

模拟客房实地培训对火灾的预防及处理。

参考文献

1. 刘伟编著．前厅与客房管理．北京：高等教育出版社，2002

2. 谢玉峰主编．旅游饭店前厅客房服务与管理．郑州：郑州大学出版社，2004

3. 邹益民，张世琪编著．现代饭店房务管理与案例．沈阳：辽宁科学技术出版社，2003

4. 孟庆杰，唐飞编著．前厅客房服务与管理．大连：东北财经大学出版社，2002

5. 刘代泉主编．饭店客房管理．重庆：重庆大学出版社，2002

6. 陆净岚编著．绿色饭店．沈阳：辽宁科学技术出版社，2001

7. 刘伟著．现代饭店客房服务与管理．广州：广东旅游出版社，2000

8. 郑向敏编著．现代酒店商务楼层管理．沈阳：辽宁科学技术出版社，2002

9. 范运铭，支海成编著．客房服务与管理．北京：高等教育出版社，2001

10. 叶秀霜，董颖蓉编著．客房服务与管理．北京：旅游教育出版社，2001

11. 张浩．现代酒店（饭店）主管领班工作标准．北京：蓝天出版社，2004

12. 王起静．现代酒店成本控制．广州：广东旅游出版社，2004

13. ［美］杰克·E. 米勒著，宿荣江译．酒店督导．大连：大连理工大学出版社，2002

14. 邓兰珍．客房服务．北京：中国劳动社会保障出版社，2001

15. 杨小鹏编著．白天鹅管理实务．广州：广东旅游出版社，1997

16. ［美］Robet. J. Martin．现代美国饭店客房管理．长沙：湖南科学技术出版社，2001

17. 国家旅游局人教司编．饭店客房部的运行与管理．北京：旅游教育出版社，1999

18. 余炳炎，朱成强编著．饭店前厅与客房管理．天津：南开大学出版社，2001

19. 吴本编著．饭店服务与管理．北京：旅游教育出版社，2000

20. 东京帝国饭店营业企划室编，孙琳译．帝国饭店服务与管理．北京：中国旅游出版社，2000

21. 张连寅编著．客房服务与管理．北京：金盾出版社，1997

22. 张杰．客房服务．北京：旅游出版社，2001

23. ［美］Georgina Tucker 等著．旅游饭店客房管理．杭州：浙江摄影出版社，1991

24. 国家旅游局人教司编．饭店客房部的运行与管理．北京：旅游教育出版社，1991

25. 余炳炎．现代饭店房务管理．上海：上海人民出版社，1998

26. 蔡万坤．饭店客房管理．广州：广东旅游出版社，1998

27. 陈天来，陆净岚编著．饭店环境管理．沈阳：辽宁科学技术出版社，2000

28. 蒋丁新．旅游饭店管理概论．北京：高等教育出版社，1998